Der Rest ist

Manfred
Maurenbrecher

Der Rest
ist Mut

Vom Liedermachen
in den Achtzigern

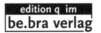

Abbildungsnachweis:
Manfred Becker S. 33, 60, 61, 68, 80, 90, 95, 114, 118, 134; Ulrich Dornie-
den S. 18; Kristjane Maurenbrecher S. 29, 224; Jim Rakete S. 109, 182,
185, 204, 269; Thomas Räse S. 220, 222, 245; Marco Saß S. 149; Andreas
Uthoff S. 211. Die anderen Bilder stammen aus dem Archiv von Manfred
Maurenbrecher. Trotz sorgfältiger Recherche konnte nicht in jedem Fall
der Fotograf ermittelt werden, für entsprechende Hinweise sind Autor und
Verlag dankbar.

Bibliografische Information der Deutschen Nationalbibliothek
Die Deutsche Nationalbibliothek verzeichnet diese Publikation
in der Deutschen Nationalbibliografie; detaillierte bibliografische
Daten sind im Internet über http://dnb.d-nb.de abrufbar.

© edition q im be.bra verlag GmbH
Berlin-Brandenburg, 2021
KulturBrauerei Haus 2
Schönhauser Allee 37, 10435 Berlin
post@bebraverlag.de
Lektorat: Ingrid Kirschey-Feix, Berlin
Umschlag: Manja Hellpap, Berlin
Satz: ZeroSoft
Schrift: Stempel Garamond 10.5/13.6 pt
Druck und Bindung: Friedrich Pustet, Regensburg
ISBN 978-3-86124-744-9

www.bebraverlag.de

Inhalt

Vorab

April 2020. Sommersonne, ein sanfter Wind. Ich bin spazieren in einer Gegend Berlins, die ich seit langem kenne.
Von der Gotzkowskibrücke links Richtung Huttenstraße,
wo Moabit immer noch, wie vor 35 Jahren, zerfleddert in
Autohäuser, Motorradkneipen und Fabriklofts. Hier hatten
die *Spliff*er ihr Studio. Anfang der Achtziger ging ich hier
ein und aus, meist lief ich vom U-Bahnhof Mierendorff-
platz her, nervös, angekratzt und stolz, dass ich an diesem
begehrten Ort meine Lieder aufnehmen durfte. Nina Hagen, Nena, jetzt ich. Nebenan war das Lager von Revue,
der Beschallungsfirma, da wuchteten sie die größten Geräte
herum und man konnte beim Zuschauen lernen, was harte
Arbeit ist.

Am 26. April '86 kam ich dort vorbei, um ein paar Bänder mit Schlagzeugspuren abzuholen, denn damals machten
wir meine nächste Platte in einem kleinen Studio in Neukölln. Das von der inzwischen angesagten Band *Spliff* war
zu teuer geworden, und ich gefiel mir darin, es diesmal mit
einer eigenen Band ganz im Alleingang zu schaffen.

»Diesmal hat's aber richtig gekracht«, empfing mich
Reinhold Heil im kleinen Besucherraum, »Reaktor 4 ist ex-
plodiert, schon gehört? Ein altes Kernkraftwerk, der Ort
heißt Schernobel oder so.«

Ich hatte nichts gehört auf dem Weg. Dass man Neuig-
keiten vom mobilen Telefon tankt, gab es noch nicht. Jemand hatte in der U-Bahn gesagt, in Polen wäre was passiert.

»Ist das polnisch, Schernobel?«

»Weißrussland oder so, an der Grenze. Bei Ostwind ist die Radioaktivität ruckzuck hier.«

Reinhold, der Keyboarder von Spliff, war normalerweise gut informiert über so ziemlich alles, und ich schätzte ihn als Kenner aller hochtechnischen Aspekte, in der Musik wie auch sonst im Leben. Wenn der jetzt Angst in den Augen hat, dann ist was dran, dachte ich.

Andere in den Studioräumen überspielten die Dramatik. »Na, da hat der Iwan ja 'n feines Geschenk rausgelassen« – solche Sätze fielen auch. »Atomkraft Nein danke? Wer sagt's denn …«

Nachdem ich die Schlagzeugbänder eingesammelt hatte, saßen wir noch ein Weilchen im kleinen Aufenthaltsraum. »Wird es uns hier erreichen?« – »Das hängt vom Wind ab. Er soll südöstlich wehen, sagen die im Radio. Wenn das Zeug aber erst mal hier ist, dann bleibt's. Die Halbwertzeit dieser Stoffe ist endlos …«

Das Wort Halbzeitwert hörte ich damals zum ersten Mal. Keine Ahnung, was es bedeutete. Ich brach wieder auf. Mein Tonband mit den Aufnahmen in einem Stoffbeutel über der Schulter ging ich über die Sickingenbrücke, am Verbindungskanal lang, drehte dann links ab in die Kaiserin-Augusta, wo es ein kleines Café gab, in das ich noch einkehren wollte. Ein Schwarzer mit Baseballcap fuhr auf dem Fahrrad knapp an mir vorüber. Er und ich waren im Moment die einzigen in Bewegung, der Rest erstarrte gerade wie auf einem Foto, und die Sonne strahlte.

Mir wird nichts geschehen, dachte ich.

Wie jetzt, 2020. Die Sonne strahlt genauso. Ich könnte mir selbst entgegenkommen. Die Pandemie hat die Straßen leergefegt, man weicht sich aus, erstarrt, wenn man nicht gleich ganz zu Haus bleibt. Das Café von damals ist ein Tätowierladen geworden, und der hat zu. Der Typ mit dem forschen Schritt, dunkle Brille, kurzhaarig und Schnäuzer, in meiner Größe, so Mitte dreißig, hat gar keinen Stoffbeutel dabei, er schwenkt eine Plastiktüte beim Gehen.

Ich versuche mich zu erinnern. Alle Auftritte sind erstmal abgesagt, ich hätte ja Zeit. Das Jahrzehnt erzählen, als ich halb so alt war wie jetzt.

Das dunkelhäutige Mädchen mit Baseballcap, das mich gerade fast umfährt, lacht und lacht und fährt weiter.

1980–1982   Die Entscheidung

Silvester 1979 verbrachte ich auf dem Kleinhof, jenem Bauernhof im ländlichen Bereich zwischen Düsseldorf, Wuppertal und Essen, auf dem meine Freundin Meg aufgewachsen war. Ich hatte sie im Frühling '78 beim Straßenmusikmachen kennengelernt, von Osnabrück war ich mit ihr nach Münster getrampt, wo sie sich mit einer Kommilitonin eine Studentenbude teilte. In mein Notizheft für das erste Jahr im neuen Jahrzehnt hatte ich auf die Rückseite des Einbands mit kleiner Schrift ihre Münsteraner Adresse notiert, und sie hatte mit ihren großen, geschwungenen Buchstaben, die ihr immer dann gelangen, wenn sie gut drauf war, dazugefügt: »So oft schreibst Du mir, dass Du die nicht mal auswendig kannst! Und was schließt Du daraus?«

Wir verbrachten Zeit mit ihrer Familie, für die ich mittlerweile der Doktorand und damit ein Schwiegersohn in spe geworden war. Nichts an meinem gegenwärtigen Lebenswandel deutete noch auf den Hallodri hin, als den sie mich knapp zwei Jahre vorher kennengelernt hatten. Ich lief in dicken sauberen Winterklamotten herum statt in zerrissenen Anoraks und trug sogar einen Anzug darunter. Ich wollte mich – wie der dichtende Triebwandler, über den ich meine Dissertation schrieb, Hans Henny Jahnn – mit Bürgerlichkeit tarnen, ein bisschen vor den anderen und mehr noch vor mir selbst. Meg wusste das, ihr ging es ja ähnlich. Sie war das brave katholische Bauernkind, solange sie sich in den pädagogischen Hochschulfluren der westfälischen Bischofsstadt herumdrückte, und wurde zum Paradiesvogel, sobald die Fiedeln der Folkmusic loslegten, dann konnte alles geschehen.

Wir stützten uns, ein wenig weltirre beide. Musik war für uns das verlockende Leben, aber Meg würde Erzieherin werden, ich Lehrer. Das glaubten wir zwar beide nicht und hofften auf andere Verläufe, aber wir duckten uns auch unter das Diktat. Wir konnten uns mit der pathetischen Frage, die Münder geweitet, die Blicke entsetzt ineinander versenkt, ganz wohlig erschrecken: »Was soll bloß werden aus uns?«

Dass sich dem Bauernkind diese Frage lebensbedrängender stellte als dem Bürgersohn, spürte ich damals schon, aber wollte nicht so recht nachdenken über die Folgen und ob sie verhängnisvoll sein konnten. Die Welt meiner Bücher war kompliziert genug. Wenn meine Freundin hilflos wurde und sich als Opfer der Welt erlebte, vergaß ich die klugen Ausführungen meiner Meister Freud, Caruso (»Die Trennung der Liebenden«) und Canetti und wurde zum freundlichen Charmeur, der die bunten Frühlingsfarben beschwor und die guten Seiten von Lust und Liebe. Eine Hilfe, die manchmal verfing, aber den Abgrund, zu dem die Begleiterin sich hingezogen fühlte, nicht weglachen konnte.

Manchmal verfiel ich dann selbst der Litanei, dass alles ganz sinnlos wäre. So fuhr ich im März '80 an einem Sonntag im Zug nach Hamburg, geplant waren zehn Tage Archivarbeit in der Unibibliothek am Nachlass Jahnns. Ich saß bewegungsunfähig im vollen Abteil und schaute in das graue Land da draußen. Es würde mir nicht gelingen, diesen fremden Hans Henny Jahnn, der so vieles war, nicht nur ein Schriftsteller, sondern auch Pferdezüchter, Orgelbauer, Sektengründer, bisexueller Liebhaber, Kriegsgegner, Rebell und Opportunist – diesen erstaunlichen Selfmade-Mann wenigstens ein wenig zu entschlüsseln.

Außerhalb Hamburgs in Wedel logierte ich bei einer Jugendfreundin meiner Mutter, wurde freundlich empfangen und gab den düsteren jungen Wissenschaftler. Die alte Dame war verheiratet mit einem Kapitän zur See. Der war gerade in Rente gegangen und wohnte jetzt mit im Haus, was er vorher die dreißig Jahre der Ehe lang kaum getan hatte, nur immer auf Landurlaub, zwei Kinder gezeugt, wieder fort. Jetzt saß er mit am Abendbrottisch und fragte mich laut, wie meine Reise denn gewesen sei, viermal, fünfmal. Ich antwortete immer vorsichtiger, bis das Gespräch versiegte. »Er verliert das Gedächtnis«, flüsterte seine Frau mir beim Abwasch zu, »manchmal erkennt er mich nicht.« Ich sah das Entsetzen in ihrem Gesicht. Ein Fremder war zu ihr gekommen, nichts als ein Pflegefall.

Es ist erbärmlich, aber das fremde Unglück baute mich wieder auf. Die Tage in der Hamburger Staats- und Universitätsbibliothek wurden unerwartet vergnüglich, meine Ausbeute war reich. Ich wurde willkommen geheißen und vom Jahn-kundigen, leise und hoch sprechenden Dr. Rolf Burmeister durch die Regale geführt, in die Registraturen eingewiesen und vertraut gemacht mit dem, was der Fachmann schon bereitgelegt hatte, weil er es für mein Vorhaben brauchbar fand. Ich tauchte ein in zwei Welten, die des Kämpfers und des verzweifelten Jahn und die des Sammlers, Kenners und Verwahrers Burmeister. Staunte über die elegante Art wissenschaftlichen Prahlens, wie sie die Bibliothekare hier pflegten. In einer Männerwelt, der das Weibliche nicht abging. Meine Eltern waren ja beide Bibliothekare, öffentliche, sozusagen die Volksvariante. Ich kannte die

Mädchen- und Frauenfreundschaften meiner Mutter gut, in der Männer wie mein Vater eine Seltenheit, fast Fremdkörper waren. Hier fand ich nun das Pendant auf männlicher Seite vor, in der Beamtenhierarchie drei Stufen höher angesiedelt, die wissenschaftlichen Registrateure, die sich eine Freude daraus machten, junge Forscher wie mich mit einer Überfülle an Information zu füttern wie mit erlesenem Süßkram und die Jungs damit auch ein bisschen zu verwirren.

Ich bekam Material für drei Doktorarbeiten, wich den privaten Einladungen aus und machte der Gastgeberin in Wedel mit meinen Schilderungen des wissenschaftlichen Treibens in der Innenstadt großen Spaß.

Ich hatte keine Berührung mit der Musikszene in der Stadt.

Es hat mir immer Freude gemacht, Rollen anzunehmen, mich in ein vorgegebenes Gefüge einzupassen, mir die Übereinkünfte abzuschauen, ein Weilchen, so gut es ging, mitzuspielen, dann wieder rauszuschlüpfen.

Es gab drei Kreise in Berlin, in denen ich mich zu jener Zeit bewegte. Eine enge Freundesclique hatte sich aus den Unitagen gebildet, gleichgesinnt, aber auch höchst verstritten, in den ersten Semestern Germanistik, Politik und Psychologie zusammengeraten, erst eine Lerngemeinschaft, dann der hochgereckte Mittelfinger zu den studentischen K-Gruppen, jenen modischen Aufbauorganisationen für eine neue Kommunistische Partei. Unsere bescheidene Antwort darauf war die ASMO (antisektiererische Massenorganisation), ein Haufen von ca. 25 Leuten in einer angemieteten Kellerwohnung in der Kreuzberger Nostitzstraße. Entzündungspunkt für feurige Diskussionen, herzzerreißende Verliebtheiten und schlurfenden Arbeitsalltag von schlechtgelaunten anarchistischen Narzissten. Ein Pulk mit Querverbindungen in so ziemlich jede Himmelsrichtung, von Kultur über Politik, Karrieren bis in die Verschwörungen und den bewaffneten Kampf. Mein Fixstern darin war und blieb Ulli D., einer meiner frühesten Freunde.

Die Musikgruppe *Trotz&Träume* und ihr weites Umfeld war der zweite Kreis, in dem ich vorkam. Im eiskalten Dezember 1976 hatten wir uns gegründet als eine Art Männergesangsverein, sechs junge Leute, getrieben vom Wunsch nach Zusammengehörigkeit und musikalischem Nachdruck, alle ganz verschieden. Da war der Gitarrenmeister und Akkordzauberer Alli, später Lehrer, er lebt schon nicht mehr. Der zauberhafte, damals zurückhaltend lernende Burkhard ist heute emeritierter Stararchitekt mit dem Fachgebiet Wärmedämmung. Dann der abseitig-pointierte meisterhafte Liederschreiber und Bühnenmensch Rudl aus Franken, heute Friedhofsgärtner in Osnabrück. Und Henner Reitmeier, unser Gruppenideologe, ein böser Begriff, aber so etwas strebte er damals an. Auf Reitmeiers Internetseite findet man einiges über die Geschichte dieser Gruppe und bleibt vielleicht überhaupt dort hängen, denn der Schriftsteller stellt sein großes literarisches Werk frei zur Verfügung.

Wir hatten mehrere Tourneen hinter uns und einen umjubelten Auftritt beim »Tunix-Kongress«. Dieses nationale Treffen von tausenden Alternativen hatte 1978 im Audimax der TU Berlin stattgefunden – der Spießer-Vorwurf, das seien ja alles Nichtstuer, wurde positiv gewendet zum Titel der Veranstaltung. Von unserem Erfolg beflügelt nahmen wir anschließend eine schaurig klingende LP auf, mit musikalischer Verstärkung durch die undogmatische Band *Pille Palle und die Ötterpötter*, deren Trompeter mich übrigens in einen Leidenschaftstaumel schlimmer Art trieb, und deren Bassist, der linksradikale Drucker, Michael Stein, mir später viel bedeuteten würde. Ich hatte, die schlechte LP, die sinnlose Verliebtheit und das mühsame Baggern um Aufmerksamkeit mal summiert, im Herbst '79 das Handtuch geworfen und mich – »ich promoviere« – an einen stillen Schreibtisch zurückgezogen.

Der stille Schreibtisch stand in der Wohnung der Eltern in meinem alten Zimmer. Dorthin fuhr ich auch nach den Hamburger Tagen mit Stapeln kopierter Seiten und Notizen im Gepäck wieder zurück.

Ich glaube, meine Eltern waren glücklich, dass ich nach Jahren des Austobens für die Forscherei noch einmal zu ihnen zurückgekehrt war. Dass ich fast ein Jahr brauchen würde, um die Arbeit abzuschließen, hatten sie aber so wenig kalkuliert wie ich selbst, und irgendwann wird es ihnen gereicht haben. Zumal ich mich manchmal aufführte wie ein verzogener Prinz. Und aus dem, was ich ihnen zu lesen gab, konnten sie nur wenig mehr ziehen als ein Erschrecken vor drastischen Themen und das Gefühl einer vagen Ahnungslosigkeit der Begriffswelt gegenüber, in der da gedacht und geschrieben wurde. Mein gleichzeitig nachdenklicher, langsamer und wacher Vater zog sein Vergnügen aus der Fremdheit, die ihm in meiner Arbeit begegnete, während meine Mutter eine schwere Ungeduld erfasste. Sie fand das alles so unpraktisch, lebensfremd.

Das wissenschaftliche Arbeiten war mühsam. Ich versuchte seine Regeln zu beherrschen, aber sie auch mit meiner Begeisterung für den Unsinn zu verbinden, der darin trotzdem manchmal stattfinden darf, und mit der Ahnung, dass das alles zwar zu keinem Erkenntnisziel führt, aber als Reise, ohne aus dem Haus zu gehen, sehr aufregend sein kann. Und dass sich die Helden des Bildungsbürgertums, die Hochpromovierten, mit der Unsagbarkeit des Wahren genauso beschäftigen wie die Unterhaltungskünstler, die ›dummes Zeug‹ machen. Deshalb stellte ich meiner Arbeit ein Zitat von Hanns Dieter Hüsch voran:

»Hagenbuch hat jetzt zugegeben, dass er, je mehr er sich damit befasse, umso weniger davon verstehe. Und je weniger er davon verstehe, desto mehr befasse er sich damit. So dass, wenn er sich nur noch damit befasse, er gar nichts mehr davon verstünde.«

Mein Tageslauf in den Monaten bis zur Fertigstellung der Arbeit: ausschlafen, Frühstück, lesen und schreiben, kurzer Spaziergang, vielleicht jemanden besuchen, dann weiter schreiben, Abendessen mit den Eltern, noch weiter schreiben. Und spätabends einen Film auf dem Schwarzweißfernseher bei mir im Zimmer, meist DDR-Programm, denn die brachten die älteren Krimis. Aus der Forschungsumgebung tauchte ich zu diesen Filmen wie ein Tiefseeforscher vom Meeresboden ins Hafengelände auf.

Aufregung verschaffte mir eine angekündigte Jahnn-Tagung Ende Mai 1980 in Kassel, auf der ich ein Referat halten sollte, dazu noch einen Artikel schreiben für »Text und Kritik«. Beides brachte mich aus dem Promotions-Trott, aber ablehnen wollte ich natürlich nicht.

Ich hielt ein provokantes Referat. In der Jahnn-Forschung wurden ein paar Themen gern ausgespart oder my-

Auf dem Weg zur Promotion ...

thisch verbrämt, zum Beispiel die Faszination des Autors gegenüber Leichen und Verwesung oder die Verherrlichung einer bedingungslosen Knabenliebe. Vor Kurzem war das epochale Buch »Männerphantasien« von Klaus Theweleit erschienen. Es hatte meinen Horizont erweitert und es mir ermöglicht, Parallelen zu ziehen zwischen den gewaltbegeisterten Präfaschisten der zwanziger Jahre und Jahnn, der mit einer ähnlichen psychischen Grundausstattung zum Einzelkämpfer für eine völlig andere humane, pazifistische Welt geworden war. Ein spannendes Spiel, und so wurde es vom Auditorium auch verstanden.

»Bemerkenswert, ja aufregend« fand »Theater heute«, »was ein junger (noch) Outsider mit Jahnn anzufangen wusste.«

Meine Liebe zu Hans Henny Jahnns Romanen und Dramen hatte bis zu dieser Tagung ein paar raue Zeiten

18

überstanden. Als Schüler war ich von seinen Attacken auf die scheinheilige Bürgerwelt begeistert gewesen und sehr einverstanden mit seiner Gleichsetzung von Triebverzicht und organisierter, hierarchischer Gewalt. Seine Art, Beobachtungen aus der Natur mit seelischen Stimmungen zu verbinden, innen und außen genau zu beschreiben und miteinander zu verzahnen, entsprach meinem eigenen Empfinden, und in der Verzweiflung, die seine Erzählerstimmen oft überkam, fand ich mich wie entblößt wieder. Später dann, in den ersten Semestern an der Uni, lehnte ich solche Selbstentblößung als kleinbürgerlich und ohne Klassenstandpunkt entwickelt ab, als frisch gebackener Marxist war mir meine eigene Zuneigung peinlich. Vieles von dem, was ich mir für meine Doktorarbeit anlas, diente auch dazu, mir mein jugendliches Empfinden neu zu erklären und mir Jahnn als einen wichtigen Autor zurückzuholen. Mit meinem Referat war ich ein erwachsener Wissenschaftler geworden, der aber inhaltlich alle Überhebungen und Maßlosigkeiten der Pubertät rechtfertigte.

Diese Gedanken erreichten auch die gleichaltrige Schauspielerin Regina Schulte am Hülse, die eine Hauptrolle in dem sonst nur von Männern bevölkerten Drama »Pastor Ephraim Magnus« spielte, das in Kassel gezeigt wurde. Wir zogen uns für ein langes Nachtgespräch zurück und fühlten uns wie Gleichgesinnte, von diesem quergeistigen Autor ähnlich aufgerührt. Ich bat sie, über ihre Eindrücke einer jungen Frau als Bühnenfigur und Schauspielerin in Jahnns verquerer Männerwelt etwas zu formulieren und nahm mir vor, aus diesen Gedanken dann das Schlusswort meiner Arbeit zu machen.

Um uns herum tobte das wilde Tagungsleben. Ich konnte nicht anders als manchmal rüberzuhorchen und die Gesprächsfetzen aufzuschnappen. Der Leiter eines Zentralarchivs für Begräbniskultur kam ins Schwärmen über die Gewaltakte der Roten Khmer, begangen von jungen Männern, die für ihn eine Art Naturgewalt darstellten, um in Kambodscha den kapitalistischen Westen noch einmal abzuwenden. Wo bist du hier?, fragte mich die leise Stimme, die meistens bei mir ist. Der selbstempfundene Star der Tagung, Professor Hans Mayer fand vor seinem Vortrag einen Reklamezettel mit ›Keine Feier ohne Meyer‹ im Jackett. Beleidigt wollte er zunächst abreisen, blieb dann aber doch und fragte nach seiner Rede als erstes den Mitorganisator, Jahnn-Forscher Freeman: »Thomas, wie war ich?«

Zwei Menschen lernte ich in Kassel kennen, zu denen der Draht, den man spontan spürt, auch hielt: den Literaturredakteur Wend Kässens und die Dramaturgin Hedda Kage, die die Tagung organisiert hatte. Wie sie extreme Charaktere verband, war eine Kunst für sich, scheue Spezialisten begegneten marktschreierischen Feuilletonstars, an der Mode orientierte Studierende saßen am gleichen Kantinentisch wie Forscher zur harmonikalen Musik des frühen Mittelalters. Mir brachte es ein dankbares Glücksgefühl, in dem Panoptikum mitgemacht und kurz auf dem Treppchen gestanden zu haben, als einer der Modernsten, unbekannt bestaunt.

Bühnenluft geschnuppert zu haben!

Das Leben danach zu Hause wurde lahm und hart. Ich wünschte, meine Arbeit würde sich von selbst schreiben, ihren Ruf hatte sie weg, alles Weitere musste Enttäuschung sein.

Mitte August 1980 war ich fertig mit dem Manuskript. Mein Doktorvater Professor Emrich hatte mir in einem handgeschriebenen Brief mitgeteilt, er sei nach dem plötzlichen Tod seiner Frau wie außer Gefecht und überließe die Abfassung der Dissertation ganz mir selbst. Also schickte ich den Papiertrumm in eine Art luftleeren Raum zu ihm. Jahre vorher hatte er mich, als ich ihm meinen Promotionswunsch vortrug, angezwinkert und ausgerufen: »Ja, wissen Sie überhaupt, wer hier auf Ihrem Platz saß mit gleichem Ansinnen?« – rhetorische Pause, mein Kopfschütteln, Atemholen: »Eine äußerst attraktive Studentin mit Namen Gudrun Ensslin! Dass Sie mir nicht so werden wie die!«

Ich versorgte ein paar Verlage mit meinem Brocken und trampte nach Amsterdam, um am nächsten Tag ein Flugzeug nach Dublin zu nehmen, wo ich mit Meg verabredet war. »Die 500 Seiten liegen knackklug im Osten«, steht im Stichwort-Tagebuch, »Menschenmassen. Gebummelt, angeturnt. Grachten. Mit Neger, Mädchen, allein. In Flipp-Kneipe mit Rashneesh-Rechtsanwalt. 1 Uhr ins Hotel. Krach an der Rezeption (Schlüssel). Unruhig geschlafen.«

Reisen war mein Element. Ich staunte, wie lange ich es am Schreibtisch hatte aushalten können. Meg hatte mich nicht mehr ausgehalten und war schon voraus gefahren nach Irland; ich war ein bisschen aufgeregt, ob sie mich abholen würde oder in den Fängen eines wilden balladensingenden Iren gelandet war. Am Flughafen wartete sie schon mal nicht.

Unsere Liebe zueinander hatte vorsichtig begonnen, und mit gegenseitigem Befragen bremsten wir sie immer wieder ab. Jedes Mal, wenn wir ohne Ablenkung füreinander da sein konnten, wurde eine große Leidenschaft daraus, und wir wuchsen zu etwas Anderem, Neuem zusammen.

Das war zum Beispiel auf Kreta passiert, wo ich den Winter 1978 über blieb und Meg mich für zwei Wochen besuchen kam. Dort schon mischten sich allerdings auch andere in unsere Leben ein, die Mitfreaks, denen man beim Überwintern am Strand nicht entgehen kann. Die Keile, die sie zwischen uns trieben, waren schmerzhaft. Wir gewöhnten uns einen Umgang miteinander an, der beiden viel Freiheit ließ, Freiheiten, die man eigentlich so gar nicht brauchte: Bloß kein Besitz des anderen sein. Dann sich lieber schon mal richtig weh tun. Das entwickelte sich fort, als Meg mit dem Studium fertig und nach Berlin gezogen war, mir zwar näher, aber mit streng hochgezogenem Visier, was meinen Freundeskreis betraf. Alle Begegnungen wurden immer wieder neu ausgehandelt. Und beide zogen wir uns manchmal wegen einer Bekanntschaft, eines Techtelmechtels voneinander zurück.

Deshalb meine Aufregung auf dem Flughafen, im verregneten Dublin, wo ich meine Geliebte kurz vor der Schließung der Jugendherberge dann doch noch aufspürte. Sie war eben lange spazieren gewesen. Wir taten beide kühl, aber die Freude ließ sich nicht mehr verheimlichen.

Zielsicher ging es ans westliche Ende der Insel mit Bahn und Bus. Tagsüber Wanderungen in den Bergen, abends das fettige Essen, Bier, Whisky, Musik. Wo wir hockten, spielten Bands, erklang der Rundgesang, standen Leute an den Tischen auf, Frauen, Männer, alt und jung, trugen eine Strophe vor, forderten den Chor heraus, der Saal sang mit, und der nächste Einzelne übernahm. Dank der anfeuernden Neugier meiner Freundin wurde die Reise eine Art Feldforschung zum Stand des Musizierens im bettelarmen Westen der Republik Irland. Wir gerieten von Cliften weiter hoch in den Norden und übernachteten einmal auch in dem Ort Gweedore in einer Musikerpension, geführt von Megs Lieblingsband, einem Familienunternehmen namens *Clannad*. Ein etwa zwanzigjähriges wuschelköpfiges Mädchen brachte uns morgens das Frühstück. Vielleicht irre ich mich, aber ich behaupte, dass das Enya gewesen ist, die Jüngste im Clan, die eigentlich Eithne heißt und sich ein Jahr später von dort loslöste und ihre Solokarriere begann.

Während Meg die Rundgesänge glücklich machten, verliebte ich mich in die endlosen irischen Balladen. Ein musikalisches Erzählen, das keine Grenze kennt, Detail auf Detail, Zeitebene auf Zeitebene, kein Refrainzwang, Melodie gewordene Freiheit. Schon lange hatte ich für Van Morrison geschwärmt und damit weniger seine knackig-rock'n'rolligen Popsongs gemeint, sondern eher die weiträumigen Meditationen, seine Wikinger- und Keltengeschichten, die er mit ein paar Instrumenten und Grundakkorden auf uns losließ, die Schifffahrten, wo seine Aussprache unentschieden ließ, ob es ins Neblige oder ins Mystische ging.

Ich wusste jetzt, woher er das hatte, und fragte mich manchmal, ob es in meinem Sprach- und Musikraum etwas auch nur vage Vergleichbares wie dieses irische Volkssingen gegeben hat. Der ewige Verweis auf die Nazizeit, die das deutsche Volkslied kaputtmarschiert hatte, ist nicht ausreichend. Ähnlich verheerend haben wohl auch die romantischen Professoren, die Grimms und von Arnims schon gewirkt, indem sie die Gesänge zusammenkürzten und »dem Volk« eine »Seele« einimpfen wollten – in Anführungszeichen, denn was hat das mit Menschen, die tagsüber ihrer Arbeit nachgehen und abends erzählen und singen, zu tun? Dass wir von keiner einzigen Autorin, von keinem Komponisten ›von dort unten‹ einen Namen überliefert bekommen haben, dass die Volksquelle eine gesichtslose Masse geblieben ist, sagt doch eigentlich alles. Und dann noch entkeimt, ›entböst‹, damit die gesammelten Märchen den Bürgerkindern stubenrein angeboten werden konnten?

Glückliches Irland, damals jedenfalls noch. Und zum glücklichen Irland gehörten andererseits natürlich auch die Zuchtanstalten für ›gefallene Mädchen‹, die katholische Enge samt päderastischer Übergriffigkeit. Sinéad O'Connor lebte in solch einem Heim in dem Jahr, als ich Irland zum ersten Mal sah.

Meg kannte die Insel schon länger, und sie war auf dem bäuerlichen Boden dort viel mehr Abenteurerin als zu Haus, geschweige in Berlin. Am letzten Abend tat es ihr ein sensibler Franzose mit Laute und Kussmund so an, dass ich eifersüchtig die Flucht ergriff und bis zum Morgengrauen die Bars der Stadt durchstöberte, mich wie eine Figur aus einem Dubliner Zeitkolorit-Roman der Zwanziger fühlen durfte: verschmäht, versenkt, verwegen.

Nur drei mündliche Prüfungen standen noch an. Gezielt lernen und reden konnte ich, also kam das Musikmachen wie von selbst wieder auf mich zu. Außerdem hagelte es von den Verlagen, die meinen Jahnn-Trumm gewollt hatten, Absagen. 500 Seiten über ein entlegenes Thema? Darauf wartete niemand. Meine Freunde Henner und Burkhard warteten stattdessen auf den dritten Mann, also planten wir eine Tournee. Damals hieß das, heute anzurufen und einen Monat später auftreten zu können. Man lebte noch sehr in den Tag hinein in den Sponti-Kreisen, in denen *Trotz & Träume* ein Name war. Die alternative Ökonomie war gerade erst am Entstehen. Wir hatten außerdem als Band bei den Veranstaltern im ›Sumpf des Gegenmilieus‹, wie man damals sagte, den Ruf einer unabhängigen Truppe und mussten niemandem nach dem Mund singen, wie manche Stars der Bewegung. Wer uns buchte, wusste, dass es einen musikalischen Rundumflug zu existentiellen Themen geben würde, die alle »Ausgeklinkten« (so einer unserer Liedtitel) berührten: Drogen, Sex, Verlassenheitsängste, Fernweh und Abenteuerlust. Und Hass auf den terroristischen Staat. Denn so kam die BRD in unseren Liedern vor – das von Kanzler Schmidt vor der Welt gepriesene ›Modell Deutschland‹ erlebten wir als eine ›Eisblumenzeit‹, die Nachrichten in der Tagesschau als ›Schweinebotschaft‹, die demokratischen Regularien als Scheingefechte in der Totalen des Profitdenkens. Wir komponierten keine massentauglichen Gegenhymnen, sondern gesungene Geschichten, in denen ein Arbeitsloser aus dem Ruhrpott zu Wort kam oder ein malträtierter Schwuler im Fummel. »Wenn Männer aus der Rolle fallen wollen« hatte unser erstes Programm geheißen. Wir standen ideologisch zwischen der mächtigen Lyrik von *Ton Steine Scherben* und den harmlosen Kifferliedern der *Teller Bunte Knete*-Band, die zeitgleich in Westberlin die angesagteste Szene-Truppe war. Auch bei uns gab es Witziges und Rocksongs, aber wir professionalisierten beides nicht, sondern spielten eine Art Folk-Punk: Folk, weil es viel zu erzählen gab, und Punk, weil wir unsere Instrumente nicht ganz richtig beherrschten, aber unbedingt klingen lassen wollten, und zwar laut.

Was mich betraf, fühlte ich mich nach dem abgeschlossenen Studium ziemlich frei, machte auch dem ›Gegenmilieu‹ zu Liebe keine Eingeständnisse und versuchte, die dort gemochten Klischees beim Texten loszuwerden, das, was heute ›political correctness‹ genannt wird. »FJS wär ne Abwechslung, die Grünen hinter Chrom«, lautete eine Zeile in einem Zwei-Akkorde-Rap, den ich im Herbst '80 über den Kanzlerwahlkampf schrieb und der den Titel trug »Faule Zähne fallen aus dem Mund«. Gerichtet an die selbstgewissen Szenegurus, die zukünftig um Senatsposten buhlen würden. Ich war 30 und wollte ein Punk sein, ein promovierter Punk immerhin.

Auf eine zweite Tourneerunde gingen nur Burkhard und ich im Duo. Zum ersten Mal testeten wir auch kleine Sketche zwischen den Liedern, die wir uns auf den Autofahrten ausgedacht und in Raststätten aufs Papier gekritzelt hatten. Die Reise führte tief in die südwestlichen Land-WGs mit ihren fröhlichen Latzhosen-Frauen, so freundlich und zutraulich und oft so erschreckend ironiefrei. Ähnlich niedlich haben wir aber vielleicht auch gewirkt, der kleine Dickliche am Klavier und der hagere baumlange Gitarrist, nur wenig angekränkelt von Professionalität und dramaturgischer Berechnung. »Was für eine Chuzpe«, flüsterte Dramaturg Christian Stahr vom Stuttgarter *Theater der Altstadt* nach der Pause begeistert, als wir im letzten Moment noch einen neuen Sketch geprobt, das dritte Läuten überhört hatten und jetzt eilig der Bühne zustrebten.

Wir saßen irgendwo in Franken beim Bier, als wir vom Tod John Lennons erfuhren. Trotz täglich wechselnder Kulisse war uns einsam zumute. Wie schnell so ein Leben vorbei sein kann, wie leicht man es vertat. Dass dieses Herumfahren, Eigenes spielen, Reaktionen auslösen und einheimsen – auch wenn sie manchmal nur von vier Anwesenden kamen –, dass dieses Mühsals- und Misserfolgsspiel mit den plötzlichen unberechenbaren Triumphen darin das reichere Leben sein könnte, dieser Gedanke bildete sich jetzt allmählich in mir aus. Reicher auch im Wortsinn: Nach etlichen Überarbeitungen und Neufassungen war nämlich mein Jahnn-Aufsatz bei »Text und Kritik« erschienen, mit einem Begleitbrief, in dem ein Scheck lag über 120 Mark, einlösbar bei der Postbank. Circa 40 Stunden Arbeit für 120 Mark. Im Wissenschaftsbetrieb als Freier – das bedeutete Hungern auf hohem Niveau.

Zum Jahresende 1980 bündelte ich die neugeschriebenen Lieder und Fragmente und zog mich mit meiner Akai-Tonbandmaschine in mein altes Zimmer bei den Eltern zurück. Ich wollte so viel wie möglich aufnehmen und tat so, als wäre es teure amtliche Studiozeit. Schon seit Jahren gab es immer zur Jahreswende für Freunde ein neues Band mit zehn oder zwanzig Liedern. Ich holte mir damit Lob und Tadel, machte ein paar Menschen Freude und hatte wieder eine meiner Werkphasen festgehalten.

Diesmal plante ich den Einstieg ins Profilager, die Soloplatte – meine Erlebnisse mit dem Publikum hatten mich mutiger und die Studioarbeit für *Trotz & Träume* in Mikrotechnik und Spieldynamik fitter gemacht. Die neuen Lieder kamen mir konzentrierter vor als alles andere vorher, in jeder Richtung verschärft, intimer und gleichzeitig politisch zupackender. Nur richtig grooven tat nichts davon, das konnte ich partout nicht ändern.

Mit Ulli D. besprach ich das Ergebnis, er würde ab jetzt mein ›Mann für die Öffentlichkeit‹ sein, machte gleich Fotos, wir schrieben zusammen den Infotext, und mit einem

Begleitbrief versehen schickte ich die vom Band gezogenen Kassetten an verschiedene Plattenfirmen und Einzelpersonen.

Seit diesem Moment bin ich nie mehr ohne ein nervöses Verlangen am Briefkasten vorbeigegangen. Immer hat etwas an mir gezerrt, die Erwartung einer Antwort auf ein losgeschicktes Angebot oder die Erwartung an mich selbst, mich gefälligst häufiger und besser anzubieten. Wie beschaulich und anspruchslos hatte ich bisher gelebt, wie unbelastet. Aber es gab kein Zurück.

»Du kannst sie kriegen«, dachte ich so deutlich zum ersten Mal, als ich im Januar 1981 mit den zwei anderen von *Trotz&Träume* in einer Art Dachgeschoss saß, in einer zu Wohnlofts umgebauten Fabrik in Friedenau. Es war der originellste Auftrittsort, den ich je kennengelernt habe. Ein Rundlingsdorf aus Fachwerkhäusern, in der Mitte dieser Platz, auf dem wir neben ein paar Bäumchen in großen Schüttmulden musizierten, und die Zuhörer hockten auf den Terrassen der Häuschen, in Vorgärten und auf Mäuerchen um uns herum, 60 Meter hoch über den Straßen, über uns allen ein beleuchteter Plexiglashimmel, durch den der echte, flugzeugdurchquerte tiefdunkle Nachthimmel schimmerte. Keine Ahnung, ob es dieses Loft noch gibt. Ich beneidete die Bewohner sehr. Und spürte die Kraft, die an diesem Abend von mir aus- und auf die Zuhörenden überging.

Das blieb so auf der nächsten Tour, wo ich an verschiedenen Orten neue Stücke schrieb, zum Beispiel »Zwei Jungs am Hafen« und die »Einstiegsdroge«. Der Himmel über Meg und mir bezog sich mit Gewitterwolken. Sie wurden

Horst Steffen Sommer in seiner Welt

dichter, als wir, in Berlin zurück, gleich ein Dreier-Konzert im Charlottenburger *Hinterzimmer* gaben. Da war ich zu ihrem Missfallen der bejubelte Mittelpunkt, was ich in Ansagen und witzigen Bemerkungen über meine beiden Bandkollegen weidlich ausnutzte. Für *Trotz & Träume* war es der letzte gemeinsame Abend. Der Veranstalter umarmte mich und bot mir hier und jetzt seine Unterstützung an. Es war die Kleinkunstlegende Horst Steffen Sommer und ich empfand es wie einen Adelsschlag. Damit trat sozusagen stellvertretend die altehrwürdige, schon ein wenig ergraute Westberliner Folk- und Nonsens-Szene auf mich zu und akzeptierte mich als ebenbürtig.

Es wird Zeit, mal einen Blick auf die Westberliner Musikszene der damaligen Zeit zu werfen. So schwarzweiß, wie sie in vielen Erinnerungsvideos und Kultfotos erscheint, war sie nicht, eher ein bunter Flickenteppich von Fraktionen, die sich durchdrangen und trotzdem heftig voneinander abgrenzten. Für alle galt: Vielfalt und Risiko wurden gefördert, existentielle Not für Künstler gab es kaum, gemessen an dem, was wir heute gewohnt sind. Das Feld war weit. Es gab die Elektronik-Bands aus den Sechzigern, von denen einige, *Tangerine Dream* zum Beispiel, mittlerweile um die halbe Welt konzertierten, und ich konnte mich noch erinnern, sie als Abiturient in einer Dahlemer Schulaula erlebt zu haben. Es gab die blühende Freejazz- und Rockjazz-szene, aufgeregte Musik von Spieler/innen, die andauernd ihre Bands wechselten, aus stilistischen und kommerziellen Gründen, ihr höchster Tempel das *Quasimodo*, wo ich ein paarmal im Publikum gestanden und mir geschworen hatte, dieses Wetteifern auf den Instrumenten sei meins nicht – dann schon lieber solide Klassik. Aus dem Rockjazz gab es Überläufer zum Rocktheater, meist politisch links engagiert, das bekannteste die *Lok Kreuzberg*, heftige Musik, gewerkschaftsnaher Blick auf Schüler und Lehrlinge, knapp aufklärende Texte. Daneben spielten solide Rock-bands wie *Bel Ami* und *Morgenrot,* die sich aus dem Schüler-Rock'n'Pop der Sechziger entwickelt hatten und deren höchstes Lob untereinander es war, etwas »amtlich« arrangiert und nachgespielt zu haben. Zwischen ihnen und der Kultband der Anarcho- und Hausbesetzerszene *Ton Steine Scherben* gab es wenig Ähnlichkeit oder Freundschaft, so wenig wie zwischen uns anarchistisch orientierten Studies und den ›Revis‹, also den Anhängern des ›real existierenden Sozialismus‹ im anderen deutschen Staat. Revis nannten die sich nicht selbst, sondern die studentischen K-Gruppen, die sich an China und Nordkorea orientierten, hatten ihnen den Namen verpasst, der ja behauptete, sie hätten Marx und Lenin ›revidiert‹. Aus diesem K-Gruppen-Feld kamen nur wenige Musiker, aber einige Maler und viele spätere Grüne wie Jürgen Trittin oder Antje Vollmer. Wenn aber Anette Humpe bei *Ideal* im New Wave-Hymnus ›Ich steh auf Berlin‹ vom »Büro der Partei« singt, ist solch ein K-Ableger gemeint. Die »Neue deutsche Welle« (abgekürzt N.d.W., so die Industriebezeichnung) war Ende der Siebziger das Angesagte, ein Schmelztiegel, einer, gegen den sich fast alle aus den ernsthaften Musikbereichen entrüstet wehrten und sich doch lustvoll in ihn hineinziehen ließen. Flotte Musik, Pogo oder Punk, ergänzt durch Schlagerrefrains und freche, verrückte Texte mit Anleihen aus dem Dada. Die echten Punks, die ein auch geistig obdachloses Leben mit ihrer Musik verbanden, fanden den Stil weicheierig schlecht, die hochgerüsteten Jazzer kümmerlich amateurhaft, Popmusiker und Popper nannten ihn schnöde und billig, aber unwiderstehlich zog der Erfolg der verrückten neuen deutschsprachigen Musik sie alle doch an. Hier konnte man plötzlich tun, was man wollte, es musste nur kurz und frech sein wie neuerdings die Klamotten der jungen Frauen. Irgendwie spiegelte dieser Trend, dessen kunstsinnigster Vorreiter Max Goldt mit *Foyer des Arts* war, die Insellage der Stadt wider, die Anette Humpe in ihrem Lied so begeistert feierte: In Westberlin gab es seinerzeit für das künstlerische Austoben eigentlich keine existentielle Grenze. Die Mieten radikal niedrig, Fördergelder immer greifbar, ein Publikum zumindest aus dem großen Kollegenkreis garantiert – was sollte passieren? Auch die besseren Liedermacher tendierten schon eine Weile zum Experiment. Die ganzen Siebziger hindurch hatten sie, inspiriert von ihren Vorbildern Mey,

Degenhardt und Wader, auf Missstände hingewiesen, Probleme bereimt und vertont. Die Medienöffentlichkeit hatte dem deutschsprachigen Lied mit Anspruch ein Jahrzehnt lang so weit offen gestanden, dass sich mittlerweile jede und jeder Junge mit drei Akkorden auf der Klampfe, einem Thema und einem Reimlexikon in der Hinterhand auf eine Bühne traute. Weshalb die Begabteren gleich Verrückteres wollten, sich politisch radikaler engagierten oder den Übergang ins Rockige versuchten. Für alle drei Spielarten bot die »Neue deutsche Welle« eine Art Rückendeckung: Jetzt konnte man Hardrock mit Poesie so verbinden wie *Interzone* durch ihren genialischen Sänger Heiner Pudelko, Existentialismus und Unbehaustheit im Schweinesystem so sinnlich besingen wie *Ton Steine Scherben* durch Rio Reiser, oder sich von den Trends so eigenständig fernhalten wie Ulla Meinecke oder Klaus Hoffmann, aber auch wie die am Rand des Kunstbetriebs arbeitenden Konzeptkünstler.

Das politisch und musikalisch Korrekte war abgesagt, alles im Umbruch, die *Lok Kreuzberg* tat sich mit der intuitiv genialen Nina Hagen zusammen, Udo Lindenberg versuchte etwas mit Punkmusikern, ein Fotograf wie Jim Rakete und ein Kinobesitzer wie Conny Konzack wurden zu Trendsettern, Impressarios – ein Umbruch passierte, der nicht aus Not, sondern aus Experimentierlust stattfand. Internationale Stars auf der Durchreise genossen den frischen Wind und gaben ihren Schwung dazu, noch waren sie keine Legenden.

Ich hatte damals, als *Trotz & Träume* sich auflöste, von alldem wenig Ahnung. Meine zwei Versuche, in der Musikszene Fuß zu fassen, waren kläglich gescheitert, alles hatte im-

Ton Steine Scherben mit Frontmann Rio Reiser

mer kaum begonnen, gleich wieder geendet. So organisierte ich mir mit dreiundzwanzig meinen ersten Soloauftritt in einem frisch eröffneten Ausflugslokal im Grunewald, lud jede Menge Freunde ein, und an einem freundlichen Sommernachmittag spielte ich mir unter ihrem Jubel die Seele aus dem Leib. Der Wirt hätte misstrauisch werden können, weil dieser Jubel so ganz gleichförmig kam, aber er war ein freundlicher Mensch ohne Hintergedanken, schwer beeindruckt von den Reaktionen, und bot mir an, mehrmals die Woche nachmittags eine Stunde zu spielen für jedes Mal 50 Mark. Das war viel Geld. Ich fuhr ein paarmal raus in den Grunewald in jenem Sommer, spielte für die Gäste der *Waldborke* und war enttäuscht, wie wenig sie sich aus meinem Zeug machten. Nicht mal meine paar komischen Nummern zogen. Nach dem dritten Mal sagte der Wirt: einmal noch und gab mir einen Zwanziger, beim nächsten

Mal war es dann vorbei. Ich zweifelte aber weniger an den Liedern als an meiner Fähigkeit, sie so zu präsentieren, wie sie es brauchten.

Bald startete ich zum zweiten Mal. Ein witziges Lied über den Stress beim Wohnungsuchen hatte im Freundeskreis so viel Zustimmung gefunden, dass ich es mehr Menschen um die Ohren hauen wollte. Den *Steve Club* oder das *Go In* zu belästigen wagte ich nicht, das waren kultige Orte, wo sagenhafte Gestalten wie Reinhard Mey oder Hannes Wader umgingen. Ich träumte zwar manchmal davon, dort im schummrigen Keller dahinzuvegetieren wie eine Musikassel, aber ich suchte mir den *Folk Pub* aus, vom Israeli Pini Eden geführt, einem lässigen Schönling, der immer an irgendeinem Wochentag zur Newcomer-Runde lud. Man bekam kein Geld, aber 15 Minuten, freie Getränke und Reaktionen. Ich war so aufgeregt, dass meine Stimme in ein Vibrato verfiel, aber dann schaffte sie den Sprung ins Lakonische und brachte das witzige Lied so gut rüber, dass ich noch ein romantisches dranhängte. »Kannst gerne wiederkommen«, meinte Pini, und nach dem zweiten Mal bot er mir an, im richtigen Programm mit dabei zu sein. Ich war so begeistert, ich fragte nicht mal, für wieviel.

An den ersten Abenden ›im Programm‹ bekam ich einen lauten Achtungsbeifall. Beim dritten Mal hatte sich Pini etwas Dramaturgisches ausgedacht, worüber er leider vorher mit mir nicht sprach. Bei meinem romantischen Lied dimmte er das Licht auf der Bühne. Der Flügel stand ein wenig abseits, man war dem Publikum nicht ganz zugewandt. Um mich wurde es dunkler und dunkler. Und da ich die Lieder nicht auswendig konnte – bis heute übrigens, ich muss die Texte sehen beim Singen – kroch ich ins Papier, verlor erst die Töne, dann die Worte, fing an zu stammeln, zu keuchen, verlegenes Husten von unten, Gelächter. Ich brach ab.

Ganz klägliches Ende.

Nach diesem Debakel trat ich drei Jahre lang nirgends mehr auf. Machte meine Privatplatten und ging dann und wann als einfacher Zuhörer in einen Club, hörte mir Leute an wie Klaus Lage, Jasmine Bonin, Hannes Wader, Birger Cordua, Jürgen von der Lippe oder Horst Steffen Sommer. Meist mit der schalen Attitude von einem, der es besser könnte, wenn er nur wollte, mit der Haltung eines missgünstigen Studienrats, der mal ein Künstler hat sein wollen.

Gut, darüber hinweg zu sein. Gut, auf die anderen von *Trotz & Träume* gestoßen zu sein! Mit ihnen zusammen genoss ich die stilistische Freiheit, in Liedern weich, aggressiv, philosophisch dunkel oder auch grellblöd sein zu dürfen, wie es gerade passte. Dass wir unser Leben als eine Art Gefängnis schilderten, aber das quicklebendig taten, das war ein zeittypisches Paradox. Mit den *Trotz & Träumern* zusammen traf ich eines Abends auf einer vom Senat geförderten Veranstaltung zum Thema Emanzipation auch auf die *Gebrüder Blattschuss*, ein paar Jahre älter als wir und erwachsen aus dem Humus der Westberliner Folk-Clubszene um Beppo Pohlmann, Hans Marquardt und Hans Werner Olm. Sie sollten bald die »Kreuzberger Nächte« kreieren. Die Diskrepanz zwischen ihrer hochgefeilten Professionalität und unserer draufgängerischen Tiefgründigkeit war für alle so hörbar, dass es im Publikum zum Eklat kam. Manche genossen das Pointen- und Parolenhandwerk der Profis und waren abgestoßen von unserem frechen Anarchostil, anderen ging es genau umgekehrt. Damals wurde alles immer anschließend ausdiskutiert. Dabei hielt uns Hans Marquardt den »Unterhaltungswert« vor, den es zu erfüllen gelte, wenn man das, was wir taten, professionell betriebe, aber so weit wären wir wohl noch nicht. Hohnlachen aus der uns zugetanen Publikumsfraktion.

Ich schrieb ein Lied darüber. Der Unterhaltungswert war ab jetzt der Popanz der Gegenseite, das Grundverkehrte am Künstlertum. Das hielt ich allen entgegen, die mich mit meinem Zeug zum Verlierer und Träumer stempeln wollten. Keine Gemeinsamkeit mit den raffinierten Verwertern von Witz und Gefühl!

Von den Zwängen eines Berufskünstlers hatte ich keine Ahnung. Und die Grenzen des Sagbaren waren bisher für mich etwas sehr Privates. Aber ob eine Liederfinderin, ein Geschichten-Spinner in ihrer eigenen Haut wahrhaftig blieben oder sich zum Alltag hin von ihrem künstlerischen Ich schnell wieder zurückzogen, das spürte ich ziemlich gut. Nicht zufällig ist Hans Marquardt bis heute ein meisterhafter Georg-Kreisler-Interpret, aber eben im ›normalen‹ Leben immer auch ein Sozialarbeiter geblieben. Und Horst Steffen Sommer andererseits konnte gar nicht anders als sein Zeug zu machen, die Menschen damit zu begeistern, zu erschrecken oder schlimmstenfalls anzuöden.

Horst Steffens Texte und Lieder haben mir vom reinen Inhalt her nie besonders gefallen mit ihren Gruselreizworten wie »Jimmy, komm wir fressen eine Leiche«. Wie ich auch seine Selbstanpreisung als »sadogermanischer Gitarrenkinski« albern und spießig fand. Aber wie er das machte, wie er sang! Wie er die eigenen oder Stücke von Wedekind, Morgenstern aufbereitete, lockend, erotisierend begann, in einen Paradeplatz-Kommandoton überspringend, von da ins Schrille, verzweifelt Irre, irgendwann immer zu laut, zu quer, um wieder ganz leise und manchmal fast zweistimmig darin zu landen. Echt verzweifelt zu klingen, es zu sein für die halbe Minute, bevor der Beifall einsetzt, der bei ihm allerdings jedes Mal auf der Kippe stand. Aber wenn der Funke geflogen kam, war die Begeisterung rauschend.

Ich lernte, wie harmlos mein Vortrag dagegen blieb. Was mir alles noch fehlte, es war keine Frage des Handwerks allein. Um überzeugend zu sein, muss man das, was man singt, auch leben. Horst Steffen führte ein riskantes Bühnenleben, war mal berühmt gewesen, hatte sich dem Trend zum konsumnahen Unterhalten aber nie angepasst. Er blieb schrill, also weniger und weniger gefragt, und betätigte sich deshalb auch als Manager und Organisator. In Woody Allens Filmkomödie »Broadway Danny Rose« wird genau die Sorte des geradezu aussichtslos unmodernen Veranstalters, wie Horst Steffen einer war, verkörpert. Seine auf Matrizenpapier halb getippten, halb gezeichneten Veranstaltungshinweise zu denen, die er zu fördern bereit war, gehören in jedes Kabarettmuseum, liebevoll und ungeschickt preist er dort Vorzüge an und bietet zynischen Zeitgenossen ungewollt eine Vorlage auf die Schwächen der Gelobten. Durchaus auch zänkisch und stur war es schwierig, ihn von manchen seiner Formulierungen wieder abzubringen. Sommer war überzeugt, einer Öffentlichkeit Künstler und Kunstformen zu präsentieren, die ohne ihn verloren gehen würden, und er glaubte gleichzeitig fest daran, den Geschmack der Vielen, das Massenhafte im Kern zu kennen. Er sagte, seit er wieder U-Bahn fahre und nicht mehr wie zu seinen Erfolgszeiten Taxi, sauge er mit jeder Fahrt auf, wie die Menschen tickten, er säße der Masse ja quasi auf dem Schoß.

Vor Spott und Galle hatte er keine Angst, Misserfolge erschöpften ihn höchstens. Aber anders als so einige Außenseiter, denen ich begegnet bin, verachtete Horst Steffen kaum jemanden, das machte ihn für mich groß. Wie simpel ist es, sich selbst für besonders und den Rest für blöd zu halten. Und wie üblich ist es heutzutage geworden.

Als ich Horst Steffen Sommer anfangs traf, ging er noch auf Tournee und war im Radio eine geachtete Figur. Später, als er sich beim Bürgerfernsehen ein zweites Standbein schuf und in Sendungen weniger sich selbst, mehr ›seine‹ Künstler präsentierte, war ihm finanziell das meiste bereits weggebrochen. Er bat nicht um Hilfe, sondern verbrachte ein oder zwei Winter ohne Heizung und Strom in seiner von Erinnerungen überfließenden Charlottenburger Wohnung. Er hatte, was ich bis zum Ende nicht wusste, in den letzten Lebensjahren keine Krankenversicherung mehr. Als er 1989 einen Herzinfarkt bekam, behandelte man ihn als Notfall, brachte sein Bett dann aber auf den Flur, wo ihn ein zweiter Anfall überfiel, an dem er starb.

Ein Großer war gegangen, besser gesagt, hinausgeschoben worden. Auf die Beerdigung kamen meine Frau und ich mit unserem gerade geborenen Sohn. »Das Leben geht weiter«, riefen manche uns zu.

Im April 1981 absolvierte ich die mündliche Prüfung in Deutsch vor drei Prüfern in der Wohnung des Professor Emrich am Lietzensee, versetzte die auf Sympathie gepolte Gruppe in die peinliche Lage, mein Unwissen über alles

Mittelhochdeutsche mitzuerleben, erfreute sie dann aber mit angeregtem Gespräch zu Jean Paul und Jahnn, und meine Arbeit bekam ›Bestens‹. Das hatte auch der nachher auf der Straße zufällig vorbeischlendernde Horst Steffen Sommer erraten und sagte es mir auf den Kopf zu: »Du bist doch sowieso einer von denen, die alles eins a machen wollen.«

Ohne Spott dahingesagt, tat mir das gut. Ich traute mich deshalb, ihn gleich nach möglichen Auftritten in seinem *Hinterzimmer* zu fragen. Mit fast einunddreißig musste ich mich schließlich nun ums Geld kümmern. Noch am Abend rief er an und gab mir drei Termine. Die *Hinterzimmer*-Einnahmen würden mir helfen, außerdem die Einnahmen aus einem zweiten Haus, an dem ich spielen durfte, dem *Mehringhof-Theater* in Kreuzberg, zu einem selbstverwalteten Kulturkomplex gehörig und damals geleitet vom Theatermanager Frank Burckner. Der hatte *Trotz & Träume* seinerzeit allerdings sein Tonstudio teuer und ohne technische Hilfe vermietet, weshalb ich schlecht auf ihn zu sprechen war, aber bei einem guten Besuch warf sein Theater so viel ab, dass ich über meinen Schatten sprang. Bei Burckner setzte ich die Werbezettel ein, die Ulli D. und ich entworfen hatten, im *Hinterzimmer* kamen Sommers Infos zur Geltung. Man konnte glauben, unter meinem Namen würden zwei ziemlich unterschiedliche Nachwuchssänger auftreten.

Auf einer Party in Lichterfelde lernte ich den quirrligen Enthusiasten, Autor und Projektplaner Hubert Skolud kennen. Ich war um eine Einlage gebeten worden, die Hubert in Begeisterung versetzte. Später schrieb er darüber im Stadtmagazin »tip«: »So hab ich noch nie jemand vorm

Klavier sitzen sehn: schüchtern, in sich zusammengekauert, den Kopf seitlich nach unten gewandt, die Brille war zur Nasenspitze heruntergerutscht, und allein die Bewegungen seines Mundes sahen schon unverschämt aus. Er sang dieses gnadenlose Lied ›Wenn wir über Dämme klettern‹.«

Hubert war eine Zeitlang im Clan von Konstantin Wecker herumgereist und schrieb an einem Buch über die Anfänge der Neuen deutschen Welle. Er bombardierte mich mit Besuchen, Telefonaten und kurzfristigst einberufenen Treffs, zu denen er »wichtige Leute« lud, die meist nicht kamen. Anfangs war es schwierig, ihn davon abzubringen, mir meine anderen Unterstützer schlecht- oder auszureden, doch nach einer Weile gehörte er einfach als Dritter neben Sommer und Ulli D. dazu, und seine aufgeregte Art beruhigte mich seltsamerweise.

So verging das Frühjahr 1981. Ich lebte von Gig zu Gig. Horst Steffen Sommer vermittelte mir zwei Radioauftritte, einen davon im sagenhaften Steglitzer *Bierpinsel* zum ›Zweiten Frühstück‹ des alten Jazzkenners John Hendrik. »Viel Spaß mit Ihrem Kabarett«, rief der mir beim Abgang zu lauem Beifall nach. Ich glaube, es war nicht freundlich gemeint.

Über Hubert kam ich auch zu einem Auftritt bei der AL, begegnete dem völlig interesselosen Otto Schily im Parteibüro und wurde nach dem dritten Lied durch deutliche »Aufhören«-Rufe von der Bühne gejagt.

Aber ich nahm mir das alles nicht mehr so zu Herzen. Zufällig traf ich Michael Stein von *Pille Palle* in einem Kreuzberger Gartencafé noch am gleichen Abend, und wir ätzten über die Alternativ-Spießer, dass denen die Ohren geklirrt haben müssen.

Ich tauchte in einer Radiosendung mit Liebesliedern auf. Die wurde moderiert vom gewählt formulierenden Rundfunk-Autor Waldemar Overkämping, dem Lebenspartner des RIAS-Zampanos Barry Graves, einem täglich hörbaren Beweis für leidenschaftliches Berichten über und mit Musik. Ich übergab Overkämping meine Kassette mit den Worten, dass da eigentlich nur Liebeslieder drauf seien. »Die sind das Schwerste überhaupt«, raunte er mir zu.

Bald gab es die ersten Absagen zu meinem Demo-Band. Sie waren teils vorsichtig formuliert oder schlicht auf einer Ausrede aufgebaut: »Mein Tonbandgerät und der Kassettenrekorder sind seit Erhalt Deiner Kassette kaputt – leider«, steht auf einer Postkarte des Liederpoeten Christoph Stählin, die ich aufbewahrt habe. Ein Schallplattenfachmann von Intercord, der meine Stücke eingehend betrachtet und gelobt hatte, endete: »Das mit dem Klavier aber würde ich lassen. Für die Begleitung sollten Profis sorgen.«

Vorwärtstreibend sah das alles nicht aus, aber die wachsende Zuschauerzahl, ein paar Auswärtsspiele, die nicht ausfielen, und dass sich mein Name langsam im Kreis der Professionellen einprägte, ließ doch hoffen. Knapp davon leben konnte ich auch.

Am letzten Tag im Mai besuchte ich einen Kabarett-Abend mit Hanns Dieter Hüsch, der dreißig Jahre Bühnentätigkeit Revue passieren ließ, erst in rasender Geschwindigkeit, später ergreifend innig, kurz vor dem Finale noch prall-lustig – mein Herz sprang vor Freude. Schon seit zehn Jahren hörte ich seine Platten und jetzt traute ich mich sogar hinter die Bühne. Ich stand in einem Schwarm aufgeregter Fans und drückte ihm zwar steif meine Bewunderung aus, aber nicht meine Kassette in die Hand, die kam mir plötzlich ganz nichtig vor. Das hingewischte Angebot, im Pulk doch noch auf ein Bier mitzukommen, ignorierte ich. Lieber war ich jetzt allein. Wie sehr wünschte ich, mich so vielfältig, auch so radikal, aber nie erbarmungslos geben zu können wie dieser Meister auf dem Grat zwischen Pathos und Leichtsinn. Sein Abschiedsblick sagte: Wir sehen uns noch!

Eine Woche später nahm ich mit Meg an einem Abend im Audi-Max der FU teil, an dem Wolf Biermann sich darüber ausließ, wie man Lieder schreibt. Als Gegenteil zum Niederrheiner Hüsch polterte, wisperte und dozierte der DDR-Hamburger nach immer dem gleichen Schema. Eine Anforderung, ein Problem, Biermanns Überlegung dazu, beispielhaft mit Stimme und Gitarre angespielt, vielleicht wieder der Lösungsweg eines Konkurrenten, dann sein eigener, besserer natürlich, beigefügt noch das Lob einer attraktiven Kollegin, Zwinkerauge, lyrisches Verweilen, dann die nächste Anforderung. »Du wirst es schon richtig gemacht haben«, rief wütend einer aus dem Publikum nach der vierten Runde, stand auf und versuchte beim Weggehen vergeblich, die luftgebremste Hörsaaltür knallen zu lassen. »Lass uns gleich mitgehen«, sagte Meg und wir verschwanden.

Für den 11. Juli hatte mich Hubert Skolud zu einem Kurzauftritt in einer Kreuzberger Pizzeria verpflichtet. Ich hatte mich gewehrt, weil ich wusste, dass im laufenden Futterbetrieb eines Restaurants sich niemand auf meine verschachtelten Lieder würde einlassen können. Außerdem hatte ich kein transportables Klavier. »Dafür sorge ich«, rief Skolud am Telefon, »Herwig bringt seins mit.« Ich fragte nicht, wer das war. Eher missgelaunt erschien ich am frühen Abend am

Spielort und verweigerte mich den aufgeregten Vorbereitungen des Wirts und meines Protegés. Jemand riss die Tür auf, keuchte, das Teil wäre jetzt da, schubste ein schweres CP 70 in den Raum, fragte mich, ob ich der Künstler wäre und hielt mir halb forsch, halb freundlich die Hand zum Gruß hin. Ich versuchte ruhig und kühl zu bleiben, half nicht mit beim Tragen, ich fand, das war nicht meine Sache. Sie bauten den Klavierersatz auf, der italienische Wirt händereibend daneben. Eine merkwürdige Aufregung war im Raum, die ich nicht verstand, aber sie sprang auf mich über. Als ich zu spielen begann, schafften sie es tatsächlich, eine Art Ruhe herzustellen. Der unbekannte Herwig hatte eine Freundin mitgebracht, Meg war da, Burkhard von *Trotz & Träume* und auch ein paar Größen der Westberliner Rockszene, wie mir Hubert Skolud zuflüsterte.

Zufällige Gäste waren an diesem Abend im *La Civetta* eher die Ausnahme, deshalb vielleicht auch die Ruhe. »Drei Teile«, hatte der Wirt gefordert. Nach dem ersten wurde freundlich geklatscht, die Routine des Nachbestellens und Plauderns setzte ein, ich stand verloren im Raum und Meg hatte ihren ›Wie-zu-erwarten-war‹-Blick drauf, Auftreten vor Einflussreichen mochte sie gar nicht. Schließlich ließ ich das CP 70 losgrummeln und setzte neu an. »Beutevogel« war dann das Stück, bei dem der Funke flog. Ein lauerndes Lied mit einer regelmäßigen Bassfigur, ich hatte mich in einen schönen androgynen Jüngling verwandelt, der als einsamer Raubvogel über der Aussteiger-Szenerie kreist und sich auf seine Opfer stürzt, jener ›scene‹, die ich mit Hassliebe verfolgte. Nach dem Beifall ahnte ich, jetzt konnte ich tun, was ich wollte, es würde gelingen. Die Pause zum dritten Teil möglichst kurz zu halten war eine professionelle Entscheidung, zu der ich mich zwang, denn nichts wäre ernüchternder gewesen als ein durch Lob und Alkohol aufgeschwemmter Sänger, der mit lallender Zunge wieder einreißt, was vor der Pause entstanden war. Ich zog den dritten Teil mit witzigen Stücken knapp durch und verpasste keine Pointe. Der hagere Klavierspender stellte sich mir jetzt in aller Form als Herwig Mitteregger vor, Schlagzeuger der Band *Spliff*, ehemals *Nina-Hagen-Band*. Begeistert beschrieb er mir, wie mein Auftritt auf ihn gewirkt hatte. Sekt schlürfend sah ich aus den Augenwinkeln, wie Meg das Restaurant mit wütenden Schritten verließ.

Hubert Skolud war nach mir der Held des Abends und selig. Auch Herwigs Freundin drückte ihre Freude über die Lieder aus, und ein SPD-naher Lehrer, der um den Tisch schlich, wiederholte mehrmals: »So muss die Kunst sein« oder »Da muss die Kunst ran …«

Herwig Mitteregger und ich redeten über alles mögliche, über Randy Newman, den er als eins meiner Vorbilder herausgehört hatte, über Arrangements textbetonter Songs, über das ›Business‹, dem er sich in gewissem Grad ausgeliefert fühlte. Er sprach stoßweise, humorvoll, manchmal in Andeutungen, manchmal auch abweisend, den Kopf nach hinten werfend, mit einer Geste wie: Das kann ich dir jetzt nicht erklären. Sie, *Spliff*, brächten gerade ihre erste LP mit deutschen Texten heraus. Das sei jetzt nicht mehr ganz so unmöglich wie noch vor drei Jahren, und wenn es erfolgreich sei, würde theoretisch auch Aufnahmen mit mir nichts im Weg stehen, vorausgesetzt man hätte eine gemeinsame Wellenlänge. Natürlich auch vorausgesetzt das Ja der anderen *Spliff*er, sie entschieden sowas nämlich gemeinsam. Mit Jim Rakete, mit dem natürlich auch.

Herwig Mitteregger, Potsch Potschka und Manne Praeker von Spliff

Mir drehte sich alles. Rakete. Neue deutsche Welle. Signale aus dieser anderen Welt, von der ich manchmal gehört und sie mit mir nie verbunden hatte. Ging es jetzt los? Gut, dass du nicht zwanzig bist, sagte die leise Stimme, die meistens bei mir ist.

Irgendwann, der Himmel draußen war schon wieder auf dem Weg ins Helle, wanderte ich nach Haus. Um mein Glück zu spüren und der vergraulten Meg alles zu erzählen, Distanz zu gewinnen. Zwei Tage später steht im Stichwort-Tagebuch: »Hamsun gelesen, auf Herwig gewartet. Kommt nicht, erleichtert.« Noch zwei Tage später reiste ich mit den Eltern für einen Tag in den Spreewald, atmete etwas DDR-Luft, und mir wurde auf dem still dahingleitenden Boot ganz eindeutig bewusst, dass mein Lebensgefühl schon anders geworden war, mein Leben sich geändert hatte. Nochmal vier Tage später kam Herwig Mitteregger dann bei mir vorbei, wir kopierten ihm meine Liedtexte, und die Arbeit begann.

Zwei Reisen, einige Zeitungsartikel und dreißig Auftritte weiter hatte unsere Langspielplatte schließlich die Form angenommen, in der sie im Frühjahr 1982 erscheinen sollte, es stand nur noch aus, wer sie veröffentlichen würde. Schon die Liedauswahl war ungewöhnlich, denn entgegen herkömmlicher Machart verzichteten wir darauf, Vielfältigkeit zu präsentieren und alles zu zeigen, was ich, dieser Neuling, so drauf hatte. Wir stürzten uns auf die heftigen Kaliber, ließen das Lockere liegen zugunsten von Zeilen wie »von Milliarden einer, der doch glaubt, er sei wie keiner« (»Lied vom Weggehen«). Wir wollten keinen Kompromiss – in solchen Dingen verstanden wir uns gut. Anderes brauchte Diskussion, erst vorsichtig, später heftig: wie stark der Einsatz von Synthesizern sein sollte, wie akzentuiert das Schlagzeug, wie laut oder leise die Stimme. War ich überhaupt in der Lage, zu der jetzt manchmal ganz fremd klingenden Musik überzeugend zu singen? Die Welt der Studios war mir fremd. Noch nicht einmal mit Wunschträumen war sie erfüllt, anders als in fremde Länder hatte ich mich in Vierundzwanzig-Spur-Maschinenräume und klimatisierte Gesangsboxen nie hineingesehnt. Die ersten Demos machten wir noch bei Herwig zu Hause, eine kleine Wohnung am Hermannplatz, voll mit Geräten und Instrumenten. Solche Wohnungen waren mir natürlich vertraut.

Allmählich lernte ich die anderen *Spliff*er kennen, freundliche Menschen mit hohen instrumentalen Fähigkeiten und Neugier auf Neues. Nach ein bisschen Zögern fand ich, auch sie waren vertrautes Gebiet, kamen aus ähnlichen

1980–1982

Gegenden, hatten Ähnliches versucht und waren mir jetzt ein gutes Stück voraus an Selbständigkeit und Mut. Auch dem Mut, rock'n'roll-mäßig neben der Kappe zu sein, an den Kanten zum Absturz zu balancieren. Keyboarder Reinhold Heil kam mir wie der Vernünftigste in der Gruppe vor. Der Schlagzeuger Herwig war so etwas wie das Herz, der schlagende Motor. Herzlich waren sie alle. Als ich das erste Mal in ihr Studio in der Huttenstraße in Moabit eingeladen wurde, war ich aufgeregt wie vor einem Rendezvous. Anschließend stolperte ich aus dem Hightech-Ensemble allein in eine Motorradkneipe, direkt auf der anderen Straßenseite, und kippte ein Bier und einen Klaren, um wieder runterzukommen, die Aufregung wegzuspülen. Die Besuche und Getränke dort wurden für ein paar Wochen Routine.

Mit den Demoaufnahmen begann auch das geschäftliche Mühlrad sich zu drehen. Jim Rakete hatte sich noch nicht blicken lassen, nur sein herzliches Interesse, sein ›Commitment‹ am Projekt Maurenbrecher ausgedrückt. Ulla Meinecke, deren LP Herwig gerade produzierte, kam manchmal vorbei. Sie war ehrlich begeistert von meinen Stücken und ein wenig schwesterlich entfacht, um einem so untypischen Liederschmied den gefährlichen Weg durch die Fallen des Business zu ebnen. Sie empfahl mich ihrer Managerin Vivi Eickelberg, in deren Produktfächer sich solche Größen wie Klaus Hoffmann, Konstantin Wecker, Erika Pluhar oder Hermann van Veen befanden. Vivi wirkte bodenständig, begeisterungsfähig, war rundum vernetzt und setzte ihre mütterliche Ausstrahlung konsequent ein. Gleichzeitig war sie durch ihren Mann Wolfgang, einem Texter für die *Insterburgs* und *Schobert & Black* auch verwurzelt in jener lokalen Szene, in der ich gerade angefangen hatte, mich heimisch zu fühlen.

Herwig war skeptisch, denn die Managerin vertrat für ihn das alte Modell einer pathetischen Liedermacherzunft, die er für abgesagt hielt. Warum ihn auch Eickelbergs Geschäftsgebaren misstrauisch machte, wusste ich damals noch nicht. Als wir sie auf Ullas Drängen in ihrem Büro im ›Constanze Pressehaus‹ zum ersten Mal besuchten, hakte jedenfalls die Demokassette, die Herwig vorführen wollte, und wir tauschten nur ein paar Floskeln aus. »Polydor« war die Firma, die Vivi für mich im Auge hatte, »der Polydor-Mann« wurde eine Weile zum Runninggag: Kam er nun, kam er nicht, gefiel's ihm, gefiel's ihm nicht? …

Ich missverstand damals so einiges, was vorging, und nahm anderes, das mich schützte, einfach als gegeben hin. Dass mein alter Freundeskreis groß blieb wie unsere Neugier aufeinander, auch wenn wir uns schon ein Jahrzehnt lang kannten, lernte ich erst langsam zu würdigen. Dieser Kreis trainierte mich schon allein energiemäßig: wie oft wir uns in Kreuzberg 61 zwischen Großbeerenstraße, Mehringdamm und Chamissoplatz an einem einzigen Abend besuchten, wieder trennten, dann doch nochmal auf einen Absacker zusammentrafen: Meg, Ulli D., die beiden *Trotz & Träumer*, der Übersetzer und Poet Klaus-Jürgen Liedtke, die alte Studienkollegin Dörthe, Ullis Freundinnen Miri und Suse und deren Schwester Ina. Wenn man in diesem Kreis mal allein sein wollte, musste man es schon ansagen und beschwor damit ein Psycho-Rätselraten herauf.

Inzwischen wohnte ich mit in Ulli D.s großer Wohnung. Als Heinz-Rudolf Kunze mich Jahre später dort besuchte

Die »Literatur-Gruppe«

und wir im Berliner Zimmer im Dämmerlicht plauderten, wurden wir immer mal unterbrochen von Mitbewohnerinnen, die kamen und gingen. Da sagte er wehmütig: »Das ist wohl Großstadt, das Kommen und Gehen …, wer wohnt hier überhaupt alles?«

Meg mochte die Demoaufnahmen, die Herwig und ich herstellten, gar nicht. Aber Herwig als Typ gefiel ihr, das Quirrlige, Quecksilbrige und seine Leichtigkeit, wenn er spielte. Ulli D. war begeistert von der Musik, aber überschätzte den Hype, der sich anbahnen sollte, er glaubte, jetzt müsste ich ja eigentlich über Nacht bekannt werden. Immerhin erschienen kleine Zeitungsartikel, nachhaltige Ankündigungen in »tip« und »zitty«, um die wir vorher mühsam und vergeblich gekämpft hatten, doch sie richteten wenig aus. Über all das wurde diskutiert in *Ginos La Bohème*, einer Pianobar direkt neben dem Haus in der Nostitzstraße, in dem viele von uns wohnten. Gino Merendino ging dort seinen zwei Lieblingstätigkeiten nach, Kochen und Klavierspielen. »Café Café Café« sang er in einer Mischung aus stoisch und lüstern, ein stilsicherer Sizilianer. Einer, der uns etwas abgerissene Hinterhausbagage zuerst gar nicht so gemocht hatte. Jetzt erkannte er mich aus der Zeitung und war überfreundlich. Meg und ich saßen gerne dort, Ulla Meinecke kam dann und wann herübergeschlendert. Im Herbst 1981 nahm sogar ein Fernsehteam ein Kurzkonzert von mir dort auf.

Natürlich war außer- und innerhalb Halbberlins seit dem Sommer so einiges passiert. Der Hausbesetzer Klaus-Jürgen Rattey war bei einem Polizeieinsatz von einem BVG-Bus überrollt worden, als der berüchtigte Innensenator Lummer, ein Einsfünfzig-Mann, für seine Pressekonferenz ein besetztes Haus räumen ließ. Mein Lied ›Kleiner Mann‹ handelt davon. Ich hatte es direkt nach einem Kaffeetrinken mit den Eltern und kurz vor einem Auftritt im *Mehringhof-Theater* geschrieben, ungeprobt gespielt und gut über die Rampe gebracht: »Kleiner Mann, fängt jetzt richtig an, zieht ganz groß in ein geräumtes Haus. Damit man ihm nichts tut, gibt es draußen Blut, und der kleine Mann, der atmet aus. Die gemeinsten Taten sind der größte Spaß: Alle armen Schlucker werden geil auf den Hass.«

In Stuttgart holte ich mir im August 1981 den Verriss meines Lebens ab. Der Feuilletonist Ruprecht Skasa-Weiß sprach mir unter der Überschrift »Auch ihm einen hellichten Abend!« in der »Stuttgarter Zeitung« glattweg »Kunstabsicht, Stilisierung« ab und ortete mein Bühnentun als

»autotherapeutisches Tatmotiv«. Das tat weh. Aufmerksamst hatte der Tatzeuge mitgeschrieben und zitierte flüssig aus Songs wie Zwischentexten, die ich wie immer improvisiert hatte: »Gequatsche, lässig und locker, an Verklemmtheit kaum zu überbieten«, fand er. Die Anklage endete so: »… obschon er über seinem Hocker buckelt wie ein Senn auf seinem Melkschemel: das pianistische Klangprodukt hört sich hochdiskutabel melodisch an, seltsamerweise … nur die Verswelt bleibt trübsalsgrau … Herr, lass es Abend werden, auch für ihn!« Eine große Kritik. Ich nahm sie ernst und hatte sie lange bei mir. Sie nimmt vorweg, was mir von einem bestimmten Menschenschlag später häufig mit viel gröberen Worten erklärt worden ist: wo ich schillernde Farben sehe, entdeckt der so anders gepolte Zuhörer, ob Frau oder Mann, aber immer voll im Saft, nur ein Grau.

Ich nahm das ernster als mein Freund Christian Stahr, Dramaturg des *Theaters der Altstadt*, der mich vom Fleck weg noch einmal engagierte. Wir konnten auf eine Art herumalbern, die man nur selten mal erlebt. Im Dezember kam dann noch ein Artikel in der gleichen Zeitung mit der Überschrift »Unbekannte Größe«. Das milderte gleich mein Herzklopfen. Er endete mit dem Satz: »Er ist die Bluttransfusion, die das deutschsprachige Chanson braucht, eine Unbekannte zwar noch, aber bereits eine unbekannte Größe.« Geschrieben von einem jungen Mitarbeiter des Blattes, mit dem sich mein Weg später dann und wann kreuzen sollte, mit dem Kürzel mrt: Harald Martenstein.

Heute wäre es undenkbar, dass einem fast Unbekannten in einem renommierten Blatt innerhalb eines halben Jahres zwei große Aufsätze gewidmet werden, noch dazu so widersprüchliche.

Hedda Kage, Dramaturgin aus Kassel, inzwischen am *Stuttgarter Theater* engagiert, versuchte mich in Projekte einzubinden, die meiner wissenschaftlichen Ausbildung entsprachen. Sie wollte meine Mitarbeit bei »Trümmer des Gewissens«, einem Drama von Jahnn, das in Stuttgart aufgeführt werden sollte, und für ein Gespräch mit dem Regisseur hatte ich mich auf ihren Wunsch hin gründlich vorbereitet. Da hingen wir wartend erst in ihrem Büro im Theater herum, dann auf dem Gang zur Intendanz, bis die Chefsekretärin kam und mitteilte: »Herr Heyme empfängt heute nicht.« Und das war's.

Meine halb stolze, halb besorgte Mutter legte mir manchmal, wenn ich zum Frühstück kam, Stellenanzeigen aus den Zeitungen unter die Serviette. So etwas gab es damals noch, junge Akademiker wurden gesucht, für gar nicht wenig Geld. Wegen einer möglichen Ausbildungsstelle bei der Stabi, der Staatsbibliothek am Potsdamer Platz, telefonierte ich mehrmals. Denn ein Lehrer wollte ich wirklich nicht sein, dann lieber wissenschaftlicher Archivar.

Aber das Vagabundenleben versprach so viel mehr! Nach einem bejubelten Konzert in Goslar, organisiert vom charismatischen Jugendpfarrer Rudi Krahforst, ging es weiter über Braunschweig, Hannover, Osnabrück nach Bergkamen, wo mir das Jugendamt mit 500 DM meine bisher höchste Gage zahlte. Kurzer Flug nach Berlin zum Jubiläumskonzert des *Kreuzberger Jungen Theaters*, das ohne mich nicht hatte feiern wollen und mir, indem ich mitfeierte, das Erlebnis verschaffte, selbst gefeiert zu werden. Am nächsten Tag dann nach Mainz.

Zum ersten Mal im sagenhaften *unterhaus* zu Gast. Die Veranstaltung hieß »Sprungbrettl«, Auftritt und Begleitservice ein Traum, ein wahrer Taumel. Wenn sie es sein wollten oder dazu gereizt wurden, gab es wohl keine Gastgeber, die bezaubernder sein konnten als Ce-eff Krüger und Arthur Bergh. Die beiden Herren vom *unterhaus* schienen mir an jenem Abend bester Laune, vielleicht hätte ich ja in meinem aus dem geglückten Auftritt gewonnenen Stimmungshoch jeden einigermaßen freundlichen Gegenpart ebenso sonnig erlebt. Ce-eff Krüger gab Erläuterungen zum Kleinkunstbetrieb auf höchstem Niveau, Arthur Bergh steuerte Scherze bei – und nachher streiften wir im Haus herum und landeten in der *Winzerstube*. Ich lernte Steffi Mittenzwei und Bernd Weisbrod, Journalistin und Fotograf, kennen, mit denen ich bis heute in Kontakt bin. Und Jürgen Kessler, den Manager von Hanns Dieter Hüsch.

Das *unterhaus*, die Bühne, die den Deutschen Kleinkunstpreis vergibt, war das Werk zweier Maniker, das begriff ich, und Hüsch war ihr Dritter im Bunde. Subventionsfrei, im offenen Wind der Konkurrenz, vielfältig, qualitätsbesessen, kompromisslos, andererseits so schick, un-alternativ, präsentabel mit Mann und Maus kam mir dieses Unternehmen vor, vielleicht verschönte ich es mir auch ein bisschen, weil ich Ce-eff Krügers Worten glaubte: Qualität setzt sich durch. Ich war begeistert! Zu später Stunde in der *Winzerstube*, als nur noch Arthur Bergh und das männliche Wirtspaar übrig waren, kam im Pfälzer Dialekt ihr Bemühen um Gleichberechtigung und Ansehen zur Sprache, die Ehrbarkeit der schwulen Liebe. Wie hart das zu behaupten war, mit Kampf verbunden auf jedem Millimeter des Alltagslebens, gepiesackt noch im verbindlichen

Zusammenspiel zwischen Geschäftspartnern, immer bedroht von der Vermutung, erpressbar zu sein.

Für Jüngere heute ist die Bedrückung schwer vorstellbar, die noch in den Achtzigern alle Menschen außerhalb des normierten heterosexuellen Lebens zu erleiden hatten. Wie sich das bei uns aufgelöst und geändert hat, das ist Fortschritt! Aber wie es sich dialektisch gehört, führt dieser Fortschritt die eigenen Rückschritte mit sich, und die libertäre Unbedenklichkeit des Paars Ce-eff Krüger und Arthur Bergh brachte im Lauf der fortschrittlichen Jahrzehnte einige Kolleginnen und Kollegen dazu, das *unterhaus* wegen Missbrauchsvorwürfen zu boykottieren. Ein Thema, über das man nächtelang streiten kann. »Das Private ist politisch« – ein Satz, den ich damals bedenkenlos unterschrieben hätte und jetzt mit den Fragezeichen versehe, die ein langes Leben mitbringt.

An einem grauen Novemberabend gab es ein weiteres Konzert im ›Hinterzimmer‹ von Horst Steffen Sommer. Die Managerin Vivi Eickelberg hatte ein paar Geschäftspartner und Bekannte mitgebracht, Ulli D. war gekommen und sonst überraschend wenig Publikum, vielleicht spielte ich schon zu oft in Berlin. Weil auch ein erwartetes schönes, neues Gesicht da draußen fehlte, war meine Stimmung trüb. Ich hatte neue Stücke dabei, auf die ich mich freute, ältere Nummern, die eigentlich funktionierten, aber nicht an diesem Abend, der Funke wollte nicht rüber. In der Pause ging ich allen aus dem Weg, es gab am Ende keine Zugabe, und Freund Ulli machte sich mit Begleiterin schnell auf den Heimweg.

Mit freundlicher Maske saß ich zwischen den Fremden, die als wichtig eingeschätzt wurden und sich genauso auch verhielten, bedeutungsvoll in ihren Urteilen, in denen sie sich so sicher waren. Es ging um ein paar Formulierungen in meinen Songs. Dass Soldaten wie Tötungsmaschinen gezeichnet würden zum Beispiel, »erbarmungslos« wirke das auf sie, pseudoradikal. Mit gefrorenem Lächeln ging ich aufs Klo und hörte dabei jemand zu Vivi sagen: »Ganz schön, was der macht … aber den du neulich dabeihattest, den aus Osnabrück, der hat's drauf!«

Ein Lied, das ich damals immer wieder umschrieb, heißt ›Die eigene Haut‹. Eine Positionsbestimmung, eine Art Ankerwerfen in den Wellenkämmen, in die ich geraten war, ein Wunschlied. Es ist nie fertig geworden, eine sehr eigene Version davon hat Claudia Nentwich auf der CD »Maurenbrecher für alle« veröffentlicht. Aber eine Strophe aus einer anderen Fassung geht so:

»Er schickte einen Rundbrief an die Leute, die ihn geachtet hatten früher, in dem stand: Ab jetzt verzichte ich auf jede Art von Rücksicht, auf die Gefühle ebenso wie den Verstand. Ich schenke euch die Kraft, die mir im Weg stand, sie frisst vielleicht den Hass, der mir nicht schmeckt. Da ist ein Mann bei mir, die nie ein Wort sagt, und auch ein Mädchen, und die Ruhe ist perfekt. Es ist die eigene Haut. Ganz die eigene Haut.«

Ich machte die Erfahrung, dass ich manchmal mit meinem Zeug Menschen begeistern kann, aber eher dann, wenn ich mich nicht zu direkt ausdrücke. Es hat lange gedauert, bis ich verstand und hinnehmen konnte, dass manchmal das intime Gefühl von sehr großen, allgemein gehaltenen Bildern besser ausgelöst wird als durch die genaue Schilderung. Ich selbst als H. H. Jahnn-Fan ticke da anders. Auch im Politischen präferiere ich radikale Details und die Darlegung der Funktion. Also, wenn der Mechanismus der Gesellschaft beispielhaft in einer kleinen Geschichte bloßgelegt wird, wie es Brecht, der frühe Dylan und Degenhardt beherrschten. Ich habe aber gelernt, dass die meisten das Unverbindliche vorziehen oder die große Geste, das regt mich schon lange nicht mehr auf.

Ich arbeitete auch lange an »Hafencafé«, begonnen im Herbst 1981 auf dem Rückflug von Kreta. Mit Ulli D. zusammen hatte ich den Berg Idi bestiegen, wir hatten direkt am Gipfel gezeltet, waren unter Schmerzen rauf- und runtergeklettert, sehr glücklich über die bestandene Herausforderung, froh über unsere Freundschaft. Am Strand von Plakias fanden wir zwei Begleiterinnen, und für eine davon waren Zeilen wie »Bist du schon im Check-In, ging die Kontrolle glatt?« Ich versetzte mich in einen Aussteiger, der die Geliebte ziehen lässt, zurückbleibt und dem winzigen Flugzeug am Himmel nachschaut, ohne Bedauern, aber mit voller Wehmut in den Akkorden des Refrains. Es hat lange gedauert, bis »Hafencafé« die Form bekam, die mir passte. Vage genug, speziell genug. Eine Form, die auch anderen gepasst hat. Eigentlich ist das Lied aus gleichem Antrieb entstanden wie die nie fertig gewordene »Eigene Haut«.

Ohne die zwei Reisen in jenem Jahr wäre ich vielleicht erdrückt worden. Im Sommer zeigte Meg mir die Toscana, nachdem ich ihr Südtirol nicht so zeigen konnte, wie ich gewollt hatte. Sie mochte die Berge nicht mit ihren Schatten, also machten wir uns südlich auf, nach Volterra, einem explosiven Ort kurz vor dem Meer. Wir entdeckten gemeinsam Fabrizio de André und hatten vorher in München Bob Dylan live gesehen. Darüber notierte ich mir »Gesamteindruck bedrückend, eisern, unfroh« und schäme mich jetzt ein bisschen dafür, denn die 1981er-Tournee halte ich mittlerweile für eine der besten im Dylan-Reich. Aber das ist ein Thema für sich.

Wir waren nach München getrampt, wo mir beim Abendbrot mit Freunden auch ein Lied von Konstantin Wecker unterkam. Er sang »Ich lebe immer am Strand«, und ich dachte kauend: Du nicht! So schön es klang, es schwang für offene Ohren auch mit, dass dieser Sänger niemals aus Geldmangel getrampt ist, geschweige sein Bett aus Not unterm Sternenzelt aufschlug. Das glauben nur seine Verehrerinnen. Jahre später hat er es mir bestätigt.

Die Reisen retteten mich davor, das Hin und Her meiner Lebensführung andauernd vor Augen zu haben. Unterwegs kann ich ganz in der Gegenwart sein. Bei Volterra am Strand dösen, über die Ponte Vecchio in Florenz schlendern, auf dem Gipfel des höchsten Bergs auf Kreta aufwachen – was morgen wird, ist dann egal.

Zurück in Berlin stürzte alles wieder auf mich ein: »Polydor« sagte ab, die Firma *Spliff* war sich immer noch unsicher, ob ihr Partner »CBS« (Columbia Broadcasting System) bei einer Eigenproduktion mitspielen würde. Anfang Januar war ein Vorsprechtermin in der Staatsbibliothek anberaumt, wo ich mich um einen Ausbildungsplatz als wissenschaftlicher Bibliothekar bewerben durfte. Da mein Vater als ehemaliger Amtsleiter der Stadtbücherei von Tempelhof unter den wissenschaftlichen Bibliothekaren Berlins kein Unbekannter war und sein promovierter Sohn jetzt

manchmal in der Zeitung stand, hätte nichts dagegenge-
sprochen, eine gut bezahlte Ausbildungsstelle mit Stallge-
ruch zu vergeben.

Ich wollte mich sogar ein wenig vorbereiten auf das Gespräch am nächsten Vormittag, da rief Herwig an. Sie hätten
die CBS jetzt weichgekocht, freie Bahn für Eigenproduktionen mit garantierter Veröffentlichung durch die Company. Ein direktes Projekt aus der »Fabrik Rakete« würde
bestimmt realisiert werden, nämlich Nena, die junge Sängerin, die dort als Sekretärin jobbte, mit ihrer Band, außerdem
»Sternhagel«, ein alter Punk-Freund von Herwig aus Düsseldorf, und eben auch unser Ding, wenn ich zustimmte. Wir
könnten gleich morgen loslegen, er hätte Zeit, aber sie gingen
mit *Spliff* demnächst auch wieder auf Tournee. Keine Hektik,
aber Eile schon. Und allen Grund, uns zu freuen!

Ich versuchte mir nichts anmerken zu lassen am nächsten Morgen, als ich den Herren und einer Dame des Aus-
wahlgremiums in der Staatsbibliothek gegenübersaß, beantwortete nach bestem Wissen ihre Fragen. Aber als einer von
ihnen eine Antwort, die nicht ganz korrekt formuliert war,
in ihrem Wortlaut verbesserte, stand ich auf und sagte: »Geben Sie doch den Platz jemand anderem. Ich nehme jetzt
erstmal eine Platte auf mit meinen Liedern«, nickte aufgeregt in die Runde und verschwand.

Natürlich dachte ich: Das kannst du später immer noch
machen, diese Berufsausbildung. Natürlich wusste ich nicht,
dass ich mich damit für einen Lebensweg entschied. Ein alter Freund der Familie, ebenfalls Amtsleiter im Bibliotheks-
wesen, traf mich später mal in der U-Bahn und machte mich
schroff an, was mir eigentlich einfiele, die gebotene Chance
so einfach auszuschlagen »für diesen brotlosen Quatsch«.

1980–1982

Dass meine Eltern so etwas nie gesagt hatten und nach meinem Gefühl auch nie gedacht, das war großartig!

Meine Erinnerung: im klimatisierten Studioraum sitzen die vier *Spliff*er, Schlagzeug, Bass, Gitarre und Keyboards im Kreis aufgestellt um den Flügel, an dem ich hocke. Herwig von den Drums her dirigiert die Einsätze und stellt den Zusammenhang in den Stücken her, Manne Praeker am Bass ist ein wenig hibbelig, aber spielt auf den Punkt genau, Potsch Potschka ›bietet an‹ und ›liefert ab‹, nämlich Gitarrenriffs auf höchstem Niveau, von rau und grobschlächtig bis zu fein und anmutig, und Reinhold Heil füllt die Akkordfolgen mit rhythmisiertem Klang, mit der Weite und ihrer nötigen Grenze, dem Wall. Leise und bedacht sind sie alle vier und achten genau auf das, was ich auf den Tasten anschlage.

Ich bekam Post von Herwig aus dem Urlaub, Noten und handschriftliche Überlegungen zu Arrangements der Stücke, aus denen ich sah, wie gründlich er sich auf die Aufnahmen vorbereitete und wie vorsichtig er beim Ändern meiner Demofassungen war. Worüber ich aber lange im Unklaren blieb, war die Machart des Aufnehmens. Der neueste Sprung nach vorn in der Musiktechnologie war nämlich Anfang der Achtziger das Aufnehmen Spur nach Spur in fast unbegrenztem Nebeneinander von Stimmen. Hatten sich die Beatles und Bob Dylan, auch *Pink Floyd* und *Tangerine Dream* noch ein paar Jahre vorher mit Vierspurgeräten begnügen müssen, deren Aufnahmekapazität sich durch trickreiches Pingpong der Tonspuren verdoppeln, später vervierfachen ließ, waren irgendwann die Vierundzwanzig-Spur-Bandmaschinen an den Start gekommen und ließen sich bald zu Achtundvierzigern ausbauen. Riesi-

Die Spliffer: Herwig Mitteregger

Bernhard Potschka

1980–1982

Manfred Praeker

Reinhold Heil

ge Rollen Bandmaterial, schwer, solide ablaufend, gut spulbar, aber sie zu schneiden, ein Kunsthandwerk. Das war eine von mehreren kleinen Revolutionen in der Studiowelt, und ab jetzt galt es, alles, was mit Musizieren zu tun hatte, nacheinander zu tun, ›in aller Ruhe‹, ewig korrigierbar, und jeder der Instrumentalisten konnte Alternativen für sich ansammeln, Varianten von Solomelodien und Rhythmen, Varianten des Gesangs. Nichts war ab jetzt mehr zufällig, nichts mehr unlöschbar, nur weil damit noch vieles andere mitgelöscht worden wäre.

Dies war die später so viel gescholtene Basis der Musik der Achtziger, ein Fortschritt, den die Musikwelt erst einmal bewältigen musste. Ein Fortschritt, der für eine Weile nicht nur die *Spliff*er in Bann schlug. Die einzige Barriere zur neuen Verfahrensweise bildete das Geld, denn die Bandmaschinen, vor allem aber die jetzt nötigen 48-Spur-Mischpulte waren alles andere als erschwinglich. Konferenztischgroße, raumfüllende Möbel mit tausenden von Anschlüssen, Schiebern, Leuchten und Knöpfen, das Betätigungsfeld einer neuen Sorte von Hochspezialisten, den Ton-Ings. Sie würden die Produzenten einer U-Musik neuen Typs sein, das war damals schon abzusehen, eines maschinellen Typs. *Spliff* befand sich genau auf der Schwelle – eine Rock'n'Roll-geprägte, bühnengehärtete Politband mit Zugang zu allem Zukünftigen. Ihr Erfolg mit Nina Hagen und ihr Standing bei CBS, also die kluge Vorarbeit von Jim Rakete, ihrem fünften Mann, hatte ihnen das Tor nicht nur für neue Veröffentlichungen geöffnet, auch für die nötigen Investitionen.

Als ich in ihr Studio reingeschliddert kam und die vielen blinkenden Geräte sah, hatte ich von all dem keine Ahnung.

1980–1982

Nur ein paar Vorurteile, gegen die ich mich tapfer selbst immunisierte, dass nämlich Musizieren für mich etwas Gemeinschaftliches sei, mit Schwingungen zu tun hätte, über die man nicht reden, die nicht nur ein Messgerät anzeigen sollte, sondern die spürbar durch den Raum flirren, wenn alle im Fluss sind, auf einem Floß namens Musik.

Das Schippern, wie ich es an meinen Tasten bisher gewohnt war, wurde vor allem durch einen kleinen Teufel namens ›Clicktrack‹ gefährdet. Der Clicktrack ist beim Aufnehmen Spur nach Spur, wo alle nach- und übereinander das Gemeinsame bilden, so etwas wie der mechanische Koordinator, er erzeugt das Zeitmaß. Wird einer dem Clicktrack nicht gerecht, ›klappert‹ er bzw. sein Instrument: zu schnell, zu langsam, daneben. Ich klapperte oft. Solo spielen und dazu singen war mein Ding, das Gleichzeitige bei *Trotz & Träume* klappte leidlich, aber dieses der Genauigkeit-hinterher-Stolpern, das jetzt von mir verlangt wurde, gelang mir kaum und machte mich unwirsch. Ich kam mir vor wie beim Stochern in nicht begriffenen Matheaufgaben, die ich sowieso nicht lösen würde.

Ich war und blieb, wenn ich in diesem Kreis der Profis mitmusizierte, der Außenseiter. Man hört es, und dass man es hört, ist eigentlich genial! Vier raffinierte Könner moderner Unterhaltungskunst passten sich einem Stolperer und Stocherer an, einfach deshalb, weil er was zu erzählen hat.

Ich weiß bis heute nicht, ob Herwig Mitteregger die Debütplatte auf dieses Ergebnis hin geplant hatte, wahrscheinlich blieb ihm gar nichts anderes übrig. Auch meine Stimme versagte bei den Versuchen, versiert und profihaft zu erscheinen, sie war, was Rakete in einem Aufsatz drei

Jahre später, auf mich als Typ bezogen, den »Clochard beim Festbankett« genannt hat.

Dagegen ließ sich nichts machen.

Natürlich lernte ich in den Aufnahmewochen auch die Leute in der »Fabrik« kennen und ihren Chef Jim Rakete. Immer, wenn ich hinkam, schwitzte ich vor Aufregung. Anja Kießling, Bürokraft bei Rakete, später auch Schlagzeugerin in meiner Tourband, hielt immer schon ein kleines Handtuch bereit. Die großen Räume in einem Fabrikgebäude in der Zossener Straße in Kreuzberg wirkten wie das gerade umgeräumte Lager einer Wander-WG, wie eine Kunsthippie-Oase mit schrägen Postern an den Wänden, eben entwickelten Fotos, meist schwarz-weiß, die zum Trocknen aufgehängt noch abtropften, improvisierten Telefonleitungen, verschiedensten Kameras und Lichtquellen, Haufen von Verpackungsmaterial und Kassetten, LPs, Musikinstrumenten. Attraktive junge Frauen und Männer, mit Anfang dreißig war ich einer der Ältesten dort. Bald fiel die andere Taktzahl auf, die hier herrschte, ein modernes Pulsieren, Verständigung von Platz zu Platz in andeutenden Anglizismen, eine Stimmung des konzentrierten Unter-sich-Bleibens. Und dann auch Hektik, Termindruck, cholerische Ausbrüche, der ganze Haufen plötzlich eingetackert in eine Art von fremdbestimmtem, banalem Zeitdruck, der über die Idylle gekommen war wie ein Sommergewitter unter den blauen Himmel. Und ebenso schnell daraus wieder verschwinden würde, das spürte man.

Jemand wie Hubert Skolud, den hier alle kannten und der vielleicht gern mitgearbeitet hätte, wirkte im »Fabrik«-Umfeld altbacken, zu laut mit seinen Scherzen, zu pathetisch in seinen Formulierungen. Auch Herwig stieß hier mit seinen mackerhaften »Was-läuft-eigentlich?«-Ausbrüchen an eine kühle Grenze. Überheblichkeit ließ man sich nicht bieten. Das galt für die Chefsekretärin Gabi Horvath so gut wie für Roman Stolz, den ganz eigentümlichen Grafiker, der das Cover für mein Debütalbum zeichnete, für Rita Schumann, ehemalige Erzieherin und bestgebriefte Informantin, was den Saum der Berliner Musikszene betraf. Und für Anja am meisten, der ich mein besonderes Vertrauen schenkte. Sie war eine Freundin des Gitarristen von *Interzone*, und *Interzone* war Jim Raketes Lieblingsband, jedenfalls, was die heimatsprachliche Seite seines Kosmos betraf, also das Nebengelass. Denn eigentlich war für Jim die U-Musik amerikanisch, Rock'n'Roll, Blues und Folk so auf die Spitze getrieben, wie es für ihn nur einer verstand: Bruce Springsteen. Das brachte den fünften *Spliff*er einmal gegen seine Bandgenossen auf. Nämlich als Springsteen im Januar 1982 sein »Nebraska« veröffentlichte, ein Album voll düsterer Endzeitballaden, aufgenommen zu Hause auf einem Vierspurgerät alter Machart und ohne jeden technologischen Glanz. Es war ein Horror für die Geschäftsleute bei CBS, aber eine Verkündigung für Jim – und für mich ein bisschen Trost, denn ich stand mit meiner Empfindung, wie Musik auch sein könnte, nicht mehr ganz so quer. »Er ist halt letztlich doch ein Romantiker«, sagten die *Spliff*-Musiker über Jim.

Aber wie ein echter Romantiker sah Jim auch weit voraus in die Zukunft. Ich weiß noch, wie er sich einmal seine Pfeife anzündete, die Streichholzschachtel gedankenverloren ins Licht hielt und sagte: »Nicht mehr lange, dann wird man sehr viel Musik auf so ein Schächtelchen speichern können.« Manchmal spinnt er schon, dachten wir.

In der »Fabrik« begegnete man Prominenten. Sie ließen sich fotografieren und beraten und wurden kaum hofiert. Jim Raketes Namensgedächtnis war so phänomenal wie seine Konzentrationsfähigkeit. Immer wieder arbeitete er Wesentliches zu einem Thema heraus, schuf Querverbindungen, auf die sich die Beteiligten einließen, legte sozusagen die Planken zur Verwirklichung eines Ziels aus – wollte man aber mehr, genauere Festlegung, konkrete Formulierung, dann konnte er so tun, als verstünde er alles falsch, sprach unvermittelt von etwas anderem oder ging. Seine sogenannten Briefings waren oft ein Vergnügen zu lesen.

»Mit einer Schreibmaschine auf einer Farm in Wisconsin und niemand stört« – das war sein Bild für Glück. Behauptete er zumindest, denn tatsächlich jettete dieser Mann damals vier-, fünfmal die Woche zwischen Frankfurt, wo die CBS saß, und Berlin hin und her. Eins seiner sportlichen Laster war, den Flieger immer erst im letzten Moment zu betreten. »Schauen Sie, da fliegt sie«, grinste uns ein Uniformierter gen Himmel zeigend an, als wir mal eine Maschine nach Hamburg verpassten.

Der Stress brachte das Beste aus Jim hervor. Er sagte, die Zeit im Flieger nutze er zum Arbeiten, nirgends sonst sei er für eine längere Zeit so ungestört. Durch die Stadt fahre er dann lieber mit dem Fahrrad. Das machte sich auch in den vielen Berichten gut, die über ihn und die »Fabrik« erschienen.

Das Arbeitsklima war hierarchisch, es gab einen Unterschied im Ton gegenüber den Angestellten und den Künstlern. Was übrigens im Büro der Eickelbergs noch extremer war und dort bis zu einer Art Unfehlbarkeitsgarantie für die Chefin ging. Rakete dagegen konnte eigene Fehler galant eingestehen und brachte seine Mitarbeiterinnen kaum mal in Verlegenheit. Aber auch er erwartete eher Gefolgschaft als jenes ›Sich-selbst-Einbringen‹, das ich aus der Alternativszene so gut kannte. Bräsigkeit und Selbstdarstellung, gar Eigenwerbung war unter den Mitarbeitenden verpönt.

Nena Kerner, zweiundzwanzig und aus Hagen, arbeitete im Büro mit, ein schwungvolles Mädchen, das wartete, ob der erste Song ihres geplanten Albums, »Nur geträumt« zünden würde. Ich habe immer noch Zettel von ihr mit Memos zu meinen Auftritten. Wie allen in der »Fabrik« hatte sie auch mir mal Kopfhörer aufgesetzt und ihr Stück vorgespielt. Ich mochte es. Im Mai erschien es, aber trotz Werbekampagne tat sich wenig. Entmutigt wirkte sie auf mich deshalb nicht, eher unbekümmert, in einem selbstverliebten glücklichen Tempo befangen. »Nur geträumt« schwebte quasi wie ein Ballon vor uns her, sank weder ab noch stieg er. Ich dachte, so ist das eben, aber Herwig meinte »Sie wird's schaffen, sie hat noch den Musikladen«. Er behielt Recht! An einem Tag im August hörte ich das Lied ganz leise aus einem Kassettenrekorder in der U-Bahn, und als ich am Mehringdamm ans Tageslicht stieg, sangen es zwei kleine Mädchen um eine Pfütze herumspringend, drei Minuten später an der Eisbude feixten ein paar Jungs: »Ich bin total verwirrt, ich werd verrückt, wenn's heut passiert«, an der Imbissbude Ecke Zossener lief es schon wieder. Ich hatte den Sendetermin im Fernsehen natürlich verpasst und lernte jetzt, was ein Schlager ist – diese Macht!

Die »Fabrik Rakete« stand wie ihre zentrale Band *Spliff*, das Mutterschiff, auf der Schwelle zwischen zwei Zeiten. Auf der einen Seite galt der Individualismus, das große Ja

Nena und Jim Rakete

zur visionären Persönlichkeit, ob Künstler oder Unternehmer. Und auf der anderen Seite galt die Corporate Identity, die Unterwerfung aller Einfälle, Aktivitäten und Menschen unter das Profitprinzip. Rakete unterwarf sich als Fotograf nur seinem Auge und umzingelte jedes Mal neu den einzigen Moment, in dem ihm das treffende Portrait eines anderen Menschen gelang. Die Fotosessions mit ihm fand ich immer beglückend fordernd, man war Teil einer Kunstherstellung, man ›wurde‹ etwas. Aber gleichzeitig war es doch immer Werbung und wurde von den Auftraggebern nur akzeptiert, wenn es funktionierte. Jim erzählte gern, um zu illustrieren, mit welchen Leuten er es zu tun hatte, von einem Meeting auf der Chefetage bei Pepsi, wo ihm erklärt wurde: »Unser Feindbild ist Coca-Cola«. Der gleiche Riss ging durch die Musikherstellung, man liebte Kunst, aber brauchte Hits, die CBS Company saß immer mit am

Tisch. Das war ein fruchtbarer Riss, einer, durch den »das Licht einfällt« (Leonard Cohen), aber ein Riss auf Zeit. Mit der »Fabrik« war es 1987 zu Ende, ungefähr dann, als bei uns die Idee des sozialstaatsfreien Neo-Liberalismus aufkam, als die 48-Spur-Band-Dinosaurier zu kleinen, flinken Wohnzimmerdigitalgeräten schrumpften, und als man anfing, digitale Kameras zu bauen, die Rakete noch heute verachtet.

Wir nahmen meine erste LP 1982 im Hansa-Studio auf, weil dort ein Flügel stand. Gegen Veteranenverehrung waren Herwig und ich immun, uns war egal, dass im gleichen Raum David Bowie gehustet und Iggy Pop sich was gespritzt hatte. Allmählich sprach sich herum, dass sich in den ehrwürdigen Hansa-Hallen ein schräger Typ austobte. Im Kollegenkreis war man neugierig und kam gern mal zu Besuch, so brachte Ulla Meinecke ihren Produzenten Udo Arndt mit und den anderen Udo, dessen Sekretärin sie mal gewesen war, Lindenberg. ›Die Spliffer können sich momentan alles erlauben‹, werden die von Rakete dazugebetenen Journalisten gedacht haben, die wir freundlich, aber nicht zuvorkommend empfingen. Wir hatten zu arbeiten.

In meinem Freundeskreis stießen die Aufnahmen auf geteiltes Echo. Megs Entsetzen saß tief. Die kalte modernistische Klangschicht, die sich über Klavier, Bass und Gitarre legte, über alles Natürliche, schreckte sie ab, genauso wie das Überlegte an der Musik. Zum Beispiel hatten wir im Abschiedslied »Die Stimme kommt aus dem Radio« eine Art Explosion verschiedenster Instrumente vorbereitet, die nach der dritten Strophe und völlig unerwartet passiert, wie in einer Sinfonie. Mich begeisterte so etwas und Herwig hatte den Sinn dafür, mit ihm zusammen ließ sich das machen. Ich konnte dem Hin und Her der Urteile nach einer Weile gelassen zuhören, das war jetzt eben so entstanden und es hatte Sinn und Spaß gemacht. Jederzeit würde ich diese Lieder aber wieder allein am Klavier wie vorher aufführen können, ohne Synthis und Explosion. Ich war stolz, das Ding – die erste Platte – war da! Mit einer märchenhaften Zeichnung als Cover, auf der ich wie ein hockender Beutevogel auf den Dächern Kreuzbergs zu sehen bin. Mit einer kleinen Geschichte im Innenteil, die auf eine Variante meines Songs von der eigenen Haut zurückgriff. Die Zeile »die Faust ist nach innen gewandert, draußen grüßt ein Clown« hatte ich verwandelt in den Slogan: »Ist die Faust erst nach innen gewandert, schmiert sie das Hirn besser als jede Droge.«

»Lässt sich prima zitieren«, meinte Hubert, der den Pressetext schrieb.

Das Ding war da, finanziert von *Spliff* und der »Fabrik Rakete«, deren Edition Hate dafür die Verlagsrechte an meinen Liedern bekam und mir wieder im Gegenzug jeden Monat eine nicht rückzahlbare Vorauszahlung auf die möglichen Einnahmen bescherte. Nach sieben Monaten mit vagen Einkünften war ich finanziell also etwas beruhigt.

Die Rezensionen waren wohlwollend, manche echt begeistert. Einige waren sicher nur deshalb geschrieben, weil man die Eigenproduktionen aus dem Hause *Spliff* nun mal nicht übersehen konnte. Für mich am schönsten fasste es der große Musikkolumnist Werner Burkhardt zusammen, der von der Neuen deutschen Welle zwei übrigbleiben sah: *Trio* mit Stephan Remmlers Art von Humor und »den

Berliner Sänger Mauren Brecher, der vertraute Großstadt-
geschichten durch konsequentes Rollenspiel wieder frisch
macht, der die Ballade mit der trock'nen Träne kennt und
infolgedessen mit diesem ganzen Quark nichts zu tun hat«.

Ähnlich freute mich das Lob von Overkämping und
Barry Graves, die mich an einem Abend im *Folk Pup* erlebten, wo der RIAS drei Neustarter im Sektor Lied vorstellte:
Kunze, Hans Hartz und mich. Ich wurde als der New-Wa-
ver unter den Dreien präsentiert, was mich so nervös machte,
dass ich wohl etwas unumgänglich und stur gewirkt haben
muss. Hans Hartz jedenfalls beschrieb mich als »live leider
immer etwas steifen« Kollegen. Ich selbst mochte seine Art
des tiefen Röhrens sehr, und sein »Nur Steine leben lang« ist
ein toller Text, was ich ihm damals leider nicht sagte.

Organisiert worden war der Abend im *Folk Pup* vom
RIAS Berlin, eigeladen hatte Siegfried Schmidt-Joos, Pro-
grammleiter »Leichte Musik«. Leider könne diesmal kein
Honorar gezahlt werden, er sähe aber einer langen und er-
freulichen Zusammenarbeit mit mir entgegen. Ich hielt solche Sätze für Floskeln, aber so kam es wirklich.

Der *Folk Pup* war nicht der einzige Ort vergangener
Schande, an den ich jetzt mit Aufstiegsluft gefüllt zurück-
katapultiert wurde, und am liebsten hätte ich nun voller
Tatendrang überall mein »Da bin ich« geschmettert. Aber
der Promotion-Plan besagte Zurückhaltung, ich sollte mich
rarmachen mindestens bis zur Berlin-Premiere im August.
Auch gegenüber der CBS wehrte Rakete jeden Versuch ab,
mit mir zu sprechen, mich auf Interviews oder Presseerklä-
rungen einzulassen. Plötzlich fand ich mich wie ein Pop-
sänger zu Haus, der darauf wartet, dass etwas für ihn passiert. Kein schöner Zustand. Eine Handvoll angefangener

Erzählungen und Hörspiele und ein mit Ulli D. begonnenes
Theaterstück über Martin Luther zeugen von frustriertem
Tatendrang und Langeweile. Ulli und ich fuhren an den
Bodensee, wo in der »Gems« *Trotz & Träume* die erste LP
geprobt hatte. Jetzt schrieben und schwammen wir dort in
den letzten Apriltagen, und ich ließ mich ein wenig feiern
von den Alternativen. Von denen war der Alternativste,
Helmut Bürgel, späterer Leiter des Kulturamts Lörrach
und Erfinder des tollen »Stimmen«-Festivals, am meisten
beeindruckt von den Connections zu CBS und Rakete.

Den Fabriklern war es gelungen, mich im letzten Augenblick bei einem Friedens-Festival auf der Waldbühne unterzubringen, am 9. Mai zusammen mit vierhundert Künst-
lerInnen, bestehend aus ein paar großen Namen und der
langen Liste von »Künstler für den Frieden«. Eine Herausforderung für mich. Man kann sich auf YouTube eine
DDR-Fernsehsendung über das Mammutprogramm ansehen, da wird man die *bots*, Degenhardt, Erika Pluhar und
15 Minuten lang Hannes Wader erleben, und an anderer
Stelle im Netz findet man eine Setlist. *Spliff*, Ulla Meinecke
und ich tauchen in beidem nicht auf, obwohl wir da waren und gespielt haben – vielleicht zum Missbehagen be-
stimmter Friedensfunktionäre, die damals die Berichterstat-
tung prägten. *Spliff* und Ulla zogen in Berlin Massen an,
das war der Grund für die Einladung, und mich haben sie
den Veranstaltern dann einfach noch aufgedrückt. Ich hatte
von diesen Hintergründen keine Ahnung und war nur voll
beschäftigt mit meiner Aufgeregtheit. 120 Leute in Goslar
war bisher mein größtes Publikum, jetzt zwanzigtausend.
»Denk nicht dran«, hatte Herwig gesagt, aber ich wusste,

dass auch er an so eine Masse Menschen immerzu denken musste.

Dann brach die Musik endlich los. Ich hatte eine leichte Wildlederjacke an, kein Hemd, eine weiße Hose und Stiefel. Auf Fotos sieht es ganz gut aus. Man sieht auch, dass meine Textblätter nicht mit Wäscheklammern am Notenpult angetackert waren und mir leicht hätten wegflattern können, unverzeihlich nachlässig, aber das Schicksal war mir gnädig. Mein Name wurde angesagt, ich dachte, mein Herz springt über. Die Menge wirkte wie ein gewaltiges Tier, von rundherum sprudelnd und nach mir greifend, vor mir zurücksinkend und eigentlich mit nur einer Stimme bewaffnet. Einer riesigen Stimme, die in jedem Moment zu sich selbst finden muss und entscheiden, wie laut sie sein will, wie stark, denn sie kann erheben oder vernichten. Ich spielte »Kleiner Mann«, sanfte Harmonien und lokale Machtpolitik, das Böse heruntergebrochen ins ganz Konkrete, Berlinische. Dieses Lied war mehrmals im Radio gelaufen, und jedes Mal hatte sich der Pressesprecher des Innensenators Lummer darüber direkt beschwert. Diese dreieinhalb Minuten schweißten die Menge zu einem solidarischen Gruß in Richtung Hausbesetzerszene zusammen. Das gewaltige Tier einigte sich auf ein Jubeln und Aufrauschen. So klang also Waldbühnen-Beifall. Jetzt wäre es am schlauesten gewesen, aufzuhören, ein kleines Geheimnis zu bleiben. Aber mich ritt der Teufel und ich spielte »Wenn wir über Dämme klettern«, meine Umsetzung des Theweleitschen Gedankens, dass Soldaten homophile Tötungsmaschinen sind. Auf der LP toll arrangiert, blieb es solo am Klavier eine nackte Studie. Gut zum Friedensthema des Tages passend, aber völlig überfordernd. Ich empfand schon nach den ersten Takten, wie ich verloren ging, war aber zu ungelenk, um den Kurs noch zu ändern. »Wenn wir an den Waffen üben, wärmen sich die Glieder, Prickeln zwischen Arsch und Lenden kommt wie Regen wieder, wenn ich dir den Feind markiere, dich im Nahkampf reiße, spür' ich Kerzen in mir flimmern, und ich sing ganz leise«, sang ich. Am Ende gähnte das große Tier einmal ratlos auf, dann war ich runter von der Bühne.

Ein leerer Augenblick. Im nächsten kam Meg in ihrem schönsten blumigen Kleid von irgendwo oben aus den Rängen auf mich zu gerannt, hatte die Security am Bühnenrand souverän überwunden und fiel mir um den Hals. Ich war komplett glücklich, voll euphorisiert. Vielleicht geht es Bungeespringern ähnlich. Ich kann nicht sagen, mit wem ich gesprochen habe, getrunken, gelacht, wem ich alles auf die Nerven gegangen bin, weiß nur noch, dass ich mit Erika Pluhar anstieß und dass es aus dem vertrauten Kreis hieß, mein Kurzauftritt sei die beste Werbung gewesen. Herwig war stolz, Hubert begeistert. Er fluchte auf die Latzhosenfreaks, die sowas Tolles wie den »Militaristen-Sex-Song« einfach nicht verstehen wollten.

Zwischen den Rock'n'Rollern und den Friedensbewegten gab es Vorbehalte, selbst jemand so Unbedarftes wie ich spürte das. Man hat immer wieder versucht, sie abzubauen, aber eigentlich bestehen sie bis heute. Dafür, dass eine Großveranstaltung massenhaft besucht wird, nimmt die Friedensfreundin gern in Kauf, dass Größen wie Udo Lindenberg dort allgemeine Fragen stellen wie die, wozu Kriege da sind. Eigentlich möchte man aber vom inneren Künstlerzirkel hören, was man zwar kennt, aber braucht wie eine Art seelische Nahrung: Von Joan Baez »We shall overcome«, von den *bots* »Was wollen wir trinken«, von Konstantin Wecker »Sage Nein!« Das Bestreben vieler Bühnenacts in diesem Umfeld ist es, den schon geschriebenen Hymnen neue beiseite zu stellen. Auf keinen Fall sollten sie schräg oder vieldeutig sein, denn was sich nicht leicht einordnen lässt, hat dort keine Chance. Es hat lange gedauert, bis ich mich diesen Friedensfreunden annähern konnte und sie dem, was ich sang, etwas abgewannen. Die meisten von ihnen haben mich bis heute nicht auf ihrer Liste, weil sie nur hören wollen, was sie schon wissen.

Ich musste abwarten. In Oberfranken hatte ich einen Auftritt bei einem schwulen Chemiker, der spätnachts trunken behauptete, einen Giftstoff zu kennen, der ins Essen gemischt unauffällig bleiben, aber zwei Jahre später tödlich wirken werde. Leider weiß ich den Namen des Wundermittels nicht mehr.

Herwigs Düsseldorfer Freund Frank Marth, Künstlername Sternhagel, hielt sich öfter mal in Berlin auf, wir durchstreiften Clubs und Kneipen wie das *Maria* oder *Habakuks Gartenlaube*, und manchmal waren auch Meg und Ulla Meinecke dabei. Gemeinsam rätselten wir über die Branche, in der wir gelandet waren. Seine LP bekam viel mehr Radioeinsätze als meine, aber meine wurde in Extra-Features der Dritten vorgestellt. Damals begriff ich nicht, dass das den Schritt weiter bedeutete. Bei CBS wussten sie jetzt, dass dieses Zeug, mit dem sie kaum was anfangen konnten, ›draußen‹ irgendwie auffiel. Verkauft haben sich weder Sternhagels noch meine LP nennenswert.

Meg fuhr mit mir ins Elsass. Immer noch bewegten wir zwei uns trampend fort. Ich wünschte mir, Geld genug für ein Zimmer im schönsten Luxushotel Straßburgs zu besitzen, aber trotzdem die Nacht danach im Schlafsack unter freiem Himmel zu verbringen. Darin verstanden wir uns, sonst machte das, was jetzt mein Beruf war, uns fremder füreinander. Im Tagebuch schrieb ich: »Wir haben uns ausgetrunken. Wir nippen nur noch.«

Zu einer Radiosendung beim WDR flog ich mit Ulla Meinecke, Vivi und Wolfgang Eickelberg nach Köln. Mit dabei war auch Ulrich Roski, der tiefgründigste jener ›Ulk-Barden‹ der älteren Generation, damals hochpopulär. Hilmar Bachor war der einladende Redakteur, wir sollten seine ›Unterhaltung am Wochenende‹ gestalten, eine legendäre Samstagnachmittagsendung, und am nächsten Vormittag ein ›Berliner Kabarett- und Chansonfrühstück‹ im *Theater am Dom*. Alle kannten sich, ich war das Küken. Bei der Begrüßung klagte Bachor gleich über diverse Zipperlein, worauf Roski knurrte: »Na, dann doch besser Notschlachtung.« Man kannte sich offenbar zu gut. Im Hotel winkte mich Ulla auf ihr Zimmer, wo Ulrich Roski am Bettrand saß und Dinge sagte wie: »Meine Frau und ich verstehen uns nicht mehr.«

Die ›Unterhaltung‹ wurde moderiert vom Kabarettisten Konrad Beikircher, mit dem ich mich vom Typ her gleich prima verstand. Aber auch bei ihm stießen meine Lieder auf die mir jetzt schon gewohnte Fremdheit. Sie hatten so gar nichts von der Gefälligkeit, der routinierten Raffinesse, die ich an Roski, aber auch an Beikirchers Sketchen zu bewundern begann. Hier kamen mir zum ersten Mal handwerkliche Meister entgegen, deren Art ich früher abgewehrt hätte. »Achtzigtausend hören das jetzt«, flüsterte

Im Theater am Dom in Köln

Ulla beeindruckt, als das rote Aufnahmelämpchen anging. Im Theater am nächsten Vormittag gewann ich das gesetzte Publikum mit Anfängercharme, indem ich so dahinsagte, dass ich eigentlich keine Lieder für alte Leute hätte, aber wenigstens eins über jemand, der alt ist. Dann sang ich »Da bin ich«. Ich dachte, sie laden mich nie mehr ein, zumal Redakteur Bachor beim Abschied meinte, er habe meine Lieder als »seifig« empfunden.

Zurück in Berlin stand die LP-Premiere im *Quartier Latin* an. Den legendären Club galt es erst einmal einigermaßen zu füllen. Die »Fabrik« und Rakete in Person leisteten vollen Einsatz. Wir klebten nachts in kleinen Rolltrupps meine Plakate illegal an die Wände, verteilten Handzettel in den Mensas, ich hastete zu Interviews. An Journalisten wurde ein Textheft mit den Songs und großartigen Zeichnungen von Roman Stolz verteilt. Die nächtlichen Ausflüge im ›Tapezierer‹-Pulk schweißten uns zusammen. Mein alter Bekanntenkreis, der Rakete & Co. Kommerz und Industriehörigkeit unterstellt hatte, war verblüfft und revidierte seine Vorurteile. Ich dachte allerdings manchmal schon: Müssen wir denn alles selbst machen?

Ende August zog ich mich in die Wohnung der verreisten Eltern zurück, um Klavier zu spielen und neue Lieder zu schreiben. Mein geheimer Ehrgeiz war es, nicht nur ein spannendes Programm zurechtzupuzzeln, sondern auch einige neue Stücke zu bieten, die im Kopf schon halb bereitlagen. Ich schrieb »Hafencafé« zu Ende, »Feueralarm«, einen Opener namens »Spring!« und ein witziges Stück, das ich gleich als Zweites zum Schwunggeben spielen wollte, »Ich kanns verstehen«. Ich erfand nachts beim Wein und puzzelte tags aus den Bruchstücken die Ordnungen zurecht, Stückreihenfolge und Erzähllogik. Das Klavier benutzte ich, wann immer nötig, ich war auf Beschwerden gefasst, doch es kamen keine, vielleicht waren ja alle im Haus verreist.

Der 28. August, Tag des Auftritts im *Quartier Latin*, raste los mit Routinen, die sich überlagerten und mir die Luft zum Atmen nahmen. Da war es gut, dass mich Herwig und Roman zu Hause abholten. In einer breiten Limousine rollten wir am Quartier vor. Imre Serek, der ungarische Ton-Ing. vom *Spliff*-Studio, scheuchte mich empört weg, als ich mithelfen wollte, den schweren Flügel auf die Bühne zu wuchten. »Was glaubst du würden saggen Rakete und Miterägger, wenn du dir brichst Handgelenk, und ich nicht habbe verhindert?« ›Der Russe‹, wie sie ihn nannten, war voll in seinem Element.

Es waren etwas mehr als hundert Karten verkauft worden, schmale Ausbeute gemessen am Werbeeinsatz, aber sogar um enttäuscht zu sein, war ich zu aufgeregt. Außerdem gab es eine ellenlange Gästeliste von Hubert Skolud, aus Film-, Theater- und Fernsehbranche stand so ziemlich alles drauf, was man damals zu kennen hatte. Am Ende saßen doppelt so viele Leute im Saal wie Karten verkauft waren, Christa und Manne Sass, die das Quartier betrieben, waren zufrieden, sie hatten finanziell nichts zu befürchten, denn der Gig war von CBS abgesichert.

Von hinter der Bühne vorzutreten war wie Springen aus großer Höhe und Fallen ins Schwarze. Schlimmer noch als in der Waldbühne, denn hier jetzt waren sie da wegen mir. Manche riefen was, andere erahnte ich, freundlich vorgebeugt, klatschend, wieder andere skeptisch und mit verschränkten Armen zurückgelehnt. Ich wusste, dass Udo Lindenberg sich ausbedungen hatte, allein den Balkon im ersten Stock zu besetzen, um sich diesen Newcomer ungestört von Fans reinziehen zu können. Ich sang zum ersten Mal »Spring«, dann gleich »Ich kanns verstehen«, beide Stücke waren aus dem Wohnzimmer der Eltern nie rausgekommen, ich spielte sie viel schneller als dort. Das Eis war gebrochen. Ich hatte auch kleine Prosatexte vorbereitet, alles zusammen war das Programm vielleicht etwas zu lang, aber ich konnte die Spannung auch nach der Pause halten. Die Empfangsrunde anschließend purer Rausch, Günter Thews, Häuptling der *Drei Tornados*, drückte mir seine Hochachtung aus, und Ulla Meinecke sagte im Überschwang des Moments, für das eine Lied allein hätte es sich schon gelohnt, auch wenn alles andere untergehen würde. »Ich lehn‹ an der Brüstung vom Balkon über'm Hafenca-

Die Sängerin Ulla Meinecke und Rosa Precht

fé, hör die ewige Brandung, hab im Hals einen Brand, fühl mich wie 'n Emigrant und träume vom Schnee.« Ich umarmte sie und dann fast alle anderen, die noch da waren und trank alles aus, was man mir gab.

Ein paar Tage später traf ich mich mit Lindenberg im Hotel Interconti, wo er tatsächlich wohnte und uns Tee bringen ließ. Ein einsamer Mensch, freundlich, sachlich, präzise formulierend, wenn er das wollte, in seinen typischen Stil verfallend, wenn er Dinge lieber vage in der Luft hängen ließ. Jemand, der beim Arbeiten auflebt. Natürlich ging es um Texte, ich hatte ihm einen mitgebracht und war erstaunt, dass er das dort zitierte Lied »Roxanne« von *Police* gar nicht kannte. Wir redeten eher aneinander vorbei, aber ihm schien zu gefallen, was er von mir gehört hatte. Monate später rief er mich an, ich war schon umgezogen, und meine Nachmieterin und alte Freundin Miri war ent-

geistert, als sich da einer mit »Hier's Udo, is Mauri da?«
meldete: DER Udo?? Sie vergaß vor Überraschung glatt,
mit ihm zu flirten. Doch auch zwischen ihm und mir ist es
nie zu einer Zusammenarbeit gekommen.

Inzwischen gab es ein paar Fan-Nester, Orte, wo man sich
freute, wenn ich wiederkam. Dazu gehörte zum Beispiel Goslar. In Neumünster stammte der Bekanntenkreis um das *statt-
Theater* noch aus *Trotz&Träume*-Zeiten, wir hatten über
Alternativ-Kultur und den Unterschied zwischen pädagogi-
schem Bemühen und existentieller Aufwallung oft und oft
mit schwerer Zunge, aber beflügelt philosophiert. Der junge
Maler Max Brauer, ein sehr modebewusster Frank und Ulli P.,
einer der ersten echten Welt-Musiker, die ich traf, wir vier genossen eine Freundschaft und in ihr uns selbst.

Das nächste Konzert war in Hamburg. Jim wollte eigentlich mit mir im Zug dorthin fahren. Das war für ihn
ein so ungewohntes Erlebnis, dass er davon vorher häufig
sprach. Zu häufig vielleicht, da klang schon durch, dass die
Fahrt aus banalen Gründen nicht stattfinden würde, und
ich fuhr dann auch allein.

In Hamburg hatte zum ersten Mal und ein bisschen entgegen den Wünschen der »Fabrik« das dortige CBS-Büro
Werbung gemacht, Journalisten versammelt, und ich gab vor
dem Soundcheck noch Interviews. Mit Peter Urban konnte
ich im NDR-Studio gut über Randy Newman und unsere
gemeinsame Liebe zum Klavier plaudern. Der Grand-Prix-
Moderator verabschiedete sich mit den Worten, nächstes
Mal würde er kommen, um mir abends zuzusehen.

Der Auftritt fand im »Maler-Saal« des *Deutschen Theaters* im Bahnhofsviertel statt. Bei meinem obligatorischen

Spaziergang vorher geriet ich in die Drogen- und Kaufsex-Welt, die ich von einer anderen Gelegenheit her kannte. Eine alte Schulfreundin hatte hier als Psychologin gelebt und gearbeitet. Vor einigen Jahren hatte ich sie besucht, ein anderes Leben, so kam es mir jetzt vor. Vielleicht dachte ich darüber beim Übergang zwischen Garderobe und Bühne noch nach. »Er kommt in sein Konzert wie ein verspäteter Zuhörer«, schrieb jedenfalls ein Journalist mit dem Kürzel trs am nächsten Tag in der »taz«, »… unsicher läuft er von der Tür zur Bühne, auf der, von zwei nackten Scheinwerfern angestrahlt, nur ein Klavier, ein Hocker und ein Mikro stehen.« Mit dem Schreiber, Tom R. Schulz, sprach ich nachher lange, und im Jahr darauf erschien von ihm ein großes Portrait in der »Zeit« über mich.

Aus dem anderen Leben tauchte auch Regina Schulte am Hülse auf. Selbst in Musikprojekte verwickelt und sehr begeistert lud sie mich nach dem Konzert in ihr Auto und ihr Haus in Eimsbüttel, wo wir tranken, sangen und auf dem Klavier rumklimperten, bis ein verschlafener Mitbewohner seinen Kopf durch die Tür steckte und sich erkundigte, was denn hier gefeiert würde. Ihr Ehemann. Gegen Morgen erreichte ich mein Pensionszimmer.

Es gab erste Zukunftsgespräche mit Herwig. Manchmal war auch Hubert Skolud dabei, der in seinem eigenen Tempo dahinlebte und mich oft an ein Nachtinsekt erinnerte, das gegen Lampen und Glühbirnen knallt und unbeirrt vom Schmerz immer wieder das grelle Licht sucht. Ich wusste mittlerweile, woher sein Tempo kam, kannte die Art von Schnee, die Hubert beim »alten Heizer« schätzen gelernt hatte, in der Toscana im Tross der Begleiter Konstantin

Weckers. Von dort hatte er sich abgesetzt, konnte auf der ersten *Spliff*-LP einen Text unterbringen und schrieb sein Buch über die neue deutschsprachige Szene, »Plant uns bloß nicht bei euch ein«. Dafür stand er in unentwegtem Kontakt zu Sängerinnen, Autoren, Produzenten, Athletinnen, Fanclubvorsitzenden und Theaterleitern. Als wir mal unterwegs an einer Tankstelle was tranken, wo ein Telefon klingelte, sagte ich aus Spaß: »Hubert, für dich«, und schon sprintete er zum Tresen und wollte dem Tankwart den Hörer entreißen. Er mochte solche Scherze. Was meine Zukunft anging, fand Hubert: so heftig und intensiv wie möglich, keine faulen Kompromisse. Davon machte er, wie er gern zugab, selber zu viele: Werbetexte, bestellte Lobeshymnen. Hubert träumte von einem Leben in künstlerischer Wildheit und Kameradschaft. Herwig wehrte seine Angebote ab und geriet Ende 1982 eher in den Gegenstrom, auf einen radikalen Solotrip. Er hatte viele gute Songs in petto, einige landeten auf der neuen *Spliff*-Scheibe, andere wollte er ganz für sich und möglichst ohne jeden Einspruch von anderen aufnehmen. Er hatte sich dafür eine große Dachgeschosswohnung in Wilmersdorf angeschafft, sein Arbeitspensum war immens und seine Sehnsucht ging überhaupt nicht in Richtung Teilen und Kooperieren. Er ließ auch offen, ob wir eine zweite LP mit meinem Zeug machen würden. Sein Einsatz war riesengroß gewesen. Ich musste den eigenen Weg gehen, genau das wollte ich auch. Zwar wusste ich überhaupt nicht, wie er verlaufen würde, aber wollte mir nichts aufzwingen lassen, schon gar nicht durch sogenannte Image-Diskussionen: »Willst du es nicht mal mit Synthis und Drumcomputern probieren statt mit Klavier?«

Einmal sprach ich über dieses Thema mit Heiner Pudelko, Jim Raketes Lieblingssänger von *Interzone*. Obwohl wir sehr unterschiedlich im Temperament waren, verstanden wir uns besonders in dieser Frage. »Immer wieder kommen sie, Journalisten«, sagte Heiner mit rollendem ›r‹, »und fragen, ob ich bei meinem sogenannten Misserfolg nicht alles noch einmal rundherum neu versuchen will? NEIN!« Er kreischte das richtig. Ich lachte begeistert.

Meg gab mir den Rat, die Karriere zu vergessen und neue Lieder endlich mal wieder nur für mich selbst zu schreiben. Und Horst Steffen Sommer sagte: »Singen, mein Lieber, nicht immer nur skandieren!«

Ich trat ein paarmal in Fernsehsendungen der Dritten auf, das hatte die »Fabrik«-Promotion erreicht. Dem Moderator und Politprofi Klaus Bednarz sah man sein Missvergnügen an, als er mich auf Redaktionsgeheiß am Schluss einer Diskussionssendung über die Aufrüstung ankündigen musste, er hätte lieber noch zur Sache geredet. Eine andere Sendung wurde tagelang in der Lüneburger Heide gedreht. Es ging um Tiere, vertragsgemäß hatte ich ein lustiges Tierlied dazu getextet. Ich wusste nur nicht, dass es schwierig sein würde, den ellenlangen Text im grellen Scheinwerferlicht einer Vorabenddämmerung fehlerfrei rüberzubringen. Auswendig konnte ich ihn natürlich nicht. Zweimal brach ich ab, alle Kameras, Tonleute und der Rest der nicht kleinen Crew gingen wieder auf Anfang, beim dritten Mal kam ich schweißgebadet durch und ahnte, sie hätten mich bei erneutem Abbrechen wahrscheinlich malträtiert. Lonzo, genannt der Teufelsgeiger von Eppendorf, engagiert mit seinem großartigen Lied »Die Dinosaurier wer'n immer trauriger«, litt mit mir. »Warum spielst du nicht Playback?«, fragte er, und ich lernte wieder was dazu. Wir hatten jeder eine Art Wohnwagen zum Schlafen, und als ich mal in seinen Container stürmte, setzte er sich gerade eine Spritze und sagte: »wegen Diabetes«.

Meine Mutter sah die Verträge zu den Auftragsarbeiten und TV-Shows auf meinem Schreibtisch herumliegen: »Du verdienst ganz schön viel«, meinte sie in doppeldeutig elegant dahingeschwebtem Ton.

Das Rumtouren brachte extreme Zustände mit sich. Nach einer durchfeierten Nacht in Neumünster zum Beispiel, berstend volles Konzert, lauter Jubel, Glücksgefühle, morgens noch ausgedehntes Katerfrühstück. Dann den Zug nach Kiel. Schon wissend um schleppenden Vorverkauf und mangelndes Interesse bei Funk und Presse für mein Konzert in der *Räucherei*. Raus ins Dunkle, in Kiel das Hotel mühsam finden, Zwei-Sterne-Pension am Stadtrand, Dusche und Waschbecken im Zimmer, Klo auf dem Gang. Smalltalk mit dem Veranstalter, der mir vorhält, gerade gestern in der Nachbarstadt Neumünster gespielt zu haben, kein Wunder, dass es heute leer bleiben wird. Catering gäbe es keins, nur Bier und Wasser, aber dreihundert Meter entfernt sei ein Dönerladen …

Anfang Oktober 1982 spielte ich einen Festivalauftritt solo bei Mike Thulke, einem Veranstalter aus Hof im Voigtland als Vorprogramm für *Kevin Coyne & Band*. Die Reaktion auf meinen Auftritt war freundlich und matt. Kevin Coyne aber kam über uns wie ein Sandsturm. Er und seine Band erschienen verspätet. Er war bis zum Rand vollgetrunken und trotzdem sturztrocken. Sprang zum Getriebe seiner Musiker von der Bühne ins Publikum, zurück an die Decke, es war ein Koma-Getöse. Minuten vorher noch wie aus einem Tiefschlaf hochgetaucht, raste er sofort bei Auftrittsbeginn gegen seine körperlichen und seelischen Grenzen an. Der Ex-Psychiater, der später als Bahnhofsobdachloser in Nürnberg herumliegen würde, war Lied für Lied, Salve für Salve ein Urgefühlsmotor mit Züngelfeuerstimme.

Nachher beantwortete ich brav der Lokalreporterin ein paar Fragen, während Kevin sich mit einer schwarzen Frau beschäftigte. »Alone, it was too lonely for me«, sagte er am nächsten Morgen, jetzt flatternd und erbleicht und fügte hinzu, er hielte das alles nicht mehr allzu lange aus.

Zwölf Jahre später moderierte ich die »Unterhaltung am Wochenende« in Köln, der Gast diesmal war Kevin Coyne. Ich war mir sicher, dass er mich als einen vollkommen Fremden begrüßen würde. Er sah mich hinter den Reglern, hielt mir die Hand hin und sagte: »Good to see you. We met in Hof some years ago. Bei Mike Thulke.«

»Er hat nie eine Pause gemacht«, erzählte mir noch später Helmi Coyne, seine Witwe, die ihn seinerzeit am Hauptbahnhof Nürnberg aufgegabelt hatte. Sie gab mir eine CD mit seinen letzten Aufnahmen, die ich allen ans Herz lege, die ein klares, fast rohes Gefühl vertragen. Kevin Coyne war am Ende trocken, lebte in Franken, fern von Ruhm und Lockung der früheren Jahre, unentwegt als Gitarrist, Zeichner, Romancier, Texter und Sänger tätig. Er brauchte das wie das Atmen, und tatsächlich spielte er seine letzten Auftritte mit Maske und Atemgerät, denn die Lungen waren schon zu schwach.

1983–1984   *In Fahrt*

Anfang 1983 lieh Herwig Mitteregger mir sein kleines 4-Spur-Aufnahmegerät und bot mir an, seine neugekaufte Dachgeschosswohnung zu Aufnahmen zu nutzen, denn er würde eine Weile mit *Spliff* auf Tour sein. Mitbewohner in dem Altbau gäbe es kaum, da würde alles umgebaut, ich könnte also Tag und Nacht Krach machen.

»Glaspalast« war ein Lied von Herwig, das von dieser Wohnung erzählte und seinem Popstar-Status, mit dem er neuerdings klarkommen musste. Ein ganzes Bündel solcher waghalsigen Lieder hatte sich bei ihm angesammelt, Stücke wie das großartige »Rudi«, »Kreuzberg« oder »Komm, wir gänga heiraten auf dera Toialetten …«. Plötzlich und in all dem Zeitdruck entwickelte er eine Riesenkraft, mit Worten und verschiedensten Instrumenten zu spielen, mit Klängen, Rhythmen und vor allem mit sich selbst, und aus all dem entstanden Lieder.

Vielleicht hoffte er, dass ich mit Hilfe der Möglichkeiten, die vier gleichzeitig ablaufende Aufnahmespuren bieten, das gleiche Feuer fing, das ihn antrieb.

Auf meine Weise war es auch so. Zunächst nahm ich ganz althergebracht auf, was schon da war an Stücken: die Ballade vom »Boten«, der ein einziges Wort überbringt, das Spottlied über eine Westberliner Szenefrau, die zu ›Dietrich‹ nach Hildesheim zieht, den Antikriegs-Song »Ein Moment zum Überlegen«. Dann gab es einen Bilderreigen mit dem Refrain »Es tut mir gut, es tut mir Leid«, der in Windeseile vom Kopf aufs Papier geraten war, nachdem ich auf Bob

Dylans neuester LP das Lied »Every Grain of Sand« gehört und gedacht hatte, toll, aber sowas kannst du auch!

Ohne Druck nach Perfektion versuchte ich allem, was da war, etwas abzugewinnen. Der Vierzeiler »Ich weiß, die Welt hat keine Ecken,/ aber alle Straßen geh'n ans Ende der Welt,/ und jedes Paar Augen ist wie ein Brunnen,/ in den man fällt & fällt & fällt« enthielt Stoff für mindestens zwei Refrains. Eine andere Zeile aus meinem Notizheft ging: »Bingerbrück, Bingerbrück, komm, versuch doch hier dein Glück«. Das hatte ich mir notiert, als ich mal lange im Regionalzug in diesem Ort auf dem Rangierbahnhof festsaß.

Am dritten Abend in Herwigs Dachwohnung besuchte mich Meg. Unser Gespräch über die neuen Stücke, die sie hatte hören wollen, war schon ungemütlich, aber dann gerieten wir in grundsätzliches Fahrwasser. Ob man sich überhaupt lieben kann, wenn man abhängig ist voneinander, ob man von Liebe nicht überhaupt erst sprechen darf, sobald man niemanden mehr braucht, also frei ist? Alkohol tat ein Übriges, wir beschlossen eigentlich an diesem Abend, uns zu trennen. Diesmal wirklich. Als sie gegangen war, überkam mich eine Mischung aus Verzweiflung und Aktionismus, ich musste spielen, und wie von selbst waren Akkorde da, ein Ablauf, und die Worte passten sich ohne viel Grübeln ein. Ich hatte den Rangierbahnhof in einen Sehnsuchtsort verwandelt – »Weißt du noch, in Bingerbrück?« –, nahm das Stück auf und wagte mich jetzt an die bisher leer gebliebenen zwei freien Aufnahmespuren, knallte eine richtig kitschige kleine Melodie in das Lied. Es klappte technisch und klang überraschend gut. Noch halb bei Sinnen, machte ich mich gleich an ein zweites Stück, eine Satire über den Breitbandausbau, gesungen von jemand, der mit seiner Mitbewohnerin, der Geliebten, der Mutter, wem auch immer, die Tür nach draußen nie öffnen will. »Hey Mammi Mutti Muschi, die Welt ist ein Gespenst …«. Ich sang es zweistimmig, als Vernünftiger und als Irrer.

Das Stück wurde Megs Lieblingslied. Zur Versöhnung sagte sie: »Manchmal glaube ich, du bist ein Genie.« Ich war glücklich wie selten.

Ein bisschen war das Einsammeln und Herstellen dieser neuen Stücke wie ein Warmboxen, Training für einen Kampf, von dem noch gar nicht klar war, ob er überhaupt stattfinden würde. Die Verkaufszahlen der LP waren flau, und Raketes Versuch, für die nächste Produktion die Plattenfirma ins Boot zu holen, um das Risiko zu minimieren, lief noch ins Leere. Sein Ass war allerdings Nena, deren Erfolg den von *Spliff* gerade überflügelte. Bei den wenigen Treffen, die ich mit CBS-lern bisher gehabt hatte, saß immer einer dabei, der mich mit staunendem Blick begutachtete, weil er Rakete für einen Zauberer hielt, der offenbar aus allem Gold machte – aber aus diesem Typ hier, aus dem auch?

Andere in der Firma blickten besser durch. Sternhagel (Frank Marth) hatten sie schon gecancelt, sein Gastspiel war beendet. Ich besuchte ihn im März in Düsseldorf. Der Rock'n'Roller, gewohnt mit einer Band im Tross herumzureisen, lachte, als er mich mit leichtem Koffer vor seiner Tür stehen sah und rief »On Tour?«

Auf der gleichen Reise erlebte ich ein paar Tage später im *unterhaus* ein Debakel. Am Ort meines großen Erfolgs beim »Sprungbrettl« war ich für vier Tage gebucht, und es waren kaum Karten verkauft worden, 15 zur Premiere. Ce-eff Krügers Satz von der Qualität, die sich durchsetzt, hallte mir

Die Band: Rolf Brendel, Uwe Fahrenkrog-Petersen, Carlo Karges,
Jürgen Dehmel und Nena

höhnisch in den Ohren. Zeitungsartikel, Fernseheinlagen,
nichts hatte hier was gebracht. Er habe mich doch neulich in
Berlin gesehen, rief ein junger österreichischer Schauspieler
beim Umtrunk anschließend, es sei voll gewesen im *Quartier
Latin*, »mindestens 150 Leut!« – »Vergleich die Einwohner-
zahl von Berlin und die von uns hier in Mainz, dann hast du
genau die Fünfzehn von heut Abend«, konterte Ce-eff kühl.
Noch unangenehmer wurde es, als am zweiten Abend bei
sieben Vorbestellungen das Konzert ausfiel und ausgerechnet
da Herwig mit einem CBS-ler im Schlepptau auftauchte. Ich
hätte mich am liebsten von all dem weggebeamt. Stattdessen
fuhren wir nach Wiesbaden, aßen und tranken viel, und Herwig überspielte alles sehr charmant.

Trotzdem war das Treffen in der Frankfurter Firmen-
zentrale am nächsten Tag zu meinem Erstaunen erfolgreich,

1983–1984

die ›Kommandoebene‹ hatte meine Demos gehört, man signalisierte Finanzierung und Vertragsübernahme. Zur letzten Vorstellung in Mainz kamen dann 45 Zuschauer, und die Zeitungskritik war gut. Es gab wieder keinen echten Grund für mich, aufzuhören.

Ein entscheidendes Gespräch führte ich kurz darauf im *unterhaus*, ich notierte es in mein Heft. Hanns Dieter Hüsch probte mit der *Bernd-Reichow-Jazz-Formation*, das wollte ich mir anschauen und unterhielt mich eine Weile mit Jürgen Kessler, dem Manager. Er sagte: »Begabung und Besessenheit und die Bereitschaft, vor jedem Publikum zu spielen, dreißig Jahre lang Kampf, das schafft eine Basis«, und er zeigte in den Saal, wo Hüsch sich gerade mit den Musikern über irgendwas verständigte. Die Worte trafen mich schon deshalb, weil ich für diesen freien Abend einen Auftritt in der Darmstädter *Krone* abgesagt hatte, ich fand den Laden scheußlich. »Vivi Eickelberg«, fuhr Kessler fort, »will die Acts in zwei bis drei Jahren kurz mal abbrennen, das nutzt ihr, aber nicht den Künstlern.« In dem Moment kamen Hüsch und die anderen raus. Ce-eff stellte mich vor und rief pathetisch, weil ein wenig betrunken: »Das ist ein Junge hier, der ist so allein. Der ist gut, aber der wird immer unbekannt bleiben.« Hüsch schüttelte mir die Hand und sagte: »Na, das mit dem Alleinsein, das ist doch nicht so schlimm.« Ich gab ihm endlich meine Kassette. Später sagte ich sowas wie: »Ich muss mich ja irgendwann entscheiden, ob ich das weiter so will«, und Arthur Bergh sagte: »Wenn du vierzig bist, ist es entschieden, dann weißt du, was geht und was nicht.«

Später, als wir uns besser kannten, erzählte mir Hüsch mal, er habe über Jahre eigentlich durchweg von den Veranstaltern gehört, man könne froh sein, wenn heute Abend 30, vielleicht auch 50 kämen, »aber vor zehn Tagen, da war Franz-Josef Degenhardt hier, da mussten wir ja umziehen in die Kongresshalle. Oder in die Aula des Gymnasiums, oder sonstwohin«, rief er und lachte.

Bei einem der *unterhaus*-Auftritte saß der ZDF-Unterhaltungs-Chef Manfred Tesch im Publikum, was seinen Grund in einer geplanten TV-Reihe namens »Showstart« hatte, deren erste Folge für März 1983 in der Stadthalle von Hilden angesetzt war, mit Jürgen von der Lippe als Moderator. Der hatte sich dafür eingesetzt, mich in die Sendung zu nehmen. Jürgens Karriere hatte mit Horst Steffen Sommer als erstem Manager und mit den *Gebrüdern Blattschuss* in der gleichen Gegend wie meine mit *Trotz & Träume* begonnen. Durch regelmäßige Fernsehauftritte beim »WWF-Club« war er mittlerweile im Südwesten des Landes bekannter als in Berlin und wagte jetzt den Sprung ins nationale Format. Er wusste, dass mein Zeugs nicht nur ernst oder lustig war, die Mischung würde der Premiere seiner Newcomer-Show guttun. Die bestand aus über zehn Acts, Musik, Akrobatik, Tanz. Manfred Tesch war unbeeindruckt vom schlechten Besuch – zwischen meinen Auftritten fuhr ich jetzt also immer mal nach Hilden zum Proben, für die Sendung wurde ein ziemlicher Aufwand betrieben, Geld spielte keine Rolle. Ich lernte die Bläser-Rockgruppe *Zatopek* kennen und Lydie Auvray, Grande Dame des Akkordeons. Wir müssen immer grinsen, wenn wir uns dann und wann auf kleinen Festivals begegnen, weil wir damals als zwei Newcomer dem nationalen Fernsehpublikum, also ja eigentlich der ganzen Welt vorgestellt worden sind.

Aus einer der Proben wurde ich vom Fahrdienst des ZDF nach Bochum in die *Zeche* gebracht, wo ich als Vorprogramm für Thommie Bayer und Band spielen sollte. Ich kannte Lieder von ihm, die mir sehr gefielen. Man hatte aber an jenem Abend kaum miteinander zu tun, im mittelmäßig gefüllten Auditorium gab der Hauptact sich sensibel, hinter der Bühne dagegen rock'n'rollerig brüsk. Nach ihrem Auftritt beschloss die Band, gleich nach Köln durchzufahren, wo eine leere Wohnung und eine Party auf sie warteten. Ich ließ mir vom Veranstalter den Weg zur Künstlerpension beschreiben, die ich nach 20 Minuten Fußmarsch erreichte, klingelte so gegen 1 Uhr 30, jemand erschien oben am Fenster, offenbar der Wirt, schrie runter, ob ich von der *Zeche* käme? – Ja. – Wo denn die anderen wären? – Allein sei ich. – Ein Schreikrampf, dann: Jedes Mal halte er eine Menge gebuchte Zimmer bereit, und dann kämen aus der *Zeche* immer nur einer oder zwei, und sie wollten den Rest nie bezahlen. »Ich lass jetzt keinen mehr rein«, entschied er und schloss das Fenster. Vergebliches Klingeln, aussichtslos.

Seltsamerweise bekam ich schlagartig gute Laune. Nahm mein leichtes Bündel und wanderte durch die Frühlingsnacht in die Innenstadt. Gegen 3 Uhr war ich da, suchte mir eine Nachtbar für ein Getränk und dann ein richtig verwanztes, aber durchgehend offenes Hotel. Das war echter Rock'n'Roll, nicht die Thommie Bayersche Schöngeistvariante.

In der *Lagerhalle* in Osnabrück war es ähnlich wie seinerzeit in Hof, man hörte mir zu, aber echte Begeisterung kam nicht auf. Rudolf Cacek, genannt Rudl, Bandmitglied aus *Trotz & Träume*-Zeiten, saß im Publikum. Er war der Liebe wegen aus Franken nach Niedersachsen gekommen, beim Straßenmusikmachen fünf Jahre vorher hatten wir zwei Frauen kennengelernt, beide am gleichen Tag und im gleichen Ort, ich Meg und er seine Heidrun, weshalb er bald Osnabrücker wurde. Heinz Rudolf Kunze kam zum Schluss des Konzerts, lobte meine LP überschwänglich und lud uns auf eine Studentenparty, auf der er im Pulk der feingemacht vor sich Hintanzenden die Rolle des bunten Hunds übernahm. Irgendwann im Gespräch rutschte mir raus, seine Art, in manchen seiner Lieder Menschen runterzumachen, stoße mich ab, worauf er grinsend in die biedere Menge zeigte und rief: »Aber schau sie dir doch an!« Später saßen wir bei ihm zu Haus, tranken und zogen über das her, was wir ›die Branche‹ nannten. Es sei wie Poker gewesen, sagte Rudl am nächsten Tag. Unser Draht zueinander wurde stabil. Und auch Rudl und Heinz Rudolf freundeten sich an.

Jürgen von der Lippe erwies sich als sensibler freundlicher Interviewer. Im Kunstnebel, der vielsagend schillernd in die Lyrik des »Hafencafés« hineingeblasen wurde, gab ich mein Bestes, und der Publikumsbeifall war freundlich. In der »Fabrik« und von CBS wurde diese Sendung leider minder geschätzt, man war jetzt die fetten Einschaltquoten der Popshows gewohnt. Da hinkte »Showstart« hinterher, und selbst der Einsatz der *Ärzte* beim nächsten Mal verhinderte nicht, dass das Format nach drei Folgen gestoppt wurde. Jürgen von der Lippe hat seinen Weg in den Himmel der Einschaltquoten trotzdem gefunden.

Ich änderte mein Aussehen, ganz kurze Haare, randlose Brille, kein Bart mehr. Als ich mich in einem Café mit Herwig traf, erkannte der mich erst gar nicht und nickte mir

Heinz Rudolf Kunze

zu wie einem lästigen Kaumbekannten, den man sich lieber auf Distanz hält. Der neue Look sollte meine Bereitschaft signalisieren, an die neue LP mit anderem Schwung heranzugehen. Herwigs Idee dazu war, ein ›Konzeptalbum‹ herzustellen, alle Lieder zu einem Thema. Aber sowas lag mir nicht, das klang zu sehr nach Besinnungsaufsatz. Wir trafen uns häufig, manchmal auch mit Rakete als Ratgeber oder mit Ulla Meinecke. Obwohl ja genug neue Stücke da waren, gab es keine Fortschritte, bis uns ziemlich gleichzeitig die Idee zu einem zusätzlichen Livekonzert kam. Nicht, um es ganz zu veröffentlichen, sondern für zwei, drei leichte witzige Stücke mit lachendem Publikum. Eine andere Farbe, ein bisschen Frechheit. Als wir diesen Entschluss gefasst, Datum und Ort gefunden hatten, fing auch die Vorarbeit im Studio an, Spaß zu machen. Und ohne viel Werbung stand fest, dass ich am 19. Juni im *Qasimodo* ein Solo bekam.

Davor erarbeiteten wir Skizzen der Studiostücke, rough mixe genannt. Was sich bei der ersten LP schon angedeutet hatte, wurde jetzt heftiger: im privaten Umfeld trafen all die Skizzen auf wachsende Ablehnung. Meg war sowieso nicht zu gewinnen für die technische Brillanz des *Spliff*-Studios, aber auch der weitere Freundeskreis, Ulli D. und die Literaturgruppe äußerten sich bestenfalls distanziert. Schwierig, mit so etwas umzugehen, wenn man es gewohnt ist, sich Lob und Tadel quasi alltäglich abzuholen und damit nicht geschont, aber doch auch nicht vernichtet werden will. Das Abwerten betraf übrigens all meine Aktivitäten, ein paar neu geschriebene Stories, Rundfunkinterviews, die Fernsehsendung – plötzlich war ich der Nerver, der dauernd Beachtung wollte. Vielleicht wirkte ich überaktiv, vielleicht bremste meine Begeisterungsfähigkeit.

Dabei hatte ich selbst Probleme mit den rough mixes. So wie ich Melodiebruchstücke ins Gefüge geworfen hatte, ließ Herwig jetzt Effekte los, probierte alles Mögliche, um die Lieder ereignisreicher zu machen, poppiger, moderner, er hörte das als Bereicherung, ich aber spürte Unkonzentriertheit und Beliebigkeit. Gerade bei »Bingerbrück«, wo über die ruhigen Akkorde jetzt wie fliegende Untertassen klingende Geräusche hoch- und runterstiegen, hatte der Spaß am Unerwarteten, am Lärm die Seele des Stücks vertrieben, fand ich. Dabei hatte ich mit der hineingeworfenen Melodie ja eigentlich etwas ganz Ähnliches angefangen, warum sollte man das nicht fortsetzen dürfen? War ich nicht ungerecht und stur? Diesmal gab es viel Streit beim Aufnehmen, und ein Besuch im Audio-Studio, wo Ulla überglücklich mit ihrem so unzänkischen Produzenten Udo Arndt an einer rund und warm, fast althergebracht klingenden Bandplatte arbeitete, machte mich insgeheim neidisch.

Zwei Tage später fand das *Quasimodo*-Konzert statt. Ich erschien fast ohne Vorbereitung, es hatte nur wenig Werbung gegeben, aber 250 Leute strömten in den Keller unter dem Delphi-Kino. Meine Eltern waren darunter, der alte Freundeskreis, die »Fabrik«-Familie, eine Menge Schauspielerinnen aus dem Grips-Theater-Umfeld und Musikerkollegen wie Edo Zanki und Richard Wester. Und draußen im Cafégarten wartete Udo Lindenberg zusammen mit dem Konzertpromoter Fritz Rau. »Alles ganz normal«, flüsterte Herwig mir zu, aber seine Stimme signalisierte das Gegenteil. Vielleicht, weil ich so wenig an diesen Auftritt gedacht hatte, blieb ich heiter und kühl und ›zog das Ding durch‹ mit knappen Ansagen zu den Stücken, von denen wir meinten, dass sie live auf die Platte sollten. An einer Stelle hört man Rosa Precht laut auflachen.

Am nächsten Morgen brachte ich ein Exemplar meiner endlich gedruckten Doktorarbeit zur Uni-Bibliothek in Dahlem und nahm mir von dort ein Taxi bis nach Moabit. »Huttenstraße«, sagte ich, »fahren Sie ruhig langsam.« Im *Spliff*-Studio hörten wir uns den Mitschnitt an, wählten die passenden Aufnahmen aus und waren zufrieden.

Ende Juni war die LP »Feueralarm« gemischt und gemastert. In der Fabrik packten wir eine Nacht lang die Vinylscheiben in ihre Schutzhüllen. Ich freute mich, dass den Presseexemplaren ein schwungvoller Aufsatz von Herwig über den Abend im *La Civetta* beigelegt wurde, an dem wir uns kennengelernt hatten. Und ich freute mich über das Coverfoto, Vorder- und Rückseite im sommerlichen Abendglanz der Oranienstraße, vorn ich im Vordergrund, hinten die Schummerlichter eines Hinterhofs. Jim hatte damit der Platte den Schimmer gegeben, um den ich bei den Aufnahmen so stur gekämpft hatte.

Von diesem Schimmer in der Musik, der Seele und der Stille schrieb und redete ich in den folgenden Wochen viel. Ich hatte den Auftrag bekommen, für das Radio sechs Folgen über eins meiner Idole, Van Morrison, zu schreiben und vorzutragen, sechsmal 55 Minuten, ein großartiges Angebot. Tatsächlich hatte also die flüchtige Begegnung mit Siggi Schmidt-Joos, Chef der Abteilung »Leichte Musik« beim RIAS und Mitautor eines deutschen Popmusiklexikons, zur Zusammenarbeit geführt. Ob sie »fruchtbar und angenehm« sein würde, wie er vorausgesagt hatte, sollte sich zeigen. Kennengelernt hatten wir uns durch Kathrin Brigl, seine Lebensgefährtin. Sie hatte mich ausführlich interviewt und wiederholte das nach Erscheinen von »Feueralarm«. Wie Meg erklärte auch sie »Mammi Mutti Muschi« zu ihrem Lieblingslied auf der Platte, was mich gleich für sie einnahm. Kathrin war in den Siebzigern ein Fernsehstar gewesen, eine Gesprächspartnerin von hohen Graden bis heute, einfühlsam, witzig, hakenschlagend, nie zynisch oder höhnisch, offen für Windungen in den Gedankengängen und bereit, noch das Entlegenste beim Gegenüber in heitere, allgemein zugängliche Gefilde zu überführen. In ihren Interviews zeigten schwere Pathetiker plötzlich Selbstdistanz und Witz.

Die Abendeinladungen in der großen Wilmersdorfer Wohnung von Kathrin und Siggi, zu denen ich jetzt manchmal Zugang hatte, waren von ähnlicher Heiterkeit erfüllt. Politiker, Schauspieler, Sänger, Tänzer begegneten sich in heterogener, ausgewogener Runde, man spann Geschichten, lachte und stritt. »Wir waren ja gerade noch in New York«, hörte man oft von den Gastgebern, denn die Affinität zum Amerika der Broadway-Kultur und der Bürgerrechtsbewegung war eine ihrer Kraftquellen. Und Catharina Valente eine der engsten Freundinnen des Hauses, die ich leider nur einmal ganz flüchtig dort erlebte.

Ich arbeitete mich sehr gern in Mr. Morrisons Werk ein, aber besonders begeisterte mich die Möglichkeit, die Sendungen auch selbst zu sprechen, mit der Stimme zu gestalten, etwas parallel zum musikalischen Ablauf zu erklären und Stimmungen zu verstärken. Ich übte das zu Haus, es war eine andere Form von Gesang und brachte mich dicht an die Kompositionen des überaktiven Iren heran. Die sind mir trotz allem im Kern rätselhaft geblieben – obwohl »Van the Man« auf der kurz nach Ausstrahlung meiner Radiosendungen erschienenen Doppel-LP »Hymns to the Silence« mit ein paar Zeilen in direkten Dialog mit mir zu treten schien: Mündet die Suche nach Wahrheit im Schweigen? Mit dieser Frage endete die letzte Folge meiner Sendung. Und dieselbe Frage stellt Van Morrison in »Hymns to the Silence« und beantwortet sie mit Ja.

Ich bekam Post von den ›Freunden der Menschheit‹, einer in Genf ansässigen überreligiösen Esoterik-Vereinigung, die mich zur Teilnahme an kollektiven Gebeten einluden. Ich sei jetzt ein ›Berufener‹. Eher amüsiert versandete mein kurzzeitiges Interesse im Alltagsstrudel.

Siggi Schmidt-Joos hat sich nach anfänglicher Vorsicht voll auf meinen Umgang mit Van Morrisons Musik und Philosophie eingelassen, er brachte auch die Rundfunktechniker dazu, mir zu ermöglichen, was ich akustisch vorhatte. Der NDR übernahm die Sendungen leicht gekürzt, aus dem Hörerkreis kamen neben Lob auch Spott und Protest, meine suggestive Art wehrten manche dadurch ab, dass sie mir Faktenfehler vorwarfen, übrigens nur Männer. Sie hatten Recht. Ich mache mir durch Faktenrecherche ein Bild, vergesse aber einen Großteil der Fakten bald wieder. So vorzugehen ist nicht jedermanns Sache. Auch im privaten Kreis stießen die Sendungen kaum auf Beifall. Eine Folge wurde in größerer Runde bei Ulli D. gehört, danach saß man wortlos und verspannt herum, niemand mochte etwas sagen. Ich kam mir vor wie eine Mischung aus Wichtigtuer und Spaßverderber. Da klingelte das Telefon, ein euphorischer Siggi Schmidt-Joos war dran, ganz von der Sendung ergriffen, und berichtete von spontanen Anrufen vieler ebenfalls mitgerissener Hörer und Hörerinnen beim Sender.

Bis heute werde ich manchmal nach Mitschnitten dieser Aufnahmen gefragt. Manche Sammler des Iren wissen gar nicht, dass ich selbst auch Lieder schreibe.

Inzwischen war »Feueralarm« auf dem Markt und verkaufte sich nur wenig besser als die erste Platte. Was wir uns erhofft hatten, Einsätze im Durchlaufprogramm der Sender, passierte einfach nicht. Die Single »Dietrich«, das poppige Stück über eine Westberliner Szenefrau, die zum Postbeamten nach Hildesheim flieht, wurde in Berlin kaum gespielt. Ich begann die Lektion zu lernen, dass meine geplanten Singles nicht zündeten, es waren meist die Lieder nebenbei, die auffielen. Man kann auch sagen, das Eigentümliche hat funktioniert, sonst nichts.

Im großen WDR-Gebiet, wo ich jetzt manchmal kabarettistisch als Gast bei der »Unterhaltung am Wochenende« in Erscheinung trat, setzte sich ein Mann für mich ein, mit dem keiner gerechnet hatte: Adolf »Buddha« Krämer. Er entschied über den Musikeinsatz im stark frequentierten WDR 2, und zwar nicht während der Abendnischen, sondern im meistgehörten Informationsprogramm tagsüber, außerdem moderierte er die »Schlagerralley«. Buddha Krämer entschied sich für »Bingerbrück«. Für den Schlagermarkt völlig untypisch. Meg hielt sich damals bei Eltern und Geschwistern im Sendebereich von WDR 2 auf und hörte das Lied immer wieder im Radio. Mittlerweile war sie froh über die Untertassen und all die ablenkenden spannenden Geräusche, denn in purer Form wäre dieses Stück ihr nun, wo so viele quasi mithörten, zu privat und geradezu ausplaudernd vorgekommen. Auch ich war plötzlich dankbar für Herwigs bizarre Ideen, die vermutlich mit dazu beigetragen hatten, den WDR-Entscheider bei »Bingerbrück« aufhorchen zu lassen. Purple Schulz erzählte mir später, wie sie das Lied, das noch nicht mal einen Refrain hat, mit ihrem damaligen Manager Manfred Schmidt analysiert und den Mut daraus gewonnen hätten, auch mal in diese Richtung zu gehen. »Sehnsucht« war das Resultat.

Es hat eine Weile gebraucht, Rakete und der CBS klarzumachen, dass sich in einem großen Sendegebiet gerade etwas bewegte, auf das man reagieren sollte, z.B. indem »Bingerbrück« eine zweite Single wird und man mich dafür den Fernsehsendern anbietet. Ich musste sehr laut »Hallo« schreien. Die Single kam, nachdem viele Menschen im Sender und bei mir danach gefragt hatten. Sie kam für eine Verkaufssingle schon zu spät, »Bingerbrück« passte einfach nicht in die Raster. Bis heute freuen sich manchmal Leute, wenn ich ihnen eine mp3 davon schicke, weil es sie an ihre Jugendzeit erinnert.

Für Buddha Krämer war ich wohl nur ein ›One-Hit‹-Typ. Aber Werner Burghardt, der große Jazz- und Popkenner, mit dem ich zu der Zeit mal in der *Hamburger Fabrik* herumstand, sagte, »Bingerbrück« wäre mein erster ganz großer Wurf. Wir waren albern drauf, ich antwortete: »Na, wenn's weiter nichts ist …«, und er: »Schade.«

In Hamburg traf ich mich in jenem Herbst auch ein paarmal mit Tom R. Schulz, der an einem Portrait über mich arbeitete, das in der »Zeit« erscheinen sollte. Wir führten eher ernsthafte Gespräche und hätten uns damals wohl als befreundet bezeichnet.

Ich war auf der Suche nach Freundschaft, mein Leben war verändert, die Perspektive hatte sich gedreht, die Gewichte waren verschoben. Die Konflikte in der WG mit Ulli D. wuchsen. Seine Freundin Suse war schwanger, in der Wohnung wurde umgebaut und renoviert und ich immer mehr als Fremdkörper empfunden. Die einzige feste Konstante blieb mein Verhältnis zu den Eltern, die ich besuchte, sooft es ging.

Mit Meg hatte ich einen kurzen zweiten Sommer in Irland erlebt, dunkel und schwermütig nicht nur vom Wetter her. In meiner Erinnerung geben nicht so sehr die wilden musikantischen Kneipenabende wieder, was wir miteinander empfanden, sondern ein vom Orgelspiel durchhallter und von mächtigem Chorgesang zu Ende gebrachter Gottesdienst in einer uralten Dorfkirche aus Feldstein. Sie gehörte zur anglikanischen Church of Ireland, der gewissensstrengen Glaubensrichtung, und wir waren ganz zufällig an einem Sonntagvormittag dort hineingeraten wie in einen Gothic-Film. Van Morrisons Lied »Common One« war für mich die Titelmelodie dieses Films zwischen uns, mit den Textzeilen: »Frag nicht, warum – es gilt, dass es ist, wie es ist!« Wir wanderten viel in dem verregneten Sommer, und dass unsere Bindung sich lösen würde, war ein beinah vertrauter Gedanke geworden.

Auch wenn es sich nicht in Verkaufszahlen ausdrückte, schlug »Feueralarm« Wellen im Medien-Meer. Aufträge und Einladungen waren manchmal kaum mehr zu erfüllen, und zahlreiche Leute, die irgendwas mit mir vorhatten, beanspruchten meine Zeit.

Ich war völlig ungeübt im Abblocken von Anfragen. Zum Beispiel plante ein Freund von Hubert Skolud, selbsternannter Dokumentarfilmer, ein Portrait über mich und klinkte sich im Herbst '83 in meinen Zeitplan fast durchgängig ein mit Konzepten, Szenenentwürfen und dem Drängen, meinerseits Ideen für sein Exposé bereitzustellen, das er dann irgendwann bei irgendwelchen Gremien einreichen wollte. Ein weiteres Jahr verging, noch eins, und das Projekt dieses Manfred Helling krepierte auf holprigem Weg.

Das Projekt, das ich ein Jahr vorher mit Ulli D. begonnen hatte, aus Texten Martin Luthers erst ein kleines Theaterstück, dann wenigstens eine Radiolesung zusammenzustellen, traf rundherum auf wachsendes Desinteresse. Hedda Kage, die uns auf die Idee dazu gebracht hatte, war jetzt ganz distanziert, ein anderer Interessent wehrte ebenfalls ab, nur Ulli hing noch an dem Text, und ich brachte es nicht über mich, das Ganze abzublasen. Ich sah das Projekt ins Leere laufen, arbeitete aber mit wachsendem Unmut weiter daran. Andere Dinge wuchsen erfreulich, meine Zuarbeit für den WDR und Redakteur Hilmar Bachor zum Beispiel. Seit Herbst '83 war ich regelmäßiger Gast in der »Unterhaltung am Wochenende«, die manchmal von Konrad Beikircher, manchmal von Hüsch oder Elke Heidenreich moderiert wurde. Ich sang dort meine Lieder und schrieb neuerdings, von Bachor ermutigt, auch kleine Sketche, die ich mit anderen Anwesenden vortrug, am liebsten mit der Autorin und Schauspielerin Claudia Matschulla oder mit dem Aachener Kabarettisten Wendelin Haverkamp.

Es herrschte eine Art fröhlicher Aufbruchstimmung in den WDR-Studios. Konrad Beikircher, Gefängnispsychologe österreichisch-italienischer Herkunft, gab sich anarchisch-libertär, Elke Heidenreich streng links und aufklärerisch. Einmal sang ich das Lied »Sibirien«, in dem zwei Jugendliche aus Russland nach Alaska wandern. Der Refrain ist »Wenn du immer nach Osten gehst, kommst du von selber nach Westen«. Da führte Elke Heidenreich eine Art Verhör-Interview mit mir, und ich musste schwören, damit nicht die ›böse‹ Konvergenztheorie zwischen den zwei Systemen gemeint zu haben, und dass ich nicht behaupten würde, der sozialistische Osten sei dehumaner als der kapitalistische Westen. Das mag von heute her überdreht und kleinkariert klingen, aber zeugt auch von dem ziemlich soliden Diskussionsniveau, das in den Unterhaltungssendungen damals noch zu finden war, vor der großen Radioreform, vor der Übernahme durch Klamauk und Comedy, »before the stars were torn down« (so Bob Dylan und Sam Shepard 1986).

Auch das Hochhaus des Kölner Deutschlandradios durfte ich mir jetzt von innen anschauen, gab meinen Einstand bei zwei Sendungen, die ich später oft moderierte, »Klassik Pop etc.« und »Brettlzeit«, betreut von Vera Miltner, einer gepflegt unauffälligen, aber bei näherer Bekanntschaft ausgesprochen scharfzüngigen und klug planenden Redakteurin, die das Gespräch mit Schlagersternchen so gut beherrschte wie das mit dekorierten Autoren. Sie vertraute mir auf lange Sicht manchmal ihre Nachtsendung an, die sich über zwei Stunden von Mitternacht bis zwei Uhr erstreckte, ohne sich später meine Notizen überhaupt noch zeigen zu lassen – »Ach, Herr Maurenbrecher, wir kennen uns, Sie machen das schon, ich höre es mir von zu Hause an, dann spar ich mir den Fahrtweg« –, das war keine laxe Dienstauffassung, das war Vertrauen!

Ich war hochgeschleudert worden, nicht mal auf Hundert, aber ganz schön weit, und verglich mich zwangsläufig mit Leuten, die gleich auf Tausend gekommen waren. Die Rückzugsreaktion, die ich mir damals antrainierte, lautete: Ich habe das alles nicht erwartet und auch nicht gewollt. »Ich bin nur zufällig hier, weil es mich gibt. Was würde ich nicht tun, dass die Angst mich nicht kippt?«

Über solche Fragen ließ sich mit Tom R. Schulz bei Rotwein oder Campari Soda prächtig philosophieren. Aber erstaunlicherweise auch mit Thommie Bayer. Eine WDR-Mitarbeiterin hatte uns zusammen eingeladen zu einem Dreier-Gespräch. Am Mikrophon war die Rollenverteilung genau umgekehrt wie damals im Garderobenraum der *Zeche*: Thommie schwärmte von seinem Publikum und warb sensibel um jeden einzelnen, dankte ihnen öffentlich für ihre Treue, während ich den erwachsenen Punk gab und sinngemäß sagte: Ich sing mein Zeug, kann doch zuhören und mögen, wer immer das will, was geht's mich an? Beides war kokett, und wir wussten das und näherten uns einander an. Wir begannen sogar, eine gemeinsame Tour zu planen, vielleicht zusammen mit Kunze, der in jenem Herbst gern das Statement abgab: Thommie Bayer, Maurenbrecher und ich, wir sind die relevanten Texter.

Manchmal kam Michael Stein bei mir vorbei, wenn ich in Berlin war. Wollte sehen, was sich tat. Er probte um die Ecke im Mehringhof mit seiner Band *Pille Palle*, da bot sich ein kurzer Besuch auf eine Tasse Tee an. Micha hatte damals noch wenig von dem mitreißenden, selbstzerstörerischen Derwisch der Textimprovisation, zu dem er in den Neunzigern wurde, Vorbild so einiger Lesebühnenautoren, Schwarm vieler junger rebellischer Frauen. Zehn Jahre vorher war er ein verlässlicher Bassist, schräger Saxophonist, beruflich als Drucker tätig, im Overall immer gleich mehrere Kulis zum Notieren der Einfälle, die ihm manchmal haufenweise kamen und dann völlig ausblieben, was mit seinen Rauch- und Trinkgewohnheiten zusammenhing. So links Stein politisch dachte und empfand, tief eingewurzelt blieb seine Ablehnung von mittelständischem, bürgerrechtlichem Menschheitspathos. Er war ein Arbeiterkind. Für ihn stand fest, dass Gewaltanwendung nötig sein würde für Veränderung. Er spielte Bass in einer Band mit Jochen Staadt, dem Schlagzeuger, der später ›Stasi-Verfolger‹ und Projektleiter beim »Forschungsverbund DDR-Staat« wurde. Der Anarcho-Stalinist und der Behörden-Menschenrechtler beim gemeinsamen Musizieren. Ich empfinde es bis heute als eine witzige Fußnote der Regel, dass Gegensätze sich anziehen.

Stein war auch ein Bohème-Kind. Wenn er finanziell nicht weiterwusste, konnte er immer zu seinem Opa kommen, der half. Für den war der Enkel das kleine Genie, und diese Bewunderung machte frei. Die Idee, vielleicht meine Lieder in Bandversionen auf die Bühne zu bringen, die weder etwas mit *Spliff* noch mit *Trotz & Träume*, also weder mit HighTech noch mit Laiencharme zu tun haben würden, kam uns bei einer gemeinsamen Zigarette, und mehr als eine Idee war es erstmal nicht.

In der »Fabrik« erhaschte ich am 28. September 1983 einen Blick auf den großen Chef der weltweiten CBS, Walter Yetnikoff. Rakete verehrte ihn als Förderer von Springsteen, ich wusste, dass er Dylans Wunsch, die Single »Hurricane« sofort zu veröffentlichen, um den Boxer Rubin Carter aus dem Knast zu holen, ohne Zögern nachgekommen war. Für andere dort war das einfach ein Event wie viele im Erfolgstrubel, Nena ließ sich von ihm umarmen, die *Spliff*er sagten ein kühles High. Das war alles, kurz hatte ich eine Figur der Zeitgeschichte erlebt.

Ich war in Hamburg bei einem Meeting im CBS-Büro, das ich im Notizheft als »aufgesetzt freundlich« bezeichnete. Sie zeigten mir dort deutlich, wie viel Mühe mit wie wenig Effekt sie in die Werbung für »Feueralarm« gesteckt hatten, was ich sie quasi kostete, und ich verabschiedete mich schon im Flughafenbus davon, weiterhin auf die finanzielle Unterstützung dieser großen Firma rechnen zu können. In einem Kiosk kurz vor Abflug nach Berlin kaufte ich die »Zeit«. Tom R. Schulz' Artikel stand auf einer ganzen Seite im Riesenformat. Ich fing zwar sofort an, ihn zu verschlingen, spürte aber, wie mir schlecht wurde. Ich bekam urplötzlich heftiges Fieber. Alles, was da geschrieben stand, sollte mir gut tun, pries mich an, verstand mich, rückte mich den Lesern näher. Vom Flieger ins Taxi und gleich ins Bett – ich brauchte 13 Stunden Schlaf, um mich wieder zu erholen.

Am Ende des Jahres bewarb ich mich in Berlin an einem Gymnasium für die Leistung eines Workshops zum Thema Liederschreiben, Komponieren und Texten. Ich hatte unbändige Lust auf diese handfeste Tätigkeit bekommen, es war ja nicht für die Ewigkeit und nicht in Verkaufszahlen beziffert. In meinem Exposé für die Schulbehörde hatte ich geschrieben, ich wolle bei den Schülern Sensibilität wecken »für Songs, die weder ihren Platz in Popsendungen haben noch eine direkte politische Nutzbarkeit vorweisen können«.

Zwei Skizzen zum Jahresende für das nächste Album. Die eine handelt vom Intercity, der gerade an den Start gegangen war. Auszug: »Ein Nachmittag im Intercity, und dir kommt das Machtgefühl eines Krisenstabes. Links die getönte Landschaft, vor dir die Skala der Außenweltinformationen, neben dir der lückenlose Fahrplan. Ich weiß nicht, warum, aber es funktioniert. – Wir leben/ im Zentrum des Bösen/ wir geben/ jeder einen Anteil seiner Haut/ das wird uns erlösen.« Ausbaufähig.

Das andere Stück »Viel zu schön« war sehr schnell fertig. Im Februar '84 würde ich es uraufführen, und zwar im Konzertraum des Neubaus der Hauptstelle der Bücherei Tempelhof, den mein Vater kurz vor seiner Pensionierung gerade noch in Auftrag gegeben hatte.

Erster Promo-Entwurf für »Viel zu schön«

Sylvester 1983. Wir liefen bei Glatteis hoch zum Kreuzberg und überhäuften uns mit guten Wünschen. Meg war nicht dabei, ihre Schwermut band sie ans Bett. Meine Mittel hatten versagt und ich fühlte mich wegen der zunehmenden Entfremdung schuldig, wegen des ortlosen Lebens, auf das ich zusteuerte. Eine Weile gab ihr der wachsende Abstand zwischen uns sogar die fehlende Kraft zurück, und das machte mich, weil ich sie nach wie vor liebte, besonders traurig.

Anfang 1984 schrieb ich ein Gedicht, das hieß »Mit leichtem Gepäck«, ein Wunsch, der immer stärker in mir wuchs. Ich wünschte mir Unabhängigkeit gegenüber dem Musikbetrieb, dessen Energie sich mittlerweile über fast alles, was ich tat, erstreckte. Ich steckte in dieser Maschinerie zwar fest, war aber anders als viele andere noch nicht gezwungen, mich komplett nach ihren Gesetzen zu richten.

Die Macht- und Geldfülle dieser Firmen war damals, kurz vor der Umstellung von Vinyl auf Polycarbonat riesig, die Umwandlung des gesamten Archivs von LP auf CD stand für die unmittelbare Zukunft an und würde ihnen gewaltige Umsätze bescheren. Die Mittel, Musikaufnahmen in hoher Qualität dem Verbraucher direkt in die Hände zu geben, waren in den Laboren zwar schon erfunden, aber noch weit von der Marktreife entfernt. Digitale Datensätze frei für alle, dieses demokratische Element würde man zehn Jahre später erleben, darüber musste man noch nicht nachdenken. Jetzt war ein Jahrzehnt des Reibachs angesetzt für die Branche, begrenzt nur durch die Höhe des Bruttosozialprodukts.

So benahmen sie sich auch, im Guten wie im Schlechten, förderten, experimentierten, feierten Orgien, jetteten um die Welt, erhöhten und vernichteten, wie es so passte. Man traf gründlich informierte, manchmal geradezu weise Kräfte unter ihnen, aber auch Glücksritter, Schneereisende und Marketenderinnen der wilden Art. Weil sie sich nicht kritisieren und kontrollieren lassen wollten, holten sie sich in die unteren Ränge als Nachfolger eher Unbedarfte, mit nichts als halbwegs passablem Aussehen und grober Durchsetzungsfähigkeit ausgerüstet. Bis auf ein paar Nischen verelendete so eine ganze Branche.

Heutzutage ist Musik als Handelsgut vor allem das Reizmittel zur Datenausbeute, die Kost am Angelhaken. Ich tue mich schwer damit, mir vorzustellen, wie dieses Rad zurückgedreht werden könnte.

Mit leichtem Gepäck hatte ich mir mein Konzert in der Tempelhofer Stadtbücherei selbst organisiert, die Verbindungen meines Vaters halfen. Durch ein bisschen ›stille Post‹ im Bekanntenkreis kamen 80 Interessierte zusammen. Ich spielte ihnen neue, manchmal noch unfertige Lieder vor (»Viel zu schön«, »Gib mir deine Zigarette«, »Lampen über'm Meer«), plauderte zwischendurch aus der Lebensküche und hatte mir zum ersten Mal gar keine Setliste gemacht, ließ mich entspannt treiben am Flügel. Das könnte etwas für die Zukunft sein, dachte ich hinterher. Ulli D. behauptete übrigens, nach der Pause sei im Publikum eine junge, schrille Frau aufgetaucht, die er für Nena hielt.

Mit weniger leichtem Gepäck fuhr ich Anfang Februar nach Offenburg, wo die ›Grüne Raupe‹ sich sammelte. Bei dieser Wahlkampfhilfe für die Grünen hatte ich sofort stolz zugesagt. Jetzt war ich früh am Ort, in einem Vier-Sterne-Hotel am Stadtrand, und staunte. In sowas war ich noch nie geraten. In einer Mischung aus Euphorie und Abwehr nahm ich mein großes Doppelbettzimmer mit TV-Wand, Minibar und Wannenbad im zweithöchsten Stockwerk in Beschlag und wanderte dann durch die Gänge, fuhr zurück ins Erdgeschoss zu den Restaurants und Boutiquen, in den Keller zum Wellness-Segment, Schwimmbad und Sauna, ich kam aus dem Staunen nicht raus. Das und die Grünen? Ich begegnete Minne Graw von der Folkband *Ougenweide*, die ich bisher nur von Fotos kannte. Sie kam vom Schwimmen und ich merkte gleich, dass sie mit den Gebräuchen in solchen Gebäuden vertraut war. »Pass auf mit der Minibar«, lachte sie und schimpfte über eine Steuerprüfung, der die Band ausgesetzt war. Ich hatte kurz vorher zum ersten

Mal einen Steuerberater besucht, der zu meinem Abrechnungszettel für 1982 nur gemeint hatte, da müsse man dem Finanzamt aber erklären, wie jemand mit so wenig durchkommt.

Am nächsten Tag ließ sich Veit Bremme sehen, der Organisator der Tour, außerdem trudelten *Schröders Roadshow* ein. Bei den Kölner Politrockern Gerd Köster und Frank Hocker hatte ich das Gefühl, dass für sie auf meiner Stirn ein Zettel klebte mit der Aufschrift ›Produkt der Rakete-Fabrik‹. Lockerer war es mit dem Schriftsteller Bernhard Lassahn, der zwischen den Musikbeiträgen Gedichte vortrug – mit manchen Leuten kommt man einfach schneller ins Plaudern.

Der Auftritt in Offenburg war als Generalprobe gedacht und noch ohne Politprominenz. Ich konnte zufrieden sein mit der Reaktion, Veit Bremme erkundigte sich nach meinen Tourneeplänen. Am nächsten Tag fuhr ich mit ihm nach Freiburg, und wir einigten uns auf eine lange Bandtournee noch im Frühjahr 1984 unter seiner Regie; das Ja meiner Firma vorausgesetzt. So schnell ging das, jetzt brauchte ich nur noch die Band.

Das Hotel in Freiburg war so schick wie das vorige, aber schon nicht mehr beeindruckend. Nach einem Stadtbummel stand ich der Halle gegenüber, in der die ›Grüne Raupe‹ sich winden sollte. Von allen Seiten strömten Menschen hinein, Latzhosenfrauen, langhaarige Freaks, auch Maßkleid- und Anzugträger, aber eine Sorte war besonders auffällig: alte Männer mit wallenden Bärten, bunten Pullovern und Zimmermannshosen, begleitet von Frauen in langen Strickkleidern. Sie kamen in Grüppchen, die Abstand zueinander hielten, waren abgestiegen aus den

Hochtälern der schwäbischen Alb, des Schwarzwalds, aus den badischen Ebenen hergewandert mit ihrer Mitgliederschar. Es waren die konservativen grünen Provinzfürsten jener ersten Stunde, in der durchaus noch von der Scholle die Rede war und von Mutter Natur, die es zu schützen galt gegen das Kalkulierte und Seelenlose. Und die sich alle untereinander nicht grün waren, man konnte das sehen. Heidegger war ihr Vordenker, Baldur Springmann schon ins Rechtsextreme abgewandert, doch seine Gesinnungsgenossen hofften noch, sich diese grüne Partei erhalten zu können.

Eine junge Frau aus ihren Kreisen hielt mir vor, dass jemand wie ich, der für die Grünen warb, mir solch einen Beruf ausgesucht hatte, bei dem Reisen das A und O ist: erstens der Energieverbrauch, zweitens die Wurzellosigkeit, beides hochgradig verwerflich. Ich dachte an das Hotelzimmer, in das ich quartiert worden war, und ahnte den Spagat, der dieser Partei bevorstand.

Ausgerechnet während meines Auftritts in der Stadthalle fiel dann der Strom aus. Vielleicht hatte die Gedankenkraft der jungen Fundamentalistin das bewirkt? Ich ließ den Mut nicht sinken, schob nur das Mikro weg und sang einfach weiter. Es gab einen kleinen Knall, der Strom war zurück, und ich bekam einen Extraapplaus. Joschka Fischer sprach mich nach Ende der Vorstellung an, ihm hatte mein stoisches Verhalten auf der Bühne gefallen: Ob ich bereit wäre, mehr Aufträge seiner Partei anzunehmen? Ich war schlagfertiger als früher und sagte, dann müssten die Gagen aber steigen. Fischer hob abwehrend die Hände: Daran seien wir Künstler selbst Schuld, er persönlich würde nie für so wenig Geld in den Ring steigen.

Rio Reiser von Ton Steine Scherben

In Heilbronn stießen *Ton Steine Scherben* zur ›Raupe‹.
Müde, abgekämpft und von Tourmanagerin Claudia Roth
laut umsorgt, legten sie einen Bühnenauftritt hin, den mein
Tagebuch »lahm« nennt. Entgegen meiner Wesensart for-
cierte ich aber hinter der Bühne ein Gespräch mit Rio Reiser, einem der Sänger und Schreiber meiner Jugend, den ich
im Herzen behalten habe. Gelegenheit uns kennenzulernen.

Wir sind derselbe Jahrgang, ich kannte seine Stücke sozusagen schon immer, und die Band mit ihrer Geschichte – Hausbesetzerszene, Nähe zum bewaffneten Kampf,
industriefreies Produzieren der eigenen Musik, kollektiver
Umzug aufs Land, Coming Out – war mir gegenwärtig,
auch wenn mich die Fan-Einzelheiten daran nicht interessierten. Wir fanden einen schnellen Draht zueinander und
konnten uns vom Politprominenzbetrieb locker mit Sprüchen absetzen, bei denen ein Einfall den nächsten brachte.

1983–1984

Vom Backstagebereich ging es ins teure Insel-Hotel am Neckarufer. Die Prominentenriege der Politiker erweiterte sich. In Heilbronn war nämlich ein Treffen der FDP-Führung als Nachlese ihres Parteitags zu Ende gegangen, und wer die Chauffeure schonen wollte, übernachtete im ersten Haus wie wir.

Also ab an die Bar. Man sah Genscher und Möllemann im Gespräch in diesem Keller, umgeben von ihren Sekretären, die jetzt unauffällig die Krawatten lockerten. Es gab hier nur zwei Sorten Frauen – entweder weibliche Führungskräfte, von denen ich keine kannte, in langen Röcken und Stiefeletten, oder die offenblusigen, kurzröckigen oder in Jeans ihre Konturen feiernden Nachtvögel für die jetzt langsam fällige Entspannung der Männermeute. Man rückte von uns erst ab, dann wieder näher, Rio und ich an der Bar fragten mehrmals im Crescendo, wo denn der Knabenservice bliebe? Im Stimmengewirr fiel man sich abschiednehmend um den Hals, Schnaps floss. Irgendwann erreichte unsere wiederholte laute Frage einen der Anzugträger, der sich plötzlich seinen Schlips vom Hemd riss und schrie: »Ich bin doch selbst so einer wie der Kießling!«

Waidwund klang das und die erste Reaktion schockiertes Schweigen. Die Liberalen fingen sich nach kurzem Schauder, ein Grüppchen geleitete den Rufer energisch auf sein Zimmer, händereibend kamen sie zurück, Arbeit getan.

Der Hintergrund: Dem Bundeswehrgeneral Günter Kießling wurde damals wegen angeblicher Homosexualität mit unehrenhafter Entlassung aus dem Heer gedroht, die Affäre füllte Zeitungsspalten, Hetzblatt »Bild« voreweg. Vor dem damaligen Vorsitzenden der Jungen Liberalen, Guido Westerwelle, den ich an dem Abend nicht erkannt hätte, denn er war noch kein ›Name‹, lag noch eine lange Strecke des Verbergens. Er hatte sein Coming Out 2004.

Redakteur Klaus Wellershaus, der das Van-Morrison-Portrait beim NDR gesendet hatte, lud mich zu einem Radiomitschnitt ins Hamburger *Klecks-Theater*. Es war erstaunlich gut besucht, ich hatte fünf ganz neue Stücke im Gepäck und mir Zwischentexte ausgedacht, die ich bis Auftrittsbeginn memorierte, weil es mir peinlich gewesen wäre, sie abzulesen. Mittlerweile war ich vor größeren Auftritten umgeben von Bekannten, wir standen irgendwo an der Seite während des Vorprogramms und ich trank abwechselnd Kaffee und Bier. Das Bier aus Aberglauben, weil Meg am Anfang meiner Auftreterei mal behauptet hatte, ohne etwas Alk im Blut sei ich nicht überzeugend. Sie hatte das schon x-mal widerrufen, aber ich war davon überzeugt, mein erstes nüchternes Konzert müsste ein Desaster werden. Dann lieber ein paar Kaffee gegen das ermüdende Bier. Und immer eine Zigarette zwischendurch.

Der NDR-Mitschnitt vom Februar 1984 war für lange Zeit die letzte Tonaufnahme, auf der ich ganz allein mit meinem Zeug zu hören bin. Alles drängte mich damals in Richtung Rockmusik, es war das Angesagte. Ich übernachtete beim gastfreundlichen Jochen Wiegandt, einem plattdeutschen Dichter und Liederschreiber, und lernte in der diskussionsbewegten Nacht dort auch Erich Schmeckenbecher vom berühmten Duo *Zupfgeigenhansl* kennen. Und selbst diese zwei gestandenen Folkies, älter als ich und mit vielen Bühnenwassern gewaschen, rieten mir, bald eine Band zu suchen. Das wäre fast synonym mit Erfolg.

So geschah es ja auch. Doch wenn ich diesen Mitschnitt höre, stelle ich mir heute den Soloweg, das Einsame und Wilde, sanft und halsstarrig, Hüsch-näher und mit Möglichkeiten in jede Richtung doch ziemlich spannend vor.

Wir probten schon als Band, Anja Kießling, Michael Stein, Keyboarder Frank Augustin und ich. In der »Fabrik« hatte Veit Bremmes Booking-Angebot Freude ausgelöst, ein Budget wurde abgemacht, Termine trudelten ein. Unsere Probenmusik kam ohne technischen Aufwand aus und klang handgemacht, ein bisschen altertümlich, aber auch ein bisschen Tom Waits-mäßig. Der war ein in Fachkreisen gerade hochgehandelter neuer Songwriter aus den Staaten. Wir waren in der Band noch sehr damit beschäftigt, uns meine Stücke ohne Stocken draufzuschaffen, wir hätten uns auf Waits nicht berufen. Aber ich hörte seine Platten, und ein Lied von ihm hatte ich mir schon mal vorgenommen: »In the Neighbourhood«. Das passte gut nach Kreuzberg.

Neuerdings besaß ich selbst ein Vierspurgerät und klöppelte mir die neuen Songs damit zurecht. Manche klangen ausgetüffelt schräg, ein Werk namens »Wechselgeld« zum Beispiel, das ich weder mit der Band noch solo spielen konnte, weil es ganz leise war und akkurat im Rhythmus. Es ironisiert die Geschichte der Jesus-Jünger. Für andere Lieder brachte ich Textfragmente in den Übungsraum mit und wir jammten gemeinsam über die Worte weg, bis sie zu etwas Nachvollziehbarem geworden waren oder eben nicht. Noch andere Texte schrieb ich mittags in Cafés als Unterbrechung von Spaziergängen, das waren die ganz logischen, die eine Geschichte ergaben, »Flussabwärts« zum Beispiel.

Tom Waits als junger Live-Musiker

Ich streckte Fühler in viele Richtungen aus und träumte von einer übergreifenden Bühnenästhetik für uns vier, wenn die Tour endlich losgehen würde. Auch für andere schrieb ich damals: den Text »Rand der Welt« auf Reinhold Heils Musik zum Finale der neuen *Spliff*-LP und zwei Texte für *Steinwolke*, einer davon kam in die ZDF-Hitparade.

Im alten Freundeskreis feierten wir ein großes Fest zu Fasching und nahmen zusammen ein Hörspiel auf, den »Roten Tod« nach Edgar Allan Poe, ein paar Lieder gab es auch. Für eins machte ich eine Melodie, aus der dann lückenlos die Strophen für »Flussabwärts« werden konnten. Dieses Fest war für lange Zeit meine letzte Aktivität in dem so eng verbundenen, jetzt beinah historisch gewordenen Kreis.

Meg war nicht dabei, sie hielt sich in einer psychiatrischen Klinik auf. Am Entlassungstag holte ich sie dort ab, und natürlich wollte sie abends nicht mitkommen zum Treffen im Hansa-Studio. Anette Humpe stellte eine Single vor, die sie mit und für Rio Reiser produziert hatte: »Doktor Sommer«, ein wehmütig-heiteres Poplied über die Jugend in Wirtschaftswunderzeiten. Ich hatte Rio schon auf Ulla Meineckes großem Berlin-Konzert wiedergetroffen, wo sie mit glänzender Band den Riesenerfolg ihrer »Wenn schon nicht für immer …«-LP feierte. Ich wusste, dass er mit Anette Humpe arbeitete, mein Verliebtheitsschub war vorbei, aber wir hingen auch an diesem Abend eine ganze Zeit zusammen ab, allerdings weniger spektakulär unterhalten als mit hochrangigen Politikern. Bei der Single-Premiere meinte Anette, sie müsse ihren Schützling den Gästen erst einmal vorstellen.

Für Menschen, die von der Alternativszene wenig wussten, waren *Ton Steine Scherben* tatsächlich ein Nischenprodukt – Politrock, wie altmodisch! Rio hatte sich auf die Popstar-Rolle eingelassen, unter anderem um die vielen Schulden zu tilgen, die das alternative Kollektiv gemacht hatte, und so wurde es dann auch verkauft: Der »König von Deutschland« gegen ›Ton Schweine Sterben‹, wie man in der Branche spöttisch sagte. Der Abend ging zu Ende mit einer spontanen Gesangssession mit den Stimmen von Ina Deter, Marianne Rosenberg, *Lilli Berlin*, Ulla, Anette Humpe und Rio. Ein einmaliges Erlebnis, mit so vielen tollen Sängerinnen zusammen singen zu dürfen!

Ende März 1984 spielte ich ein kleines Konzert in Bottrop, zu dem auch Horst Steffen Sommer dazustieß. Anschließend ergab sich ein Hin und Her zwischen einer schönen Frau am Tresen, ihrer knabenhaft kurzgeschorenen Freundin Claudia, Sommer und mir, das von Claudia mit dem Satz beendet wurde: »Ich möchte, dass du heute bei mir schläfst«, womit ich gemeint war. Am nächsten Vormittag hörten wir uns Horst Steffens Matinee im Bürgersaal an, die er schwer verkatert halbwegs meisterte, und lachten anschließend alle vier bei Prosecco und Salzgebäck über unser komödienreifes Wechselspiel, bis der Zug kam, mit dem ich weiter musste.

Kurz darauf flogen Meg und ich nach Kreta, was angesichts der Langsamkeit, mit der wir bandmäßig vorankamen, ein wenig gewagt war. Ich nutzte die Reise, um mir über das Bühnenprogramm klar zu werden, neue Lieder dagegen ließen sich nicht erzwingen. Unser Beisammensein schwankte zwischen niederdrückend und überdreht, gemeinsam texteten und skandierten wir: »Oh, du schöner Hafen, selten besungen in der Antike, Betonklötze schmücken dich!« Ein Ritual des Abschiednehmens schlich sich zwischen uns ein. Meine Bewegungsfreude war durch Megs wachsende Lähmung vor dem Draußen arg eingeschränkt, und in meinem Notizheft ärgerte ich mich darüber, diese Art Urlaub jetzt »einer fadenscheinigen Erholung wegen« überhaupt unternommen zu haben.

Es war unsere letzte gemeinsame Auslandsreise.

Zurück in Berlin blieben drei Wochen bis Tourneestart. Zur üblichen Planung kam jetzt noch eine Menge dazu, Instrumentenvorsorge, Fotokopien des Programms, die Textsammlung, GEMA-Anmeldungen, Manuskripte für mehrere Rundfunksendungen. War nicht der Personalausweis abgelaufen? Wie funktioniert eine Kreditkarte? Schlagzeugerin Anja Kießling versuchte mir einiges abzunehmen, aber auch sie hatte, quasi als Beauftragte der »Fabrik«, jede Menge Organisatorisches zu erledigen. Wir hatten einen Button produzieren lassen, auf dem mein Foto mit dem Daumen auf den Betrachter zeigte, »Maurenbrecher kennt dich auch nicht« stand darauf. Ich würde diese Anstecknadel jeder uninformierten Öffentlichkeitsarbeiterin galant an den Kragen stecken können. Grafiker Roman Stolz hatte zum offiziellen Pressebrief einen Zusatz verschickt, der ging so: »Falls jemand beim Marsch durch die verflachte Musiklandschaft über frische Erdhaufen stolpert, sollte er nicht erschrecken … Es handelt sich nicht um Probebohrungen der Industrie, vielmehr um das Tagewerk eines eifrigen Maulwurfs, der in dieser ungastlichen Gegend zu Hause ist.«

Das Proben wurde fieberhaft, die Programmreihenfolge änderte sich stündlich. Die Claudia aus Bottrop kam überraschend zu Besuch, mit Herwig und seiner neuen Freundin Bea grillten wir zu viert auf dem Dachwohnungsbalkon. Bea und ich hatten einen besonderen Draht, sie hatte mir Texte gezeigt, die ich kritisierte, aber doch gelten ließ und nicht wie ihr Freund nur verspottete. Die Beziehung mit Herwig hielt nicht, aber ihr Name ist in der deutschen Popmusik tief eingraviert: Der Text von »Hinter'm Horizont geht's weiter« stammt nämlich von Udo Lindenberg und Bea Reszat.

Schon stand das zweimalige Spielen unseres Sets vor ausgewähltem Publikum auf dem Programm. Wir waren so aufgeregt, dass mehrere Stücke einbrachen. Reinhold Heil behielt die Fassung und gab uns konstruktive Tipps, Jim hielt sich sehr zurück, Herwig konnte das nicht mehr, er fand die Band einfach unprofessionell. Die wortlose Spannung zwischen ihm und Micha Stein war so fühlbar wie ein freigelegter elektrischer Strom, in den man besser nicht reingreift. Gut war unter diesen Umständen, dass keine Zeit mehr für Änderungen blieb. »Willst du nicht alles doch noch mal ganz anders machen?« – Was habe ich diese Frage immer gehasst!

Ich flog der Band voraus nach Mainz, spielte dort viermal allein im kleinen *unterhaus*, diesmal ohne schwere Nachtgespräche und mit gleich spärlichem Besuch wie im Vorjahr. Aber am letzten Spieltag wurde ich von Hanns Dieter Hüsch als Gast der »Unterhaltung am Wochenende« begrüßt und befragt. Unser erstes längeres Gespräch, und gleich ein öffentliches dazu. Ein gelungener Tag.

In Stuttgart im Musikclub *Laboratorium* dann das volle Programm mit Band vor etwas mehr als hundert Menschen. Ein paar Pannen, aber wachsende Begeisterung, am Ende Jubel. Das Strömen im Gehirn, die Wärmeflut. Rolf Graser, Mitorganisator im Club, fragte mich in mühsam verständlichem Schwäbisch, ob ich den Hafen von Plakias gemeint hatte mit meinem Hafencafé, ich lachte: »Ja!«, drehte mich zu den Bandmitgliedern um und rief: »Das ist es! Auf Tournee sein, einfach toll!«

Der Tourneemonat zog vorbei wie eine Wanderung durch unkalkulierbares Gelände mit extrem wechselndem Wetter. Manchmal merkt man nicht, dass man weiterläuft, manchmal schmerzt jeder Schritt, und manchmal fragt man sich, ob das, was jetzt gerade abläuft, nicht eigentlich gestern schon war. Menschen und Orte wechselten, das Vertraute war die immer wieder gleich aufgebaute Bühne mit den drei anderen. Mit denen war ich auch tagsüber zusammen, aber da ging ich ihnen so weit wie möglich aus dem Weg, ich fuhr zum Beispiel viele Strecken mit dem Zug am Tourbus vorbei zu irgendwelchen Interviews. Erst abends auf der nächsten Bühne kam ich quasi wieder nach Hause. Wir machten es uns am Arbeitsplatz auch einigermaßen gemütlich, es gab eine Stehlampe, einen Sessel, eine Reiseschreibmaschine, ein paar Bücher, und wir taten so, als fände das Ganze in einem Wohnzimmer statt bei einem singenden, Klavier klimpernden und schriftstellernden Typen. Ich glaube, es war Jims Idee gewesen, sie funktionierte.

Wir spielten ein konzertantes Set von zweimal 60 Minuten. Unser Techniker Yogi Heinrich war ein Freund von viel Hall und versorgte uns mit beeindruckendem Raumklang. Der stand ein wenig im Widerspruch zu unserem schlichten, eher musikantischen Umgang mit den Instrumenten. In ein paar Rezensionen wurde das bemängelt, andere fanden gerade die Gegensätzlichkeit reizvoll. Insgesamt war die Pressereaktion reichhaltig, wohlwollend, manchmal begeistert. Verrisse kamen gegen Ende, besonders aus München. In einer Besprechung in Ulm wurde Michael Steins Beitrag hervorgehoben, seitdem hatte er den Spitznamen ›Einzigstein‹ weg.

So gegensätzlich wild, wie ich es mir auf Kreta ausgemalt hatte, wurde unser Programm zwar nicht, aber ein wenig von dem Wechselbad der Gefühle kam zustande. Der Paranoia-Song »Herolds Blues« über die Rasterfahnungsphantasien des damaligen BKA-Chefs war die aggressivste Stelle und kontrastierte wunderbar mit »Hafencafé«. Ergreifend für mich selbst war jedesmal das noch unveröffentlichte »Viel zu schön«, wo ich das Ende zu einer Erzählrampe ausgebaut hatte und um die Liebe der Frau in dem Stück erst geradezu flehte, um sie dann genüsslich wegzuschicken. Ein Riesenspaß für mich, spätestens da wusste ich, wozu eine Band gut sein kann: ich durfte mich austoben auf den Akkorden und verfiel direkt in eine Rolle, die Teil meines Inneren war. Das glückte eigentlich jedes Mal. »Viel zu schön« ist eins der wenigen Stücke, wo es am Ende eine freie Strecke zum Erzählen gibt und damit die Möglichkeit, die Grundstimmung in jede Richtung zu lenken, die man anpeilt. Schon ein knappes Jahr und eine Band später wurde aus dem Lied etwas ganz anderes.

Die heftigste Stelle kam aber im zweiten Teil knapp nach der Pause, wo auf das sehr zarte »Lampen über'm Meer«, einem Kinderlied an ein Neugeborenes, Stein zum Gesangsmikro griff und den Monolog eines Päderasten und Mörders skandierte, sehr im Stil von Tom Waits, am Ende wiederholt das Wort »Picknicktime« rausschreiend, während er im Lied das Grab für die Eltern des Objekts seiner Begierde aushob. Meist vorsichtiger Beifall, in den ich Steins Soloeinlage mit Jazzswingbegleitung als Interpretation eines Stücks von Bettina Wegner absagte, was zu zusätzlicher Verwirrung führte – kurz vorher hatte sie einen Riesenhit mit ihrem Pro-Kinder-Lied »Sind so kleine Hände« gelandet. Ich vertiefte die Verwirrung mit ein paar Worten über gehemmte schüchterne Vergewaltiger, denen Randy Newman das anrührende Lied »Suzanne« gewidmet hatte. Bei mir hieß seine Suzanne Marleen, und ich spielte solo am Klavier das Selbstgespräch des Getriebenen auf deutsch.

Vielleicht war das die Quintessenz unserer Konzerte: intensives Musizieren, um intensive, auch abseitige Gefühle mit Liedern zu beleben und mit verwirrenden, querliegenden Kommentaren zu mischen. Mit politischer Unkorrektheit, wie ich sie mir heute nicht mehr leisten würde. Es gab kein Freund-Feind-Schema und keine klaren Botschaften. Die Außenwelt erschien als Chaos, und die einzige Möglichkeit, es darin auszuhalten, hieß Wahrhaftigkeit dem eigenen Empfinden gegenüber.

Die gehobene Popmusik schunkelte in jenen Tagen gern gegen eine angebliche Kälte der Gesellschaft an. »Inwändig warm« und »Sehnsucht nach Wärme« waren Chiffren dafür und populäre Programmtitel. In der Friedensbewegung wurde so getan, als gäbe es gute und böse Konsumenten, die *bots* und Georg Danzer forderten ihr Publikum auf, sich zu erheben, wenn es selbstgedrehte statt ›Industriezigaretten‹ rauchte und ein bisschen Frieden statt Krieg wollte. »Neue Männer braucht das Land«: Ina Deters fröhlicher Hexensabbat umschloss natürlich das anwesende Publikum – die alte abgewirtschaftete Männergesellschaft blieb draußen vor, wo sonst?

In unseren Konzerten war das Wir-Gefühl eine seltene Beigabe. Am ehesten kam es hoch in der gemeinsamen Gewissheit, an diesem Abend an einem Fest teilgenommen zu haben, auf dem die Vielfältigkeit aller Menschen gefeiert wurde. Es gab in den zwei Stunden viel zu entdecken, das Ganze war mitreißend, aber es groovte für keine zehn Pfennig. Auf geheimnisvolle Art waren die insgesamt 51 Konzerte mit meiner ersten, namenlos gebliebenen Band eine Fortsetzung der alten Tonbandmitschnitte aus meiner Studentenzeit.

Spärlich war der Besuch besonders in den Unistädten, von denen wir uns so viel versprochen hatten. Zufälligerweise hatte meist vor uns Ina Deter Station gemacht mit ihrem tanzbaren Forderungskatalog für ein modernes Pärchenverhalten. »Kleine Unistädte sollten wir meiden, bis der Befehl an alle ausgegangen ist«, steht in meiner Kladde, und: »Auf sehr langen Konzerttourneen eignete er sich eine Bühnenerfahrung an, die ihm später zu gar nichts nutzte.« Solche Sprüche machten vor allem dem Keyboarder Frank Augustin Freude, wir bombardierten uns mit solchen Bruchstücken aus erfundenen Biografien und waren nachts ausdauernd unterwegs, neugierig auf Meinungen, Klatsch, Tratsch und Flirt. Die anderen zog es eher in die Hotels, wo sie Tom Waits und ähnliches hörten und mit der Musik auch sonst Beruhigendes inhalierten. Michael Stein besonders pflegte, je länger die Fahrt dauerte, ein Bewusstsein der edlen Abgehobenheit vom ›Massengeschmack‹ und vom ›Verwertungsdruck‹ der Musikindustrie, den er in jedem Vorbeischauen eines Plattenfirmenvertreters bei uns vermutete. Für ihn unterstand alles einem ›Plan‹.

Ich dagegen glaube an den Zufall. Stein warf mir am Ende der Tournee vor, mit meiner freundlichen Naivität in einer Art Traumwelt zu leben, während ich fand, im Gegenteil, ich sei gesund genug, um das Machtverhältnis richtig einzuschätzen und gegenüber den Verwertern einen Spielraum zum Verhandeln zu behalten. Wir brauchten die Verbindung zur Firma, denn was wir so schräg und eigenständig trieben, war subventioniert, ohne diesen Zuschuss hätten wir gar nicht herumfahren können. Manchmal kam es mir so vor, als ob wir für Jim Rakete ein Versuchsballon waren, ob sich solch eine Art Musizieren und solch ein Typ als Frontmann durchsetzen und vielleicht doch mehrheitsfähig werden könnten. Es hätte dem Romantiker in ihm gefallen. CBS gegenüber verhandelte er deshalb immer lässig, nie drängend und mit dem Ergebnis, dass sie acht Jahre lang zu mir hielten, ohne Profit daraus schlagen zu können. Besonders der Ruhrpottler Heinz Canibol, aber auch Hubert Wandjo waren unsere Verbündeten in der Firma. Sie sprachen schon früh von einer nächsten LP, und eine Zeit lang sah es so aus, als würden wir die als Band demnächst aufnehmen.

Wir kamen an Orte, wo uns in einer Art Wohnzimmer 18 Zuhörer/innen erwarteten und in amtliche Clubs mit 150 verkauften Karten. Das für mich schönste Konzert fand in Lucklum im *Schlucklum* statt, das war der Saal einer alternativen Dorfkneipe bei Helmstedt. Wir wurden von über hundert Begeisterten gefeiert, jede kleine Anspielung, jedes Solo fiel auf fruchtbaren Boden. Hier lebte unser Publikum! Ich traf dort auch eine Freundin aus Goslar. Ein Brief des Jugendpfarrers Rudi Krahforst, den sie mitbrachte, machte mich wehmütig: er las sich so innig, an einen Freund gerichtet, dass ich wusste, in der Unruhe und Eile des gegenwärtigen Zustands würde ich diesem Mann und seinen Gedanken an mich nie gerecht werden.

Die meisten Begegnungen unterwegs liefen flüchtig ab, manchmal fehlte mir etwas. Aber ich fing auch an, das ›Hallo – Mach's gut‹ mit so vielen zu genießen, sogar nötig zu haben. In Köln lernte ich Peter Rüchel kennen, den *Rockpalast*-Erfinder, in Hannover im fast leeren *Club Roger Chapman*. Claudia tauchte manchmal unvermutet auf, und als ein Veranstalter in Göttingen darauf drängte, den Auftritt wegen schlechten Vorverkaufs ausfallen zu lassen, ließ ich mich etwas zu willig darauf ein, weil sie und ich einem freien Abend entgegensahen. Die vesprochene halbe Gage kam dann leider nie auf mein Konto. Einmal besuchte ich Meg auf dem Kleinhof. Sie bereitete in diesem Frühsommer ihren Wegzug von Berlin vor und entgegen allen Erwartungen verstanden wir uns für die zwei stillen Tage sehr, waren uns nah wie anfangs.

Seit der Nacht in Heilbronn war ich mit Claudia Roth, damals Managerin der *Scherben*, in Verbindung geblieben. Jetzt waren die *Scherben* gleichzeitig mit uns unterwegs auf ihrer letzten Tour. Zweimal hatten wir vorausplanend das gleiche Hotel gebucht. In Braunschweig sahen wir uns die Band an. Natürlich gab es anschließend in der Hotelhalle ein Besäufnis plus angrenzenden Ingredienzien, und natürlich schritt irgendwann der Nachtportier wegen der Lautstärke ein, leider auf so unwitzige Art, dass es uns reizte. Wir missachteten den Mann so lange, bis er die Polizei rief. Die Streife kam, wir begütigten, aber wollten gleichzeitig auch nicht klein beigeben, keiner von uns Bandleadern als erster jedenfalls. Die Polizisten (für uns natürlich ›die Bullen‹) wollten die Flamme klein halten, das merkte man, drohten uns aber wegen der frechen Art, die wir nicht loswurden, mit einer Anzeige und ermutigten den Portier, sie bei Widersetzlichkeit gern wieder zu rufen. Kaum waren sie weg, versuchte der uns in die Zimmer zu verfrachten, allerdings mit erheblichen Schwierigkeiten, und erst Gitarist Lanrue mit seiner weltumspannenden Indianerweisheit konnte uns beruhigen. Scheinbar. Claudia Roth und Rio entschwanden eine Treppe hoch in den Zimmerbereich, ein paar Momente lang blieb es still, der Portier wandte sich schon einem Kreuzworträtsel zu, da sauste Rio die Treppe wieder runter, holte aus und knallte dem Mann eine.

Ich fand das zu heftig, war aber voller Bewunderung. Stein meinte am nächsten Tag, wir hätten uns wie Räuberhäuptlinge aufgeführt.

Um ein Uhr nachts fuhren wir zum Tourneeende aus Lucklum nach Berlin, schliefen notdürftig bis in den Nachmittag, bauten im *Ballhaus Tiergarten* die Bühne auf und machten Soundcheck. Bei meinem Spaziergang vor Auftrittsbeginn sah ich die Menschen strömen. Es wurde ein Publikum von 360 Begeisterten, ein Rekord! Wir spielten ohne Pause, das verstärkte die Intensität, und nachher ließen wir uns natürlich feiern. Herwig fand den Gig im Ganzen zu kopflastig, zu wenig Rockjubel auslösend, Rosa, Reinhold und Udo Arndt widersprachen, mir war das alles nach dem gerade erlebten Jubel egal. Plötzlich sprachen mich auch Unbekannte an, denen mein Zeug wichtig war. Noch war mein Aufstieg in Berlin unerwartet und nicht von Spott kommentiert.

Ähnlich in Hamburg, wo allerdings alles, was sich jemand ausdenkt und auf eine Bühne bringt, immer im Verdacht steht, peinlich zu sein, weshalb ich nach dem Gig dort von einigen Leuten hörte, diese Epistel von Stein, und da noch die Wegner mit reinzuziehen, und danach eine der schwächeren Nummern Randy Newmans hinterher, das hätte schon was von Peinlichkeit – aber sonst: toll!

Ich spielte schon zum dritten Mal dieses Jahr in der Hansestadt, und wieder waren 260 Leute gekommen.

Zurück in Berlin durfte ich in der Waldbühne backstage sein beim Bob Dylan-Konzert, nicht nur zum Hören und Genießen, sondern auch zum Artikelschreiben für den »tip«. Als der hagere Mann mit der erstaunlich glatten Band im Rücken beim dritten Stück so richtig loslegte, seufzte ich begeistert auf – und Joan Baez, die sich in der Kulisse direkt neben mir ans Geländer gelehnt und bis dahin distanziert gelangweilt gegeben hatte, blitzte mich mit leuchtenden Augen an, die sagten: So kann er sein …

Wir hätten jetzt alle eine Pause gebraucht, aber mussten weiter nach Tübingen zum Festival des *Club Voltaire*. Das stammte noch aus urlinker Studentenrevoltezeit. Mercedes Sosa, Walter Mossmann und Degenhardt waren die Ortsgötter der Veranstalter. Dass jemand wie ich mit schräger Band auf dem Marktplatz gut ankam, brachte niemanden von ihnen dazu, uns mal Hallo zu sagen. Wir waren hier die mit dem Industrieplattenvertrag und kümmerten uns entsprechend wenig um das Festivalgeschehen.

Das Gastspiel in der bayerischen Hauptstadt geriet dann zum Downer. Zuerst ein TV-Interview in der *Alabama-Halle*, wo ich die Playbackaufnahme von »Bingerbrück« wegen eines Synchronfehlers voll in den Sand setzte, miserabel vorbereitet, ich mochte Playback einfach nicht. Dann drei Spätvorstellungen im *Club Domizil* direkt an einer Schwabinger Hauptstraße, wo es die Nachtschwärmer vorbeitrieb. Das erinnerte an die alten Jazzzeiten, hätte einem Musik- und Drogenfilm in Schwarzweiß gut angestanden und wäre eine anregende Episode geworden, wenn uns das Publikum nicht so vollkommen gemieden hätte, was uns das Personal des Ladens deutlich spüren ließ. Am ersten Abend waren Fachleute gekommen, Ingeborg Schober vom Musik-Express gefiel es anscheinend ganz gut, während der örtliche Zeitungsmann mit der Überschrift »Fahndung nach Unzulänglichkeiten« sein Mütchen kühlte. In den Nächten zwei und drei gähnte die Leere jedesmal gelangweilter, und dass Frank Augustins Bruder hier arbeitete und uns den Aufenthalt als eine Art existentialistischen Prüfstein verkaufen wollte, machte die Laune nicht besser. Nein, ich wollte nicht nächstes Mal mit Stehbass und drei schwarzen Mädels als Chor auftreten, wie mir ein Pressemann der örtlichen CBS vorschlug. Nein, meine Stücke empfand ich selbst nicht als ›abgrundtief depressiv‹, wie es jemand im Publikum ausdrückte. Und ja, das alles zehrte erheblich an meinen Nerven, ich war also nicht jener Souverän, den meine kurzzeitige Begleiterin Claudia sich so wünschte.

Am Aufbruchsmittag in Gluthitze luden wir unser Zeug mit einer Kette von Helfenden von Hand zu Hand in den Truck und stellten bald fest, dass die Endstufe der Anlage fehlte. München halt. Eh wir aus Versicherungsgründen aufs Polizeirevier fuhren, verabschiedete sich Claudia in Richtung Bahnhof. Wir sahen uns nicht wieder.

Wieder kein Verschnaufen, nach zwei Tagen häuslichem Chaos ging es ab zum WWF-Club nach Köln, in den uns Jürgen von der Lippe zu einem weiteren Playbackauftritt eingeladen hatte. Diesmal lieferte ich »Bingerbrück« auf die Zehntelsekunde lippensynchron ab.

Die Woche darauf traf ich mich auf dem Flughafen Frankfurt/Main mit Hubert Skolud. Während wir getourt waren, hatte er geheiratet, eine geheimnisvolle Psychoanalytikerin namens Sybille. Er hatte mit allen Mitteln versucht, mich zu dieser Hochzeit zu locken, zu befehlen, zu laden – war sogar so weit gegangen, den Veranstalter in Wilhelmshaven, wo wir am Hochzeitstag spielten, erst zu einer Terminverlegung zu überreden und dann zu behaupten, er riefe in meinem Namen an, ich sei krank. Das alles hatte zu Spannungen geführt, die durch die kleine Reise, die wir uns vornahmen, geglättet werden sollten.

Zu RTL wollten wir. Radio/Television Luxembourg war damals in einer Villa untergebracht, ein geradezu niedlicher Sender, wo der gleiche Redakteur, der uns vorstellen und interviewen würde, mit uns zusammen den Flügel vom Wohnzimmer in den Senderaum wuchtete. Undenkbar im Öffentlich-Rechtlichen Deutschlands, wo man die Mittagspause abwarten musste, bis eine Leselampe eingeschaltet wurde, weil die Beleuchterin gerade noch essen war und niemand sonst den Schalter bewegen durfte.

Über die Pläne von RTL hatte ich schon von Alfred Bioleks Musikredakteur Gregor König, der später ›the voice‹ der Welle wurde, einiges gehört. Einerseits, das saloppe und kostensparende Senden in der Villa, wo ich einfach ungeprobt ein paar Lieder am Flügel sang und Hubert ein paar Geschichten aus seinem Neue-deutsche-Welle-Buch vorlas, andererseits, das Riesenprojekt dieses Senders, auf Basis von Werbeeinnahmen ein auf den deutschen, vielleicht sogar westeuropäischen Markt ausgerichtetes Fernsehprogramm zu starten, RTL plus, das sich ohne jede journalistische oder ethische Verpflichtung ganz den Zuschauerneigungen unterordnen würde. Entertainment für Produktwerbung, Amerika aus Luxemburg. Die Politik musste noch die Weichen stellen und tat es so, dass die Öffentlich-Rechtlichen sich zum verschleudernden Wettbewerb gezwungen sahen mit diesem ehemaligen Zwerg. Kaum zu glauben, dass die beschauliche Villa, in der Hubert und ich zum Schluss das Lied »Lenny Bruce« von Bob Dylan improvisierten, die Urzelle jener Privatisierung gewesen ist, die zum Erdbeben unserer Medienlandschaft geführt hat.

Das beschauliche Ländchen selbst, mitten in der EU, wurde ganz parallel zum Steuerparadies der Superreichen, ein Provokateur des Sozialstaats.

Die Reibereien in Ulli Ds. Wohnung nahmen weiter zu. Meg verabschiedete sich, zog zurück in ihr heimisches Tal.

Ich schrieb ein Memo an Band und »Fabrik«, bilanzierte die Tournee und wagte zaghafte Zukunftsvorschläge, immer gewärtig, der schlechte Besuch und wenig begeisternde Verkaufszahlen könnten ein schnelles ›Aus‹ der Chefetage provozieren. Stattdessen kam ein aufbauendes Memo von Jim zurück. Er habe eine Stunde mit Jochen Leuschner geredet, Chef der deutschen CBS, und »Jochen glaubt, nachdem er mit allen möglichen Leuten aus seinem Team gesprochen hat, unmittelbar vor einem Grönemeyer-artigen Durchbruch zu stehen.«

Ich hatte meine Zweifel, aber wohl einfach wieder mal Glück gehabt. Was im Frühjahr 1984 mit und um Herbert Grönemeyer passiert war, trieb die Branche ins Extrem, paralysierte und bannte sie. Der Rocksänger, Liederschreiber und Schauspieler war mit »4630 Bochum« durch die Decke geknallt, Single und LP verkauften sich millionenmal. Die vier voraus erschienenen Alben waren ganz erfolglos geblieben, wie über Nacht hatte sich hier plötzlich alles so gut gefügt, dass eine riesige Fangemeinde aus dem Nichts entstand, von heute auf morgen. Radio, Fernsehen, Fußballstadiengigs und die indirekte Werbung mit dem Film »Das Boot«, alles schoss zusammen und brachte Grönemeyer einen Erfolg, der an dem von Michael Jackson in Deutschland gemessen werden konnte. Noch ein halbes Jahr zuvor hatte die Firma Intercord dem Sänger den Vertrag nicht verlängert, Emi in Köln hatte zugegriffen. Pikant daran: Auch Mitteregger als Produzent war Grönemeyer angeboten worden, sie hatten sich getroffen, aber Herwig hatten die Stücke in ihrer Rohform nicht

Herbert Grönemeyer backstage

überzeugt. Bei einem ›Ja‹ und der Produktion im *Spliff*-Studio wäre vielleicht CBS die Nutznießerin der Eruption geworden.

1984, eh ihm das alles unwichtig wurde, hat sich Grönemeyer ein paarmal sympathisch positiv zu mir und meinen Liedern geäußert. Ein Jahr später begegnete ich ihm, einem vollkommen ehrlichen Menschen, eins zu eins mit sich, vom Grundsätzlichen übers Witzige bis zu dem, was der Hamburger peinlich nennt. Die Lieder sind genauso, irrwitzig direkt und auch musikalisch ganz geradeaus. Nichts davon stand mir zur Verfügung, ich bin so nicht. Natürlich dachte ich, Leuschner muss doch mehr von dieser Branche

1983–1984

und ihren Rhythmen verstehen als ich – ahnte aber leider tief in mir drin, dass er sich in diesem Fall irrte.

Ich fuhr mit der Band nach Nürnberg zum Barden-Treffen, dem sozialdemokratischen Liedermacherfestival, das für die Besucher umsonst ist, ausgestattet mit einem internationalen Programm, weltmusikalisch, eh es dieses Wort dafür überhaupt gab, und mit guten städtischen Gagen, wie sie sonst mühsam durch Werbeträger erwirtschaftet werden müssen. Wir hatten einen freundlich begrüßten Auftritt im *Burggraben*, und ich nahm an Workshops teil. Bei einem traf ich Gerulf Pannach. Von seiner Bedeutung in der Widerstandsbewegung der DDR in den Siebzigern wusste ich gar nichts, er war für mich ein wortgewandter, trink- und schabernackfreudiger Kollege ohne die Aura des Wichtigen.

In der Band hatte ein Gerangel um die Pläne zur nächsten Veröffentlichung eingesetzt. Stein meinte sie irgendwie freihalten zu müssen von den Einflüssen des ›Kartells‹, Anja mit ihrem Job in der »Fabrik« wurde von ihm jetzt misstrauisch beäugt, auch mich meinte er ideologisch bearbeiten zu müssen. Anja und Frank versuchten zu vermitteln, aber auch ihnen ging es vor allem darum, die Band zu retten. Abgestoßen von den verschiedenen Kalküls, die ich spürte, stürzte ich mich ins Schreiben – erst einmal weit hinein in das Leere.

In einer heißen Augustnacht trieb ich mich mit dem Dichter Liedtke auf einem Kreuzberger Volksfest herum. Wir fuhren Riesenrad und Walzerbahn und tranken ein Abschiedsbier. Dann holte ich meinen Rucksack, nahm ein Taxi zur Stadtgrenze und lief zu Fuß durch die Kontrollschranke in Richtung Flughafen Schönefeld. Am nächsten

Mittag war ich auf Zypern in der Stadt Larnaca, nichts war geplant, zum ersten Mal seit langer Zeit reiste ich allein in einem Land, das ich noch nicht kannte. Ein paar Tage lang war ich etwas verängstigt, es war schon zu lange her, dass ich als Single nicht den gewünschten Tischplatz mit Blick aufs Meer bekommen hatte, ich musste erst wieder lernen, mich da durchzusetzen. Mich kannte niemand, ich kannte niemanden. Irgendwann fing ich an, es wieder zu genießen. Das Selbstgespräch in meinem Notizheft wuchs. Liedstrophen kamen. Ich machte eine Wanderung durchs Gebirge von Kloster zu Kloster, sah Geschichten vor dem inneren Auge, die ich erstmal nur sammelte, an- und abschalten konnte. »Wir waren einfach zwei Jungs, die dachten, die Welt fängt erst an.« »Ich bin der Erzähler, du bist die Story.«

Irgendwann schrieb ich in einem Rutsch das Spottlied »Der Junge kann malen« und wusste gleich, dass jemand anderes die Musik dafür machen sollte. Irgendwann setzte ich mich in einem Berggasthof fest, schrieb an Erzählungen und drei neuen Liedern und verplauderte die Abende mit einer distinguierten englisch-zypriotischen Gastgeberin und ihrem griechisch-zypriotischen Freund. Wir besprachen das Weltgeschehen, das vom östlichen Mittelmeer her ganz anders aussah als in der »Tagesschau«. Mich faszinierte das Religions- und Nationalitätengemisch auf der Insel, die ruppige Ruhe und Strenge der orthodoxen Klöster, in die ich ein bisschen hineingeschnuppert hatte und die britische Prägung des Lebens hier.

In Limassol war ich von einem Fünf-Sterne-Hotel meines abgerissenen Aussehens wegen abgewiesen worden, also guckte ich mir in der nächsten Stadt die Luxushotels erstmal von außen an, suchte mir das beste aus, rief von einer Telefonzelle dort auf englisch an, reservierte, erschien fünf Minuten später an der Rezeption, checkte ein, zeigte auf meinen Rucksack draußen und orderte, ihn mir aufs Zimmer zu bringen. Ich hatte mein Gleichgewicht wieder, ein paar neue Stücke, gute Farbe und Freude am »Menschenflirren«.

Direkt nach dem Rückflug und noch übernächtigt bekam ich Besuch von Heinz Rudolf Kunze. Wir erzählten uns fünf Stunden lang unser halbes Leben, fassten den Plan zu einer gemeinsamen Tournee, vielleicht noch mit Thommie Bayer oder wahlweise Ulla Meinecke, und schworen uns halb ernst, jetzt wären aber wir dran mit dem nächsten Hit á la Grönemeyer. Nie wären die Chancen größer, die mediale Einflugschneise für Deutschsprachiges breit wie nie. Die Rede kam auch auf einen Hit-Produzenten ganz anderer Art, nämlich Dr. Diether Dehm, der für die *bots*, Anne Haigis und Klaus Lage passable Hitparadennummern geschmiedet hatte und gleichzeitig linkeste SPD war. H.R.K hatte ihn in einem Sketch karikiert und ich mit meinem Lied »Die Lücke«. Richtig kennen taten wir den Mann beide nicht. »Wir sind dran«, so verabschiedeten wir uns im Morgengrauen. Ich wusste, dass Heinz Rudolf das auch so meinte. »Ein Mann muss tun, was ein Mann tun muss.«

Ich wankte beschwingt nach Hause.

Ein Erlebnis besonderer Art verschaffte mir eine Empfehlung von Skolud: man lud mich zu einem Dreh des damals namhaften Regisseurs Wolf Gremm ein, der den cineastischen Leckerbissen »Sigi, der Straßenfeger« filmte. Ich sollte Rainer Werner Fassbinder doubeln. Dass ich dem ähn-

lich sah, hatte mir schon Brigitte Mira verraten: »Also, wie
Sie da die Hände vorn in die Hose stecken – ich will Ihnen
ja nicht zu nahe treten –, das hat der Rainer immer genauso gemacht.« Jetzt stand ich umgekleidet mit Weste und
Riesenhut stundenlang an einer Papp-Straßenecke an eine
Laterne gelehnt, während über Lichtverhältnisse diskutiert
wurde, Dialoge noch schnell umgeschrieben und Harald
Juhnke, die Hauptfigur Sigi, in eiserner Disziplin und mit
großer Freundlichkeit alle Unsicherheiten des Regisseurs
übersah und, Profi vom Scheitel bis zur Sohle, einfach zur
Verfügung stand. Wie ich, den man aber nur drei Minuten
lang brauchte.

Irgendwann im Herbst zeigte Herwig neues Interesse für
meine Lieder. Wir trafen uns und kamen auf die Idee, dass
man zwei Bänder für die zwei Seiten der LP vorbereiten
könnte und vorher entscheiden, was und in welcher Reihenfolge auf jede Seite kommen sollte. Dann könnte man
als erstes Demoskizzen anlegen, Raum für Übergänge zwischen den Stücken lassen und die Bänder allmählich mit den
›amtlichen‹ Aufnahmen füllen. An der Reihenfolge würde
sich später nichts mehr ändern lassen. Es würde eine einzige Pause geben genau in der Mitte der Aufnahmen zum
Umdrehen der Vinylscheibe, sonst würde alles vorbeizie-
hen wie im Film.
   Ich fand diesen Plan sofort reizvoll. Durch ihn war das
leidige Thema ›Konzeptalbum‹ vom Tisch, und auch die
ewige Suche nach einem Hit stände nicht mehr im Vordergrund. Zumindest einen Radiohit, noch größer als »Bingerbrück«, erwarteten sie nämlich diesmal von mir, aber
wenn wir es gut hinbekamen mit der filmischen Form der

LP, könnten wir sie vielleicht davon ablenken. Im Bandkreis stieß diese Idee auf eher skeptische Resonanz – wie stark wäre denn der Einfluss der *Spliff*er auf die Arrangements, würde sich der ›intellektuelle Kirmesklang‹ im Studio überhaupt bewahren lassen, der sich im Zusammenspiel zwischen uns entwickelt hatte? Ich drückte mich um klare Worte. Ich wusste, Herwig würde mit ihnen allen nicht gern arbeiten.

Je mehr ich auswich, desto klotziger berief sich Michael Stein auf seinen »Führungsanspruch«, wie er selbst das jetzt nannte. In Köln bei einem Konzert für den WDR versuchte er sich mit Hilmar Bachor anzulegen, was ich im letzten Moment verhindern konnte. Ein Streit mit dem aufbrausenden WDR-Redakteur quasi in meinem Namen hätte Konsequenzen gehabt, die Stein selbst nicht hätte tragen müssen. Das betraf mein direktes Leben. Ich sah endlich, wie sich da jemand rücksichtslos bei mir eindrängte.

Die gleiche Erfahrung musste ich später noch mehrmals machen. Vielleicht provoziere ich durch Entscheidungsschwäche. Ich konnte mich weder dazu durchringen, der bestehenden Band den Laufpass zu geben, noch *Spliff*, der »Fabrik« oder CBS gegenüber auf dieser Band zu bestehen. Ich fürchtete beides. Aber die Angebote, die Jim neuerdings andeutete – ein Rockpalastauftritt, eine Tournee, durchgeführt vom großen Büro Karsten Jahnke, Festivalgigs –, das waren Kaliber, denen ich mich selbst kaum gewachsen fühlte, die Band wäre da keine Hilfe und hätte eher meine gebraucht.

Stein hatte mir ein Gitarreninstrumental gegeben, das stark an »My Sharona« von *The Knack* erinnerte. Dieses Demo gab ich Herwig mit der Aufforderung, sich wegen des Arrangements doch mal unverbindlich mit Stein zu treffen. Herwig fand den Text witzig, aber die Musik zu nah an einem Plagiat, war aber trotzdem bereit zu einem Treff mit Stein. Der jedoch ließ den Termin platzen. Damit war entschieden, dass keine Aufnahmen mit der alten Band stattfinden würden. Anja und Frank Augustin standen leider quasi als die Opfer einer Art von Intrige da, Stein tauchte eine Weile unter.

Ich weiß, dass er die Vorgänge in jenem Herbst anders gesehen hat und anders beschreiben würde. Zum Glück für uns beide fanden wir zehn Jahre später im Lesebühnenumfeld einen neuen entspannten Zugang zueinander. Stein starb 2007, er spielt eine Hauptrolle in meinem Roman »Ich bin nicht da«.

Der Saxophonist Richard Wester spielte die Blasinstrumente in Ulla Meineckes Band. Sein eigenes Instrumental »Steinbergholz« war ein Highlight in ihren Konzerten. Wir wohnten damals beide in Kreuzberg 61 und ich fragte ihn nach einem Bläsersatz für meine Übersetzung von Waits' »In the Neighbourhood«. Ich hatte das Gefühl, durch Richards Einbeziehung könnte ich die ›modernere‹ Art des Musizierens, die Art von Ulla und *Spliff*, mit dem Blues unserer Straßen verbinden.

Ich schrieb gleich noch ein Stück, bei dem ich mir sein Saxophon gut vorstellen konnte, »Kurhotel«, eine Silvesternacht unter verlorenen Seelen. Ich hörte sein melodisches Spiel dabei und allmählich wurde in mir das Hörbild einer harmoniereichen, melodiösen, auch witzigen Musik zu meinen neuen Liedern deutlicher, einer popinfizierten Produktion. Mit Herwig zusammen legten wir schon mal die Reihenfolge der Lieder fest, die jetzt unumstößlich sein würde.

Ich hatte Richard mal nach einem Steuerberater gefragt und später, warum er mir gerade diesen Jürgen Reimer empfohlen hatte. Richard sagte: »Hast du seine Augen gesehen, dem reicht das nicht, was er tut. Sowas ist gut für uns, der ist auf Abenteuer aus.« Genauso wie Richard selbst. Zusammen mit seiner Lebenspartnerin Vera hatte ich ihn in einem selbst geschriebenen Stück, einer Art Musikkabarett erlebt, in dem er Triumph und Leid eines Miet-Musikers durchspielte, ein Lebensthema, dem er sich mutig stellte. Er war unter anderem im Umfeld des Grips-Theaters zu Hause, wo ein Musical im Entstehen war, das dieses Kindertheater noch umkrempeln würde, die »Linie 1«. Ein Menschensammler, jemand, der sich Neuem aussetzt, nicht, weil es ›angesagt‹ ist, sondern der nötigen Erfahrung wegen. Nachdem wir uns ein paarmal getroffen hatten, fand ich, Richards ›Ton‹ wäre in einer neuen Band eine wichtige Farbe, und er selbst einer, der mich bei meinen Versuchen, der Anpassung an Erwartungen zu entgehen, begreifen würde.

Kurz nach Weihnachten war die neue LP, von der ich früh wusste, dass sie »Viel zu schön« heißen würde, auf Band angelegt. Herwig und mich überkam vorfreudige Spannung. Silvester ging ich ins *Flöz*, einen Musikclub in Wilmersdorf, dort spielte Gerulf Pannach mit seinem Kompagnion Christian Kunert ein wildes Weihnachtsprogramm von alternativen Westberliner Krisenliedern namens »Heiliger Strohsack«. Meg, die zu Besuch gekommen war, war begeistert. Einmal mehr wieder waren wir ein wenig glücklich

miteinander und lagen uns in den Armen, als um Mitternacht die Glocken der Auenkirche nah beim Club läuteten
und Feuerwerke und Böller in den Himmel sausten. Dass
Herwig nur ein paar hundert Meter weit weg auf dem Dach
seines Hauses stand und das alles aufnahm für mein Lied
»Kurhotel«, wusste ich nicht. Am nächsten Abend überspielte er es aufs große Band im Studio – Glocken, Raketen,
Stimmengewirr und Jubel. Nur den Goldregen konnte man
nicht hören.

Die Produktion hatte angefangen.

1985–1986 Wasserscheide

»Drei Wochen in einem zur Denkwerkstatt umfunktionierten Tonstudio sind genug: Manfred Maurenbrecher, interne No. Eins der deutschen Songschreiber, hat seine neue LP (fast) fertig, und die wiederum ist zu einem Dilemma zwischen Poppigem und Skurrilem geraten.«

So Jim Raketes erste Pressemitteilung, »Viel zu schön« betreffend. Sie kam Ende Januar, wir steckten mitten in der Arbeit, aber es war gut, die Trommel schon mal gerührt zu haben. Seit geraumer Zeit stand das Datum des Rockpalast-Auftritts fest, 25. Februar in der *Hamburger Markthalle*, und genauso, wie wir Beteiligten uns rüsteten für die große Gelegenheit, musste die Öffentlichkeit dafür geweckt, man konnte auch sagen: davor gewarnt werden.

Ich weiß, dass ich Jims Formulierung vom ›Dilemma‹ gern ersetzt haben wollte durch sowas wie ›Wechselbad‹, aber sein Gespür für die richtigen Teaser, fürs Spurenauslegen war größer als meins. Er sorgte für Gesprächsstoff.

Der Winter 1985 in Berlin war schneereich und kalt, wovon ich aber außer auf den Fahrten ins Studio kaum etwas mitbekam. Wir nahmen die Platte im Wesentlichen zu dritt auf. Der Keyboarder George Kochbeck hatte verschiedene Instrumente mitgebracht, darunter seinen kleinen italienischen Synthex. Der gab den Stücken eine schwärmerisch-schlagereske Farbe und kam oft zum Einsatz. Keyboards wurden damals von uns gerade erst entdeckt und Kochbeck war der Eingeweihte, der die Geheimklänge bot. Er freute sich über das, was Herwig und ich trieben. Dagegen brauchten wir während der Verrücktheit, in der wir seit kurzem schwebten, unsere schlechte Laune manchmal als Rückversicherung ins normale Leben.

Nach und nach füllten sich die Liedskizzen auf den Vierundzwanzig-Spur-Bändern mit Leben. Es war wie das Ausmalen von zehn verschiedenen Bildern mit unterschiedlichen Farben, Pinseln und Schabern. Zum Beispiel mussten wir vorher wissen, bei welchen Stücken wir Potsch Potschka mit seiner heftigen E-Gitarre dabeihaben wollten und wo den filigran aufspielenden Fusion-Gitarristen Michael Rodach. Um die Ballade »Avignon« aufzunehmen, besuchten wir Rosa Precht und Reinhold Heil in ihrer phantastischen Dachwohnung beim Rathaus Schöneberg, denn Reinhold bevorzugte das Spiel auf dem eigenen Flügel. Ich selbst traute mir die Klavierbegleitung bei dem Stück plötzlich nicht mehr zu.

Ich merkte, dass Rosa ein bisschen befremdet war, weil ihr Freund den Klavierpart spielte und nicht ich. Rosa war es ja gewesen, die im Herbst davor bei heftiger Diskussion ausgerufen hatte: »Lasst den Typ doch einfach machen. Wenn er rausgeht auf die Bühne, erreicht er die Leute!« Sie hatte mich damit verlegen gemacht und ein wenig auch über sich selbst gesprochen. Auch sie lebte erst in ihren eigenen Songs, mit ihren eigenen Videos so auf wie ich auf der Bühne. Ich hatte ihr einen Text geschrieben, »Zufall«, der auf dem Land spielte, denn für mich war sie ein schönes Mädchen vom Lande. Manchmal frage sie sich, ob ihnen beiden das hier eigentlich zustehe, sagte sie leise, als wir anschließend auf ihrer Terrasse mit Blick auf die Stadt saßen.

Zug um Zug wuchs die Platte, wir gewannen Udo Dahmen als Schlagzeuger, und Richard Wester spielte die Saxophonmelodien beim »Kurhotel«. Auf dem Titelstück »Viel zu schön« hatte Kochbeck eine elektronische Sax-Skizze hingelegt, die so in sich verwoben, so melancholisch-froh klang, dass wir sie behielten. Wo bei diesem Lied früher kühle Orgelriffs die Übergänge zum Erzählteil markiert hatten, animierte jetzt ein Chor hoher Stimmen aus Ulla, George, Anne Haigis und einer jungen Amerikanerin den Sänger zu einem vollkommen anderen Ende des Liedes, einer Eroberung im Morgengrauen. Dieser Frauenchor war mein Wunsch gewesen. Auf Richards Bläsersatz für »In der Nachbarschaft« baten wir alle mitzusingen, die in den vier Wochen Studiozeit mal vorbeischauten. Wenn man will, hört man sie heraus, den Hamburger Kopfstimmen-Profi Herbert Böhme, Anne Haigis, George Kochbeck, Udo Lindenberg, Bea Reszat, Ulla Meinecke und Herwig. Ulla hatte bei ihrem Besuch die gerade aus New York umgezogene Gayle Tufts dabei, die auch sofort mitmachte. Später in der Comedy-Zeit mit ihren »Denglisch«-Programmen feierte sie große Erfolge.

Herwig hatte »Der Junge kann malen« vertont, mein Spottlied über einen scheinbaren Verlierer, an den keiner glaubt, bis alle sehen, was er kann, nämlich malen wie die Großen – den Refrain füllen jubelnde Ausrufe der Verwandten. Sie wurden von Heiner Pudelko grandios umgesetzt, auch »In der Nachbarschaft« färbte er unnachahmlich, wie er sich ja überhaupt, was immer er sang, ganz aneignete, nie daneben blieb, nie halb. Was ihm die Arbeit im Grenzgebiet zum Pop nicht leichter gemacht hat.

Heiner Pudelko schrieb zu dem Lied ein paar reizende Zeilen: »Diese Produktion ist ein Glücksfall. Für uns, das Publikum, schmachtend in einer dürren Musik- und Sprachlandschaft und für MM, den rasenden Poeten. Wo ist sie hin, die einstige Düsternis & Schwere? Verschwunden, weg. Der tanzende Faun zückt seine Flöte. ›Der Junge kann malen‹ heißt das Programm.«

»Gib mir deine Zigarette«, ein groovendes altes Stück, ehemals Liebeserklärung an einen Freund, hatte ich zur Hymne aller Rauchenden und Männerliebenden umgearbeitet. George schwebte mit seinen midi-verbundenen Tastengeräten in schräger Harmonie dahin zu Udo ›Stahlwerke‹ Dahmens Rhythmus und zum Chor von Herbert Böhme und Bea Reszat. Nach der »Zigarette« aber kam ein Loch. Wir fielen jedes Mal hörbar da rein, bevor die Ballade »Flussabwärts« begann, die man sich vielleicht besser alleine vorsingt, ein Lebens-Reiselied, das wir impulsiv immer leise drehten. Wir hatten noch nichts für dieses Stück getan, und die Pause vor meinem Klaviereinsatz war wirklich lang. Unser Dogma lautete ja, dass jede Pause ungeschnitten mit musikalischen Übergängen gefüllt werden muss. Wir überlegten schon, auf das Stück ganz zu verzichten, denn mindestens Herwig litt daran. Er knurrte und lästerte, weil er keinen Schimmer hatte, wie wir es arrangieren sollten. Ich fand auch meinen Gesang ziemlich kläglich, irgendwie war ich in meiner Verspanntheit dem großen Bogen dieses Liedes nicht mehr gewachsen gewesen. Was tun?

Mit ein paar Flaschen Wein bewaffnet, zogen wir George Kochbeck ins Vertrauen und spielten ihm die Ballade von dem Mann vor, der flussabwärts eine Nacht ins Abenteuer verschwindet und dann wieder zurück, und ein ganzes Le-

146

ben ist vergangen. »Das ist wie Morricone«, staunte George, holte seinen alten Synthex raus, murmelte: »Der hat wirklich die die besten Geigen der Welt«, und bastelte an einem Streichersatz. »Sind *das* Melodien«, rief er, und ich errötete vor Stolz. Herwig sprang zu den Drums, beklopfte sie wie im Unterricht an der Folkwang-Schule, an der er gelernt hatte, sie wurden zum Schlagwerk, das Studio ein Orchestergraben. Ich sang und fühlte mich dabei wie in der Scala, in der ich noch nie gewesen war, im Opernreich. Als der Morgen graute, war unser Werk fertig. Glückselig bastelten wir noch einen falschen Klavierton in den Gefühlssturm des Finales und hatten der Aufnahme damit die intellektuelle Distanz zurückgegeben, die wir damals brauchten.

Wochen später beim Anhören im CBS-Hochhaus in Frankfurt, das Flügelrauschen am Ende der LP war verklungen, sagte Jim: »Das ist ein Statement, meine Herren, ein Statement …«. Und sie nickten ihm etwas ratlos zu in der Runde.

Zur Veröffentlichung der LP schrieb er, ich sei der Clochard beim Festakt, den eh keiner verbiegt.

Während der Aufnahmezeit war Herwig kurz nach München geflogen, um dort mit anderen Größen des deutschen Popbetriebs eine Hymne für die Opfer der Hungersnot in Äthiopien aufzunehmen, Benefiz nach US-amerikanischem Vorbild: »Nackt im Wind«, verfasst von Wolfgang Niedecken und Herbert Grönemeyer. Ich war ein bisschen beleidigt, nicht eingeladen worden zu sein, und erfuhr, erst Acts, die mehr als 20.000 Platten im Jahr verkauften, zählten zu jener ›Creme‹, die mitspielen durfte. Nach Erscheinen des Liedes setzte in Berlin ein überraschender medialer Gegenwind ein, so dass ich mit meiner Nichteinladung eigentlich ganz zufrieden sein konnte. Am »Tag für Afrika« liefen wir mit Sammelbüchsen rum und verlasen selbstverfasste Texte vor der Gedächtniskirche. Herwig hatte auf die Moderatorenfrage, was er sich heute am sehnlichsten wünsche, angewidert auf den Eiermannschen Kirchturm gedeutet und geknurrt: »Dass dieser Stumpf da mal abgetragen wird.« Ich bewunderte seine Schlagfertigkeit. Beim symbolischen Sammeln in der Menge spürte ich zum ersten Mal Aggressionen von Leuten, die mich vielleicht als Möchtegern-Promi empfanden. Solch einen Gegenwind der Journalisten gegen die einheimischen Künstler hatte es nach meiner Erinnerung vorher noch nie gegeben. Bisher hatte man gegen die Gilde der Altvorderen an einem Strang gezogen und sich gemeinsam der Vorherrschaft reaktionärer Bestandskultur erwehrt. Jetzt wurde diese Übereinkunft – ›wir sind links und Rock'n'Roll‹ – gesprengt für eine tendenziell zynische Distanz. Ab jetzt galt für manche Meinungsmacher alles, was in der deutschsprachigen Musik mit Sinn und Moral arbeitete, als geschmacklos. Gleichzeitig war hier der Beginn des modernen Lifestyle-Journalismus zu beobachten, dem alle Ideale peinlich sind, außer dem, reich und glücklich zu sein. Seltsamerweise mögen diese zwei journalistischen Extreme sich sehr – die Wanderbewegung von der »taz« (und später auch von der »Jungen Welt«) zur »Vogue«, zum »Spiegel« und zu »Cicero« ist bis heute beeindruckend.

Die Benefizaktion zog alle Aufmerksamkeit auf sich. »Warum bist du nicht dabei?«, diese Frage konnte ich bald nicht mehr hören. Heinz Rudolf Kunze rief an und sagte prophylaktisch unsere noch kaum geplante Tournee wegen Überlastung ab, er war mittlerweile in zwei karitative Ak-

tionen geraten. Wenigstens selbst Nein zu sagen, hätte ich gern die Chance gehabt.

Sicher hätten auch ein paar Herren bei der CBS gern ihre Zweifel an »Viel zu schön« angemeldet, denn ein richtiger Feger, etwas wie Klaus Lages »Tausendmal berührt«, Ullas »Tänzerin« oder gar »Bochum« von Grönemeyer war hier wirklich nicht dabei, man musste das ganze Album als Kunstprodukt nehmen, konnte sein Titelstück zur Single machen, sie würde im Rundfunk bestimmt laufen – aber abräumen?! Trotzdem hielten sich die Skeptiker an jenem Nachmittag zurück. Was wir mitgebracht hatten, klang leicht, bunt, es groovte streckenweise und ergriff an anderen Stellen, war einfallsreich, unterhaltend und textlich voller Perspektivwechsel. Heinz Canibol hatte schon mitten in der Produktion getelext: »Halleluja, ›Viel zu schön‹ ist verdammt, verdammt gut. Weiter in dem Stil. Yeats, T.S. Eliot, Van Morrison freuen sich jetzt schon mit uns.«

Viel Zeit zum Nachdenken blieb nicht. »Lob, guter Wille, wenig Ideen«, steht in meiner Kladde über die Besprechung. Ich fuhr von Frankfurt auf den Kleinhof zu Meg, ließ drei Tage lang endlich den strengen Winter auf mich wirken, der mir während der Arbeit wie ein parallel laufender Schwarzweißfilm vorgekommen war. Dann kurz nach Berlin, Ablauf- und Probenplan, und weiter nach Hamburg, wo wir uns in Udo Dahmens ›Drumburg‹ zu den Proben für den *Rockpalast*-Auftritt trafen. Alle angefragten Musiker hatten zugesagt, was mich glücklich machte. Beim kurzen Blick auf die zusammengestellten Kosten schwindelte mir allerdings. Schnell wieder weggucken, solche Zahlen taten jetzt nicht gut.

Auf einem langen Spaziergang durch Altona ließ ich mir die Stücke durch den Kopf gehen, ab jetzt würde es keinen Produzenten mehr geben, keinen Herwig, der die Verhältnisse regelte wie ein Regisseur ein Theaterstück. Anfangs kämpften wir uns ein bisschen verzweifelt durch, jeder suchte seinen Part, wir pegelten uns auf erträgliche Lautstärken und Tempi ein, aber wurden bald übermütiger als im Studio, ließen uns weiter tragen. Überraschend einfach gelang es, die zwei neuen Mitspieler mit dem Zeug vertraut zu machen, den Gitarristen Ebo Wagner aus Köln und den jungen Bassisten Benjamin Hüllenkremer. Richard Wester stieß später dazu und übernahm Parts in fast allen Songs. Nur das Sax-Solo im Titelstück ließ sich Kochbeck nicht nehmen. Unter uns ging es professionell zu – wie viele Proben hatte es dagegen mit der ersten Band vor nur einem Jahr gebraucht. Das Einzige, was mir Mühe machte, war die Menge an Worten, die ich durch die präsente und unentwegt intensive Musik hindurchzubringen hatte. Manchmal wünschte ich mir, etwas knappere Texte geschrieben zu haben. Zumal ich Heiserkeit aufsteigen fühlte.

Ich hatte für ein paar Vor-Gigs rund um Hamburg gesorgt, Start in Neumünster bei *Ramsey*, wo ich Bühnenstammgast war, ein Heimspiel vor 150 Begeisterten. Weiter ins *Lutterbeker* bei Kiel vor eher wenigen Zuhörern und in ein *Auenland*, in dem es noch leerer war. Aber wir fanden als Band zu unserer Form, ich wusste jetzt, was ich zwischen den Stücken erzählen würde, wir hatten die Übergänge im Griff und würden peinliche Pausen vermeiden. Alex Conti, der große Gitarrist bei *Lake* und *Elephant*, war im Publikum und wünschte mir Glück. Nach jedem Auftritt wurde ich in Hamburg von Ulli P. gastfreundlich aufgenommen. Wir zogen dann noch zu mehreren um die Häuser im Schanzenviertel bis zum Morgengrauen. Meine Erkältung wuchs. Proben- und aufführungsfreie Tage vergingen mit Interviews, »Viel zu schön« traf auf freundliche Ohren bei Tom R. Schulz, Werner Burkhardt, Peter Urban, sogar bei der örtlichen CBS. Die Zeitungsankündigungen klangen, als hätte ein Produkt-Relaunch gehabt: »Auf einmal passt alles zusammen … umgestiegen von einem grauen Nostalgie-Käfer Baujahr 51 auf einen schnittigen chromblitzenden Cadillac, und ab gehts in Richtung Highway 69.« Waren da nicht ein paar Zahlen durcheinandergeraten?

Am Tag des *Rockpalast*-Auftritts warf ich händeweise Grippemittel ein und schaffte es tatsächlich, vor Interviews und Soundcheck noch einen ausgedehnten Spaziergang zu machen. Mich krank zu fühlen war kein Raum. Ich ging das Programm durch, memorierte die Ansagen und glitt gedanklich in jene leere Zone, in der ich verloren gehe und Kraft tanke. In der *Markthalle* herrschte gut aufgelegter Trubel, Jim Rakete ermunterte alle mit trockenen Sprüchen, Klaus Wellershaus, der für den NDR auch mitschneiden ließ, fieberte wie ein Entdecker des jungen Künstlers, der sich jetzt beweisen würde, und ich selbst, so schien mir, wirkte dazwischen erstaunlich gelassen. Ich plauderte zähneklappernd mit Bruce Cockburn, dem anderen Hauptact des Abends. Zum ersten Mal war ich umgeben von Mitspielern, die solch eine ›große Geschichte‹ schon ein paarmal hinter sich hatten, das Fernsehen, ein Publikum von Tausenden und noch dazu eine Premiere. Wir waren natürlich nervös, aber weder verzweifelt noch panisch. Und Dahmen nahm mich beiseite: »Mach dir keine Sorgen. Zur Not spielen wir die Lieder als Instrumentals«, und ich dachte: »Du bist sicher.«

Und so war es. Wir spielten das ganze neue Album, also überwiegend Stücke, die dem Publikum unbekannt waren. Mit »Höchste Zeit« ging es los, jener dringenden Bitte eines Terroristen an eine junge Bedienstete auf einem High-Society-Treffen, ihm zu folgen, eh hier die Bombe fällt: »Du, ich hab 'ne Frage an dich, was macht ein Kind wie du auf dieser Party?« Wenn sich das anfangs auch einige im Publikum gefragt haben mögen, die wegen Bruce Cockburn gekommen waren, am Ende waren sie alle auf den verschiedenen Reisen dabei geblieben, von denen mit »Flussabwärts« unsere wildeste zum Schluss als vierte Zugabe kam.

Im Hintergrund die Rockpalast-Band (v.l.n.r.): Ebo Wagner, Richard Wester, George Kochbeck, Udo Dahmen und Benjamin Hüllenkremer

Ich schwitzte zwischendurch schrecklich und meine Stimme hatte manchmal eine krächzende Tiefe wie sonst erst 15 Jahre später, als ich aufhören musste zu rauchen, aber es lief, lief beinah von selbst, und während wir spielten, konnte ich es sogar genießen. Das war das Schönste neben dem Beifall.

Hinterher natürlich ein Riesenbohai, Hallos und Abschiede, Inge hieß das Mädchen, mit dem ich flirtete, und Tom war am Ende der Typ, der es am längsten mit mir aushielt.

Die Erleichterung am nächsten Mittag – unbezahlbar schön.

Die Fotosession in der »Fabrik« für das Cover brachte elegante Bilder hervor, auf denen ich zwischen zwei schönen Frauen sitze – deutliches Remake von Leonard Cohens LP »Death of a Lady's Man«. Ich mochte die Bilder sehr, aber Jim war unzufrieden, womöglich, weil ihm diesmal eine eigene Idee gefehlt hatte. Spontan fragte er, ob ich in den nächsten Tagen nach Ibiza kommen könnte, wohin er morgen mit *Nena und Band* zu Studioaufnahmen fliegen würde. Wir hätten dort Zeit genug, uns etwas Ordentliches einfallen zu lassen. Ich sagte zu, weil ich zwei Tage Begegnungen mit alten Freunden hinter mir hatte, die mir Vorwürfe wegen meines abgehobenen Lebensstils und meiner Verantwortungslosigkeit gemacht hatten und weil Jims Vorschlag mir so herrlich abgehoben vorkam und dieses Hin-und-her-Fliegen so wunderbar verantwortungslos.

Also auf zur Urlaubsinsel. Es ging direkt in das insulare Aufnahmestudio, in dem die *Nenas* mit der gleichaltrigen, aus Kanada eingeflogenen Songschreiberin Lisa Dalbello an neuen Stücken arbeiteten – was an jenem Abend hieß, dass zwei überdrehte junge Frauen sich mit Einfällen überboten, die zum Kreischen einluden. Mit Jürgen Dehmel und Uwe Fahrenkrog-Petersen verschwand ich bald in eine Disko.

Ich blieb vier Tage auf Ibiza, was einem Ferienaufenthalt nahekam, kurvte mit Jim und seiner Modistin Christa über die Berge, wir besuchten ein paar ausgewanderte Deutsche, philosophierten flippig über die Freiheit, die man sich nehmen, Ansprüche, die man sich geben und über die Unterschiede der Geschlechter, die man aushalten muss, und dann waren es Christa und ich allein, die noch redeten und herumfuhren, denn Jim musste wieder seine Flöhe, die *Nenas* hüten. Irgendwann blieb unser Mietauto im nassen Ufersand stecken, ich weiß nicht, wer uns abgeschleppt hat, wir selbst waren es nicht, wir saßen nachts auf dem Hotelbalkon, teilten uns eine Zigarette und waren dicht dran, etwas zu tun, was dann wieder allen hätte erklärt werden müssen.

Es gelangen in diesen Tagen gute, mediterrane Fotos, eins davon wurde das Cover der neuen LP.

Hubert Skolud hatte mich mit Ulf Miehe bekannt gemacht, den ich als Autor schon eine Weile schätzte. »Sagt dein Mauri auch was zu Bob Dylan«, hatte Ulf mal missgelaunt gefragt und sich damit wahrscheinlich eine weitere Lobeshymne über mich vom Leib halten wollen. Ich wusste über Dylan ziemlich viel, besaß eine stattliche Sammlung von Raubdrucken, aber Ulf saß an noch tieferen Quellen. Er überschwemmte mich, nachdem wir Vertrauen zueinander gefasst hatten, mit Kassetten, auf denen wunderbar entlegenes Zeugs drauf war. Wir sprachen mehr über Dylan und seine Wandlungen als über uns selbst. Ulf war ein scharfer Beobachter, von großer Langsamkeit, was seine Wortwahl und Arbeit betraf, ein gezähmter Macho und ausgesprochen bescheiden. Insgeheim verglich ich, unter seiner sanften Führung, meine Musik mit der Dylans. Auch der hatte sich den Trends der Achtziger angepasst, aber eigentlich lebte seine Musik vom Zauber des musikalischen Augenblicks, dem Jetzt-oder-Nie, und so musizierte ich in meinen besten Momenten doch auch. Ich musste mich das nur wieder trauen.

Während die ersten Besprechungen von »Viel zu schön« eintrudelten und das Lied dann und wann im Radio lief, machte ich mir im Kopf schon mal ein Hörbild der nächsten Platte, mit gleicher Band, aber aufgenommen, als stünden wir vor einem Publikum, und mit kurzen melodiösen Liedern. Ich verdankte Ulf dieses Hörbild. Nur meine Lebensumstände müssten dazu noch passen, das taten sie bisher nicht.

Für »Transatlantic« führte Ulf Miehe Ende 1985 ein langes Interview mit mir, zum ersten Mal hatten wir uns über das ausgetauscht, was wir ›meinen Job‹ nannten. Die Zeitgeist-Wühler in der Redaktion verpassten dem Wortwechsel als Überschrift die Witzigkeit ›Gesinnung in Stereo‹. Ulf schämte sich für diese Vergewaltigung so, dass er monatelang den Kontakt mit mir mied.

Dass Ulf als Filmautor und -regisseur eine Komödie plante, in der Nena die Hauptrolle spielen würde, erfuhr ich erst von Jim. Diese Arbeit bescherte ihm dann einen Herzinfarkt.

»Es ist gut dass M. keine Angst mehr vor zu viel Musik hat.« – »M. hat den anständigsten, abgründigsten, brachialsten und intelligentesten Humor seit Alfred Polgar.« – »Das einzig Aufgesetzte ist manchmal eine Karnevalsmaske, die aber mit seinen kabarettistischen Talenten zu tun hat.«

So Laf Überland (»zitty Berlin«), Tom R. Schulz (»szene Hamburg«) und Gerulf Pannach im Berliner »tip« vom Mai 1985. »Viel zu schön« verkaufte sich in der ersten Woche nach Erscheinen so oft wie meine Platte davor überhaupt. Die Werbung lief, mein Bild war überall mal zu sehen. Plötzlich war ich ein Teil der Stadtkultur. Ich hatte mir angewöhnt, um die Häuser zu ziehen. Zu *Maria* zum Beispiel, einer Art Wohnzimmerkneipe in einem Charlottenburger Hinterhof Nähe Kantstraße, wo der Schankraum in manchen Nächten aus den Nähten platzte vor Schauspielerinnen, Musikern, Drahtziehern und Lehrkräften. Hier traf man die Crew des entstehenden Musicals »Linie 1«, Ilona Schulz, Dieter Landuris, George Kranz. Aus der Vorfrühlingskälte in den dritten Stock heraufgeklettert, linste ich unter den beschlagenen Brillengläsern in die Gesichter, fand welche, die mich grüßten oder eben nicht, blieb ein Weilchen oder verschwand gleich wieder. Manchmal stand ich so neben mir, dass sich der Hausaufgang in dieses Hinterzimmerparadies vor mir versteckte.

Dann das *Risiko* in der Yorkstraße, wo eine schräge Tresenmannschaft herrschte, Filmleute hingen in auffälliger Alltäglichkeit mit ihren Verehrern rum, Hubert schrieb hier bisweilen Gedichte, und einer der Kellner, die sich zu den Stars des Ruinenwerks gemacht hatten, nannte sich Blixa Bargeld. Ich ließ ihn in meinem Stück »Wechselgeld« vorkommen. Im *Bouvril* dagegen traf sich die Kundschaft von Vivi und Wolfgang Eickelberg, das Esslokal am Kudamm Höhe Leibnizstraße war eine bescheidenere, aber auch wertigere Ausgabe der *Paris-Bar*, man wedelte nicht ganz so mit Fremdwährung und Brillantfingern und zog nicht ganz so demonstrativ die staubige Luft in die Nasen wie im Stammhaus von Otto Schily, Ben Becker und Otto Sander. Im *Bouvril* wurde all das unaufdringlicher nachgespielt, mit Leuten wie Hermann van Veen, Klaus Hoffmann oder Gisela Elsner. Nur ein paar Schritte weiter lag das *Diener*, der sogenannte Tattersaal, ein unrenoviertes Wirtshaus, wie übriggeblieben seit dem Krieg, regiert von dem mürrischsten schwulen Kellnerpaar, das ich je erlebt habe, ein Raum voll Melancholie und schwelender Hitzigkeit. Nichts von der Speisekarte dort schmeckte mir. Man traf aber irgendwann zwischen Abend und Nacht garantiert auf Ulla Meinecke, auch auf Thomas Brasch und da war dann auch Katharina Thalbach nicht fern. Diskussionen, in denen die Fetzen flogen, gab es oft: »Wir sind kommunistische Kader, vergesst das nicht, wir sind Kultur-Bolschewikí! Ihr glaubt vielleicht, wir hätten uns vor der DDR aus dem Staub gemacht – von wegen: in Wirklichkeit sind wir hier mit dem Auftrag zum Umsturz ...«, verkündete Kathi in einer der Grappa-Nächte und wirkte wie in russichen Knobelbechern auf dem Tresen stehend, während ich Thomas leise zuflüsterte: »Am meisten suspekt sind doch die, die an allem Kritik üben und dafür Preis um Preis erhalten«, und er grinste mich an und meinte: »Klingt fast so, als sprächst du gerade über mich?«

Im *Pierre*, dem ehemals repräsentativen Restaurant nah der Westberliner Volksbühne, trafen sich die Fabrikbands bei offiziellen Anlässen. Einmal brachte ich einen musikbesessenen Oberschüler aus Kiel, der eine Berlinwoche bei mir wohnte, dort mit den *Spliff*ern für ein Interview zusammen. Er nannte sich später Max Dax und wurde bekannt als Gesprächspartner mit Kreativen aus aller Welt und aus allen ihren Kulissen.

Bald lernte ich in der Menge meine Offenheit zu zügeln. Zum Beispiel hatte Ulla mich dazu überredet, mit Gesangsstunden meine Stimmdurchsetzungsfähigkeit zu verbessern, weshalb ich bei einer russischen Gesangslehrerin unverbindlich angefragt hatte. Schon Nächte später erfuhr ich von allen möglichen Partybummlern, ich würde ja jetzt Gesangsunterricht nehmen.

Manchmal schaute ich im alten *Go In* vorbei, spätnachts nach Programmende. In diesen vielleicht berühmtesten Berliner Folkclub hatte es mich in der Unizeit oft gezogen, ich hatte die Auftretenden beneidet und von einem Dasein als musikalische Kellerassel am Bühnenrand geträumt. Jetzt spazierte ich einfach rein, freute mich, wenn Michael Z. noch am Tresen stand, Mario Hené oder Susanne Buchenau, die später Werner Lämmerhirt heiraten würde, setzte mich ans Klavier, improvisierte, sang, was das Zeug hielt, und war gern gesehen.

Es gab ein Angebot des Robinson-Verlags aus Frankfurt, einen Band mit Kurzgeschichten von mir zu veröffentlichen. Der Verleger Frank Brunner hatte mich eingeladen zum Kennenlerngespräch, also eigentlich zu einem unbegrenzten Essen, denn Essen schien die wahre Leidenschaft zu sein, die den Mann erfüllte. Leider machte der Verlag einige Zeit später mit seinen klugen, liebevoll edierten Büchern Pleite.

Es gab drei oder vier für das Buch fast zu Ende geschriebene Kurzgeschichten, warum sollte ich die nicht vorlesen? Ich verabredete mit der Autorin Stefanie Majer eine gemeinsame Lesung im *Café Mora* in Kreuzberg. Dort hatte ich einmal die spätere Nobelpreisträgerin Hertha Müller am Lesepult erlebt, deren ersten Prosaband ich mochte. Bei dieser Lesung war auch ein älterer Herr gleichen Nachnamens wie die Autorin anwesend, der sich anschließend erhob, ein onkelhaftes Lob aussprach und in etwa sagte: Liebe Hertha, du bist in deinem Schreiben gut vorangekommen und schon um einiges fester und konkreter geworden, das Metaphorige ist am Verschwinden bei dir, und das finde ich gut! Ich war mir sicher, Zeuge einer Art von Familiengespräch geworden zu sein und teilte das später auf dem Klo meinem Freund Liedtke mit. Der schaute mich fassungslos an: »Ja, weißt du denn nicht, dass das Heiner Müller ist, da draußen?!« Er flüsterte, es waren noch andere in der Nähe, und er wollte mich nicht bloßstellen.

Die Lesung von Stefani und mir fand Ende April statt, kurz vor den beiden Berlin-Auftritten mit neuer LP und Band. Wie ein Vorspiel dazu wurde sie auch wahrgenommen, das Publikum erwartete etwas Lockeres, keine lastende Prosa. Auch waren die Freunde aus der Literaturgruppe da, wo ich mit meinen Versuchen, eigene Geschichten vorzustellen, eigentlich immer gescheitert war. Wir lasen beide trotzdem gern. Dabei hätten wir es allerdings belassen sollen, denn es ging hinterher nicht mehr um die gerade gehörten Texte, sondern nur noch um meine Angelegenheiten, Pläne mit der Band, die neue LP, mein Tom-Waits-Cover. Ich war eitel genug, darauf einzugehen und dann unfähig, das Gespräch in gehörige Bahnen zurückzulenken. Stefani packte entnervt ihre Manuskripte zusammen und ging. Mit den Literaturfreunden zog ich weiter ins *steps*, eine echte Kellersumpfe, und bekam da von meinen Freunden Ulli D., dem Philosophen Christian Hermann und dem Deutschlehrer Bernd Hoffmann den Kopf gewaschen. Die Beleidigungen, mit denen ich zurückschoss, müssen übel gewesen sein, denn es folgte eine längere Sendepause und anschließend eine von Herzen kommende Entschuldigung von mir: »Ich hatte mein Leben nicht mehr im Griff.«

Nun begann ein wilder Monat Wanderzirkus mit Band und Tour. Zunächst fand in der Waldbühne ein großes Friedensfest statt, »mal wieder«, hieß es spöttisch in den Szeneblättern. In der »zitty« wurde meine Teilnahme sogar kritisch vermerkt: Mit meiner glänzenden neuen LP hätte ich es nicht nötig, ›dieses Kondom noch überzuziehen‹.

Durch unseren »Rockpalast«-Auftritt als Band befeuert empfanden wir alle die große Bühne und die Masse Menschen, die uns hören sollten, als folgerichtigen Schritt. Außerdem würde der Auftritt Werbung fürs *Quartier Latin* ein paar Tage später sein. Und die Kostenübernahme der Friedensorganisation ein probates Mittel zur Verkleinerung der Tourneeausgaben. Niemand machte sich darüber Sorgen, ob wir politisch in das Konzept des Festivals passten. Das Aufgebot hinter und auf der Bühne war an diesem freundlichen Maitag überwältigend, ich hörte Angelo Branduardi zum ersten Mal, Peter Maffay, Angelika Weiz mit Günther Fischer aus der DDR, vermisste ein wenig Rio und die *Spliff*er, aber freute mich auf Klaus Lage, Hannes Wader und die Opernchöre. Wir waren früh am Nachmittag dran, und entgegen allen Erwartungen stieß unser Ausschnitt aus dem neuen Programm auf nur laues Interesse. Die Menschen hier kannten es nicht, sie vermissten die Botschaft. Schlecht gelaunt schlich ich nachher hinter der Bühne herum, als mich ein Typ mit auffällig buntem halbschickem Hemd ansprach. Er hatte aufmerksam zugehört, Detailbeobachtungen zu den Liedern gemacht, hatte sogar den Terrorismus-Aspekt bei »Höchste Zeit« goutiert, war voll Lob und meinte, jetzt fehle nur noch der Hit, um mich durchzusetzen. Ich gähnte, er grinste. Tatsächlich, es war Diether Dehm. Obwohl ich ihn bisher als Negativfigur aufgefasst hatte zu allem, was mich antrieb, ihn sogar in dem Lied »Die Lücke« karikiert hatte, in dem ich ihn eine Stunde mitschweigen ließ bei »Christen schweigen für den Frieden«, war er mir nicht unsympathisch. Er mochte die »Lücke« und fragte, wie ich ihn ausgeforscht hätte. Wir hechelten ein Weilchen die Kollegen durch und lachten über ein paar hübsche Dummheiten. Zum Abschied sagte er, das Hitmachen fiele ihm offenbar leicht, wenn es um andere und nicht ihn selbst gehe, und mit mir zusammen einen für mich zu schreiben, wäre ihm eine Ehre.

Im *Quartier Latin* spielten wir diesmal vor 400 Leuten. Es hatten Geldverhandlungen stattgefunden, zum ersten Mal mit harten Bandagen von der Fabrikseite aus. Nach dem »Rockpalast«-Gig hatte Rakete noch begeistert an alle Musiker appelliert, doch weiter mit mir am Ball zu bleiben, er hoffe neben der Tour auf Festivalangebote von Karsten Jahnke oder Fritz Rau. Die Angebote waren aber ausgeblieben. Jahnke beobachtete mit verschränkten Armen, und Rau war über die Selbstauflösung von *Ton Steine Scherben* so enttäuscht, dass er nicht noch ein unsicheres Investitionsobjekt am Hals haben wollte. »Du und deine Texte«, rief er jedesmal freudig, wenn wir uns über den Weg liefen, aber ein Publikumsmagnet war ich deshalb noch lange nicht.

Diesmal hatten wir für musikalisch orientierten Aufbau gesorgt, Musik und Text waren gleichberechtigt, es gab keine Pause, sondern beharrliche Steigerung, zum Ende hin konnte man sogar tanzen. Das stellte auch der »Tagesspiegel« fest: unser Konzert würde »gegen Ende immer rockiger und fröhlicher«. – »Das eingespielte Team fusionierte mit dem gut aufgelegten M. zu einer kompakten Gruppe, die anspruchsvolle Arrangements vorlegte und stimmungsgeladene Klangbilder erzeugte«, beschrieb uns wie nach einem Prüfungsvorspiel »Die Wahrheit«, eine Westberliner Zeitung DDR-sozialistischer Prägung. Hier hob man als Quintessenz hervor, dass Gedanken und Gefühle eben nicht »durch Mottos, Losungen oder Schlag(er)zeilen eindeutig gemacht werden können, sondern von Widersprüchlichkeiten und Gegensätzen leben«. Wie es der Kapitalismus so mit sich bringt – ich konnte Henry Steinhau, der das formuliert hatte, nur zustimmen! Ähnlich, aber anders gewichtet, hatte es ein Zeitungskollege aus Hamburg erlebt:

»Ein Konzert von MM erschöpft. Dieser Mann, den selbst Wohlwollende nicht als attraktive Erscheinung bezeichnen würden, zerrt an den Nerven, ist so eindringlich, dass ein Zuhörer sich nicht entziehen kann. Er spürt eine Ehrlichkeit und Offenheit dieses schlechtgekleideten Menschen, die fast beklemmend wirkt.« Manche fanden den Aufwand mit der vielen Musik dagegen übertrieben: »Die Aufgabe der Band besteht offensichtlich darin, M. vom Image eines Liedermachers zu befreien«, schrieb der »Kölner Stadtanzeiger«. Manchmal las ich diesen Vorwurf auch in der Fanpost, ich antwortete gern und stereotyp, mir mache das Spielen mit den Jungs einfach Spaß und ich fühle mich zehn Jahre jünger als letztes Mal.

Das stimmte. Laut, intensiv und luxuriös tourten wir durchs Land und landeten diesmal nur in ausgewählten Großstädten. Von Berlin nach Belgien und Köln zu Interviews und zu einem kleinen improvisierten Duo-Konzert nach Linz am Rhein ins Café von Richard Westers Schwester. In Köln dann wieder ins *Luxor*, wo nach den Konzerten immer gleich die Disko losging. Beim letzten Mal war das ein herber Bruch gewesen, jetzt dagegen kam der Übergang beinahe fließend. Die Tanzwütigen strömten durchs Tor, die Anwesenden blieben im Schwung. Darunter Purple Schulz, Anne Haigis, Christian Wagner und Peter Rüchel, Wolfgang Niedecken, Elke Heidenreich und Ina Deter, die eine rote Rose am Bühnenrand niederlegte. Eine ordentliche Hotelparty schloss sich an.

Danach Hamburg im sagenumwobenen *Onkel Pö*, ein eher kleiner Laden, der rappelvoll war. Ich habe noch die Begeisterung im Ohr, mit der wir anschließend umzingelt wurden. In der gleichen Nacht weiter nach Stuttgart zum

›kleinsten‹ Auftritt, auch in einer Disko und vor unter hundert Menschen. Ich sehnte mich nach dem *Lab* zurück, in das genauso viele Zuschauer gepasst hätten.

In Frankfurt hatte die CBS uns Unterkunft in einem edlen Hotel außerhalb der Stadt besorgt. Wir waren eingeladen bei Nike, die eine Art Deal mit der »Fabrik Rakete« unterhielten. Man spendierte Sportschuhe, T-Shirts, was immer uns zu Werbeträgern machen konnte, aber zeigte uns auch deutlich, wie unwichtig dieser Act für die Firma war. Ich schämte mich für beides: die unterwürfige Rolle, in die man im Sponsoren-Zirkus verfällt und über die Freude, mit der wir uns hermachten über die Sachen, der eine mehr, der andere weniger.

Im *Sinkkasten* in Frankfurt begann der Abend verhalten und endete exzessiv. Ein barbusiges Mädchen war zu »Der Junge kann malen« auf die Bühne gehüpft – bis auf den coolen Ben am Bass wussten wir wenig damit anzufangen, aber die Blitzlichter schossen los, und für manche im Tross der Plattenfirma mag es wie ein Erfolgssignet dieses seltsamen, sich jetzt offenbar mausernden Vogels gewirkt haben, zu dem auf einmal die Jugend kam. Die Fete nachher ging lange. Ich verstand mich prima mit Heinz Canibol und seiner Frau Brigitte, Rockkritiker Detlef Kinsler blieb bis zum Limit und eine CBS-Angestellte namens Kirsten ebenfalls.

Zurück in Berlin Treff auf Treff, ich probte mit George Kochbeck für zwei Einzelgigs und besiegelte eine Zusammenarbeit mit Veronika Fischer als Texter für Jahre. Bei Rita Schumann fand eine in diesem Umfeld ganz untypische Fete mit jungen Punks und deren Helden statt, den *Ärzten*, die waren da noch fast eine Vorortband, wurden aber schon von Rakete gemanagt.

Dann der Fernsehauftritt beim SFB-Jugendabend im ehemaligen Bethanien-Krankenhaus, dem Häuserkomplex, der später vom Land Berlin aufgekauft wurde und eine Hauptrolle im berühmten Hausbesetzerlied der *Scherben* spielt. Zwischen Reportagen und Wettspielen sollte live »In der Nachbarschaft« gebracht werden. Bei der Probe kamen die TV-Techniker nicht damit klar, dass hier eine Band ganz in echt statt im sicheren Playback spielen wollte und überdeckten ihre Unsicherheit mit Zynismus. Wir waren gut eingeprobt mit großem Chor: Herwig, Heiner Pudelko, Ulla Meinecke, Anne Haigis und Herbert Böhme, einige extra eingeflogen. Ich stand in meinem abgeschabten Regenmantel in der Mitte und wir sangen »In der Nachbarschaft«, so laut es ging. Beim Kreuzberger Publikum kamen wir mit dem Lied nur so mittel an. Aber ich bin auf keinen Fernsehauftritt später häufiger und begeisterter angesprochen worden als auf die Bethanien-Aktion. So schön bunt und schräg, wie wir alle in den vier Minuten aussahen, das blieb als Bild.

In München der Tourneeabschluss im *Café Giesing*. Der Laden war mit 300 Zuschauern voll, das Konzert ein wildes Finale, hinterher eine Art Empfang der CBS, und ich lernte diesmal den Hausherrn Konstantin Wecker auf angenehme Art kennen. Er gab sich beeindruckt von der Kraft, die wir in dieser Zusammensetzung rausließen. Eine Zeitung stellte fest, dass »M. den Erfolg nicht zuletzt seiner Band zu verdanken hat, die ihm immer wieder Feuer unterm Hintern macht.« Das *Giesing*-Konzert wurde mitgeschnitten, an verschiedene Radiosender verkauft und diente auch ein bisschen dazu, die aufgelaufenen Schulden einzudämmen. Der Mitschnitt, den wir uns in der Nacht noch reinzogen, klang verdammt gut. Allerdings blieb ich skeptisch, ob wir wirklich Fans gewonnen hatten in dieser Stadt der Fassaden.

George Kochbeck und ich waren die Verpflichtung zu einem bestens bezahlten Zweier-Gig auf einem kleinen Festival im westfälischen Unna eingegangen, der musste noch absolviert werden. Obwohl ich todmüde war und mich nach Stille sehnte, bekamen wir die anderthalb Stunden Musik sehr elektronisch und vielleicht auch ohne Ausdruck so hin, dass Zuhörer und Veranstalter uns ziehen ließen. Wir wussten aber beide, dass man in dieser Haltung nicht oft erscheinen darf.

Ich brauchte dringend eine Pause, ließ mich von George in Dortmund absetzen, suchte mir ein Hotelbett, schlief 14 Stunden, merkte, dass ich immer noch müde war und fuhr aufs Geratewohl ins Wiehengebirge, wo ich zu anderer Zeit mal gewandert war. Dort in einem Waldhotel blieb ich drei Tage, rauchte und trank nicht, machte Spaziergänge, telefonierte mit Meg, starrte in die Wolken und kam wieder zu mir. Ich hatte mir den ersten Walkman meines Lebens gekauft und hörte das Gitarrenlied am Ende von »Empire Burlesque« zehnmal am Tag: »The gentlemen are talking, the midnight moon is on the riverside, they're drinking out and walking, and it gets time for me to slide …«

Für ein paar Tage war Meg nach Berlin gekommen und wollte mir über das Leck hinweg helfen, das einem am Ende einer prallvollen Musiktournee aufs Gemüt schlagen soll. Ich war froh über ihre Nähe, die sie mir sonst ja oft genug entzog, außerdem wusste ich, dass es bald weitergehen würde. Zusammen flogen wir Tage später in aller Herrgottsfrühe nach Köln, wo ich vom WDR-Fahrdienst aufgegabelt und in ein Nest im Siegerland gebracht wurde. Dort fand sich wie von Zauberhand die ganze Band ein, um für die TV-Sendung »Musik-Convoy« noch einmal »In der Nachbarschaft« aufzuführen, diesmal in Vollplayback. Weil in der Aufnahme auch Frauenstimmen zu hören sind, musste eine Frau mit ins Bild, das war die Kölner CBS-Mitarbeiterin Marion, spätere Ehefrau Herwig Mittereggers, in flotter Lederjacke und einem Riesenspaß in Blick und Bewegung. Gegen Abend flogen wir in alle Heimatrichtungen wieder auseinander. Die aufwändigste Medien-Aktion, die ich mitgemacht habe, aber für den durchschnittlichen Popkünstler seinerzeit völlig normal.

Ich versuchte an Aufträgen zu arbeiten, Liedtexte für die Fischer, Sketche für den WDR. Aber statt endlich zur Ruhe zu kommen, wurde mir jetzt häufig schwindlig. Ich ignorierte das, bis ich beim Einkaufen einmal nur deshalb nicht aufs Pflaster knallte, weil ich gerade noch den nächsten Laternenpfahl zu fassen kriegte. Überquerte ich eine Straße, lief ich schräg zu allen Markierungen. Die Angst, die das machte, überwog nur knapp das Vergnügen, das ich an dem Taumel empfand – ich fühlte mich endlich mal unverantwortlich für Dinge, die mir passierten. Meine Umgebung fand, das ginge so nicht weiter, man schickte mich zu einem Neurologen, der mich buntes Huhn händereibend willkommen hieß. Tabletten, die die Blutzufuhr im Hirn steigerten, taten mir ausgesprochen gut, wärmten das Schädelinnere wie ein gelungener Auftritt, aber der Schwindel blieb mir trotzdem in abgemilderter Form erhalten. Eigentlich ein Idealzustand.

So unauffällig taumelnd und gut gelaunt begab ich mich zu einigen Unternehmungen, zum Beispiel Mitte Juni ins *Tempodrom* zu einer Aids-Benefiz-Gala. Ich hatte ein Lied zu spielen, also viel Zeit. Das Zelt war von Prominenten überschwemmt, mit dem Tablettenschub im Kopf kannte ich weder Lampenfieber noch Schüchternheit, ich war einfach da. Ein seltenes Erlebnis. Moderator Alfred Biolek raffte sich deutlich sichtbar auf und entschuldigte sich, mich nie in seine Sendung geholt zu haben, wie sein Redakteur Gregor König es mehrmals versprochen hatte. Er habe mich im Auge und schätze meine Arbeit. Ich wiegte den Kopf und schüttelte ihn dann lächelnd, er hielt das wohl für eine Art Absage, aber mir war nur schwindlig. Ich ging einfach wieder. Bei dieser Gala dominierten die großen alten Disseusen, Lotti Huber, Evelyn Künneke, Inge Meysel, Brigitte Mira. In ihrer Nähe fühlte ich mich wohl. Ich erlebte, wie Herbert Grönemeyer geradezu explodierte, als ein schräger Vogel, der Trans-Mensch Jürgen vom Kabarett BKA mit einem provokanten Beitrag ausgebuht wurde, man kannte ihn hier und empfand seine Rede als Masche, nur Gröni hielt ihn für einen Zuschauer und schrie: »Lasst ihn ausreden, ihr müsst den doch ausreden lassen!« Ich war begeistert. Ich hatte auch die Gelegenheit, Wolf Biermann zu beobachten, wie er jeden Beitrag auf der Bühne mit seiner jungen Begleiterin auswertete. Keiner der hochkarätigen Acts bekam hier eine Zugabe, weder André Heller noch Katja Ebstein, nur Biermann provozierte gegen Ende der Show so beharrlich, dass man sie dem quengligen Kind zugestand. Als er in der Zugabe dann in einer Strophe behauptete, manchmal zu denken, er wäre schwul, dachte ich, vor Piloten würde der wahrscheinlich singen, er hätte schon mal einen Jetlag gehabt. Ich hatte genug von ihm.

Als Katja Ebstein mal zu mir kam, weil ich Texte für sie schreiben sollte, erzählte sie von ihrer Anfangszeit als Sängerin und dem Eindruck, den Rudi Dutschke auf sie gemacht hatte, als sie ein junges Mädchen war. Vielleicht hatte unser graues Kreuzberger Mietshaus sie dazu inspiriert. Es war angenehm, für sie zu schreiben. Zwanzig Jahre später rief sie wieder an, als wären inzwischen nur Wochen vergangen, und wollte einen neuen Text von mir. Der entstand dann gemeinsam, indem wir stundenlang telefonierten: »In diesem Land«.

Es gab im Sommer '85 auch eine verschworene Aktion, initiiert von Vivi Eickelberg und Ulla, die hätte man ›Rettet Gitte durch Qualität‹ nennen können. Mehrere Liedtexter wurden angestiftet, auf schon existierende Musiken für Gitte Haenning Geschichten mit Hand und Fuß herzustellen. Ich hatte mir Mühe gegeben und war mit meinem Beitrag bei Gitte auf sehr große Begeisterung gestoßen. Aber tags drauf sagte sie am Telefon, ihre Visagistin könne mit dem Refrain wenig anfangen, das müsste alles noch umgeschrieben werden. Ich legte einfach auf, außerdem war mir schwindlig.

Damals machte ich mit Ulla manchmal lange Spaziergänge über die Friedhöfe Kreuzbergs und Schönebergs. Mit ihrer neuen LP »Der Stolz italienischer Frauen« hatte sich ihr Erfolg noch gesteigert. Ich war begeistert von der Produktion, besonders dem Titelsong, und ich spürte, wie Ulla dank des persönlichen und kommerziellen Aufwinds in eine Art Experimentierphase geraten war. Den Traum, die so genau vorgezeichneten Grenzen unseres musikalischen Gebiets auszudehnen und trotzdem die Verbindung zum Publikum, das man ja manchmal beim Erfinden direkt vor sich sieht, nicht abreißen zu lassen, diesen Traum kannten wir beide und hatten wenig übrig für die Grenzüberschreitung in Richtung intellektueller Prahlerei: Das war leicht und genau so wenig erfüllend wie ins Dumpfe abzugleiten. Angeregt unterhielten wir uns zwischen den Gräbern. Ullas Erfolg war damals wie rund um sie herum gebaut, sogar ihr Beitrag zu Herwigs zweiter, gerade veröffentlichter LP war dort Hit und Titelsong, »Immer mehr«. Ich hatte mit ihm auch was geschrieben, »Bester Freund«, aber das Lied kam im Radio viel seltener vor.

Herwigs Neuveröffentlichung schob mein »Viel zu schön« bei den Medienleuten schon beiseite, für die die Produktabfolge aus der »Fabrik Rakete« eine Kette ununterbrochener Versuchsballons war, von denen halt einige platzten, andere hochstiegen. Die Gleichgültigkeit, mit der das gesehen wurde, machte mir Angst. Aber ich hatte doch theoretisch genau diese Abfuhr erwartet. Trotzdem war es etwas anderes, daneben oder mittendrin zu stehen. Für schützende Distanz war es jetzt zu spät, »Viel zu schön« bedeutete mir schon viel zu viel.

In unserer Branche jagte plötzlich ein Hitversuch den nächsten, zum Beispiel bei Herwig und bei Kunze. »Dein ist mein ganzes Herz« war ein Liebeslied zum Mitklatschen, den Riesenerfolg, den es haben würde, hatte ich nicht erkannt. Ich lernte den Komponisten kennen, Kunzes neuen Produzenten Heiner Lürig, klug, freundlich, ein Musikmacher mit unbedingtem Willen zum Erfolg, den er mit den Intentionen des Texters und Sängers erringen würde, aber wenn es nicht anders gehen sollte, dann auch gegen sie. Auf dem Bardentreffen in Nürnberg ein paar Wochen später, wo wir wieder als Band gastierten, erlebte ich Kunzes Song in Aktion, angekündigt als »ein Lied für Organspender«. Da kam es mittelmäßig an, weil noch nicht von den Medien in alle Ohren gespült. Anschließend tauschten wir in einer Session spontan unsere Lieder aus, dabei waren Pannach und Kunert, der Uralt-Deutschrocker Sony Hennig, Kunze und ich ohne Band. Am Ende sang das Publikum »In der Nachbarschaft«. Ohne Netz und doppelten Boden war dieser deutsche Tom-Waits-Song der Abräumer des Abends.

Später in diesem Sommer hatte ich eine Art Vision an einem Baggersee: Ich sah einen Zug von Menschen, endlos lang, verbunden im Willen zum Erfolg wurmartig durchs Land ziehend und wie auf mittelalterlichen Bildern zwergenhafte Herolde um ihn herum, die als Heil verkündeten: »Sieger über« und dabei auf irgendwen in dem Zug wiesen. Was in die Tiefe ging, ins Nahe, Zweifelnde, wurde noch mittransportiert wie ein altes Möbel, aber unterwegs als morsches Holz zerbrochen und zertreten. Sprechmasken blieben übrig. »Es zieht ein Wurm durchs Land, keiner hat ihn je schon gesehen, aber man hört, wie er wächst, wenn er frisst, und er frisst in den Mund von der Hand.«

Das hätte ein Lied werden sollen und ist ein Anfang geblieben.

Zeitenwechsel, dachte ich an diesem Baggersee, alles, was du liebst und kannst, gehört zu dem, was sie morsch machen wollen. Es ist so klar und kalt und erfrischend wie es immer war, dachte ich und sprang ins Wasser. Und als ich wieder auftauchte: Du bist ein Erzähler, kein Bediener.

Die Einsicht war da, aber es dauerte noch etwas, bis sie sich in mir wirklich Gehör verschaffte.

Udo Dahmen verdanke ich einen kurzen Auftritt als Lehrer beim Studiengang Popularmusik in Hamburg. Die Freude, die Udo am Weitergeben von Fertigkeiten hatte, seine Generosität im Lehren war uns auf den Proben zugute gekommen, und diese pädagogische Ader bestimmte später seinen Werdegang. Heute ist er Professor und künstlerischer Leiter der Popakademie Baden-Würtembergs in Mannheim. 1985 gab er mir Gelegenheit, mich über das Texten vor ein paar interessierten Studierenden auszulassen. Die besten Gespräche führte ich mit einer Zwanzigjährigen, die war hochinteressiert und einen Kopf größer als ich, Angelina Maccarone. Sie zeigte mir geheimnisvolle, in sich verschlossene Lieder, und wir schrieben uns eine Weile Briefe über die Ökonomie von Zeilen, das Zuwenig oder Zuviel, wofür man sich bei jedem Text neu entscheiden muss. Sie hat diese Frage vom Lied zum Film mitgenommen, heute ist sie eine bekannte und mutige Regisseurin.

Das Schwindelgefühl ließ allmählich nach, mein Neurologe befragte mich jedesmal wie ein Junkie, ob ich genug Tabletten besäße. Wenn ich verneinte, schrieb er mir neue auf. Ich dachte: Wer weiß, wofür's gut ist und hortete die Droge, aber nahm sie schon lange nicht mehr. Ich war ein bisschen ausgetrudelt, meine Lieblings-LP hatte sich nicht so gut verkauft wie erwartet, doch die Rundfunkeinsätze waren erfreulich, sogar für die Buchhalter bei CBS. Mein Vertrag wurde um drei Jahre verlängert. Im NDR hatte man eine Weile die Wetteransage im heißen Sommer mit dem Chor-

Jingle aus dem Lied unterlegt: »Wie wird es morgen? ›Viel zu schö-ön …‹«.

Hubert Skolud hatte am ganz großen Rad gedreht und Mario Adorf davon überzeugt, auf der Suche nach deutschsprachigem Material dieses Lied nachzusprechen, und zwar auf das Originalplayback mit Orgel und Chor. Es wurde später leider gar nichts aus dem Projekt, aber ich war gerührt und begeistert. Ulf Miehe schrieb mir dazu: »My goodness …«

Ich fand eine kleine Wohnung in Charlottenburg. Für die Verhältnisse damals teuer, genau deshalb nahm ich sie. Endlich durfte ich in den eigenen vier Wänden selbstbezogen und rauhbeinig sein. Ich badete nachts um drei, spielte danach noch mit Kopfhörern Klavier und sang dazu. Meine Mutter brachte mich auf die geniale Idee, dem immer spartanisch und verknappt lebenden Henner Reitmeier für ein gutes Salär die Inneneinrichtung der zwei Zimmer plus Bad zu überlassen. Er schuf leere Wände, und anfangs hielt ich mich an seine Ordnung.

In der *Hamburger Fabrik* gab es einen letzten Auftritt plus Band, ein Doppelkonzert mit Klaus Hoffmann. Wir sollten dort als Letzte dran sein, zum dezent gezeigten Ärger von Klaus, und als die ersten Töne von »Höchste Zeit« erklangen, verließ von den 900 Anwesenden ein Drittel den Saal, die Verbleibenden wollten uns hören. Einige Freunde und Bekannte, darunter Tom R. Schulz, sagten nachher, ich müsse das, was ich da oben triebe, wieder intensiver gestalten. Ich hatte keine Ahnung, wie, aber ahnte, dass Wachstum für mich nicht die richtige Richtung war.

Ich versuchte Meg zu überreden, doch mit mir und meinen Eltern nach Kreta zu fliegen. Der Ausflug war lang verabredet, aber sie fühlte sich überfordert und wollte nicht. Also stand wieder mal ein Abschied für länger an.

In letzter Sekunde schrieb ich an einem Lied über die Frauen in Kurdistan, die ihre Männer ziehen lassen müssen für Jobs in der Westtürkei oder den Krieg gegen die Besatzer, und über die Männer, die ihre Liebe nicht leben können. »Nur in den Träumen …« ging der Refrain, das erste Lied für die nächste Platte. Es steckte einiges von meinen momentanen Empfindungen darin. Anlass für dieses Lied war eine Großveranstaltung der kurdischen Community in Köln-Deutz, bei der ich freundlichen Beifall und ein Lob der Mitorganisatorin Renan Demirkan bekam. Zum Flughafen Düsseldorf nahm mich der DGB-Vorsitzende Vetter im Dienstwagen mit. Er hielt mir auf der Fahrt einen Vortrag über das Steuersystem und die Verpflichtung der Bürger zum Allgemeinwohl von seiner Verflechtung in den Finanzbetrug der »Neuen Heimat« war damals noch nichts bekannt. Ich bekam den letzten Flieger nach Berlin. Am nächsten Morgen würde es mit den Eltern nach Kreta gehen, sie atmeten hörbar auf, als sie meinen Schlüssel in der Tür drehen hörten.

Kreta war für mich eine Art Heimatinsel. Einen ganzen Winter hatte ich vor sieben Jahren dort verbracht, ein andermal meinen Eltern das griechische Festland gezeigt, wir waren ein geübtes Reiseteam. Ich musste lernen, dass in dem hohen Alter, in dem sie beide jetzt waren, ich spontane Entscheidungen diesmal meiden, alles Geplante gründlich mit ihnen besprechen, ihnen Ruhe und Leerlauf gönnen musste. Mit einem Mietwagen schaukelten wir gemächlich ins Ida-Gebirge hoch. Es machte Spaß, meine vergangenen Pfade sich mit den geschichtlichen Wegmarken kreuzen zu lassen, die meinem Vater auffielen und dies alles als Teil einer riesig blühenden, sich immer neu mühenden Natur zu verstehen, wozu meine Mutter uns aufrief. Wir kamen auch an die Südküste nach Sougia, wo ich damals den Winter verbracht hatte. Wie nebenbei registrierte ich ein paar bekannte Gesichter im größer gewordenen Ort, eine Disko ließ das früher stille Tal nachts beben. Als die Eltern sich hinlegten, zog es mich in *Marias Café*, meinen einstigen Stammplatz. Ich trank ordentlich Wein und träumte mich ein bisschen zurück, als mich eine freundliche dunkle Stimme ansprach. Sie gehörte zu einer kurzlockigen jungen Frau in Pulli und Jeans, sie hatte sich überwinden müssen, mich das zu fragen: ob ich eigentlich Maurenbrecher wäre, wenn ja, sie hätte mich im Frühjahr im *Onkel Pö* gesehen. Ich nickte nicht gerade begeistert, aber setzte mich doch an ihren Tisch. Ihre zwei Mitreisenden verabschiedeten sich schnell und wir gerieten in ein langes Gespräch, wie es Reisende manchmal führen, ich habe es nicht in Erinnerung – nur, dass mir an dem Abend alles an dieser Frau gefiel, die Stimme, die schnellen Bewegungen, ihre manchmal koketten, mal absinkend traurigen, mal triumphierenden Blicke. Wir sagten tschüss und hatten uns für den nächsten Abend verabredet, ich musste nur noch den Eltern beibringen, dass wir hier etwas länger bleiben würden.

Wir trafen uns zum Spazierengehen, Christiane und ich, und es freute mich, ihr die halb vergessenen Pfade ins Bergland über dem Ort zu zeigen, wo ich damals in Höhlen gehockt und Tage vertan hatte. Irgendwann standen wir sehr nah beieinander im Bergdickicht und sahen weit unter uns meine Eltern über die Steine am Strand staksen. Ich freute mich an jeder Berührung, zu der es zufällig kam. Vor dem Weiterfahren hatten wir uns für eine letzte Nacht zusammen am Strand verabredet. Als ich Christiane in ihrem Zimmer abholte, fiel mir erst auf, dass es ja ›meins‹ war – das Zimmer, in dem ich sieben Jahre vorher den Winter hier durchlebt hatte.

Die letzten Reisetage wollten die Eltern an der Nordküste in einem guten Hotel verbringen und sich vom Vagabundieren erholen. Christiane und ich verabredeten uns am Meer in Frangokastello. Man muss uns angesehen haben, wie wir uns beide freuten, als die Fähre anlegte. Strandspaziergänge, Lampionabende mit sanftem Wellenrauschen, eine weite Stille um uns zwei habe ich in Erinnerung, die leichte Berührung unserer Hände und viele Spiele. Wir spielten Tavli, als müssten wir uns voreinander wappnen und aufeinander einstimmen, wir fingen auch an, Rollen einzunehmen, uns selbst in den Gesprächen zu karikieren. Das war aufregend, ungewohnt und trotzdem auch vertraut. Ich saß einem kleinen Kind gegenüber, das im nächsten Moment uralt sein konnte. Und anziehend wie in der Höhe des Lebens. Eine Skizze, die ich nach den Tagen schrieb, stellt die Frage: »Welche Sprache sprichst du, vielleicht lerne ich sie schnell« und entwirft ein krudes Bild von dem Ort, wo diese zwei sich treffen: »Da wird ein Typ gesteinigt, und ein unfreiwilliges Paar zeugt ein Kind, grad, wo wir jetzt liegen, da, wo die Tamarisken sind, und das Schachspiel, das wir hatten tausend Jahre hinterher, du warst so viel geschickter, und ich lachte so viel mehr.«

So war mir, und ich war glücklich damit.

1985–1986

Beim Abschied ließen wir bewusst offen, ob wir uns in Deutschland wiedersehen würden. Ich schrieb in mein Heft: »So leicht, beschwingt wie sie ist, melancholisch und manchmal bitter dabei (...). Ich war mir nie sicher, ob sie mich nicht einfach ausnutzte als Begleitschutz. Sie war sich dessen auch nicht sicher, glaube ich.«

Anschließend traf ich noch Thommie Bayer und Frau Jone in Kora Sfakion, wir bekräftigten unseren Wunsch, mal zusammen auf Tour zu gehen, Thommie gab sich herzlich, aber dass er sich ›gab‹, war von ihm als Typ nicht abzulösen. Ich bekam das Gefühl vermittelt, nun in eine Art Club aufgenommen zu sein, ›einer von uns‹, wie sie sagten, ohne mich darum beworben oder solche Elite-Clubs je geschätzt zu haben. Ich würde auch immer wieder eine Liedersammlung wie »Viel zu schön« herstellen, behauptete Thommie, die Stücke perfektionieren, bis endlich ein Produkt den verdienten Erfolg haben würde. Ich fand, das käme einem Albtraum gleich. Ich möchte mich mit jeder neuen Veräußerung geändert haben, das wünsche ich mir bis heute.

Schon auf der Rückreise kamen Skizzen für die nächste LP, »Deine Augen sind ein Brunnen, in den man fällt und fällt und fällt. Hol mir Wasser!«, schrieb ich noch in Kora Sfakion. Einen Tag später: »Wir sind Reisende, Reisende soll man nicht halten«, und zum gleichen Thema eine Woche danach, zurück in Deutschland: »Ich seh dich zwischen Kleenex und Bier, noch so jung und verloren, zwei Meter weg von mir, und ich sag: Baby, wir sind Reisende, wir schau'n uns das nur an ...«

Wasserscheide   177

Diese Zeilen entstanden auf dem Weg nach München, ich hatte Aufnahmen im *Café Giesing* vor mir für das Bildungsfernsehen des Bayerischen Rundfunks, der Hausherr Wecker war dabei, Inga Rumpf, Gitte Haenning und Hanns Dieter Hüsch. Wir stellten ziemlich viel Unsinn an, Wecker lernte ich von einer übermütigen Seite kennen, Inga Rumpf gestand, sie hätte mich eigentlich für ein lebloses Plattenfirmenprodukt gehalten, und Gitte zeigte sich entsetzt über das kleine Liedchen »Suzanne«, das ich beisteuerte, über den schüchternen Vergewaltiger, den sich der große Randy Newman ausgedacht hatte. Ich war stolz, im Kreis dieser echten Könner dabei zu sein, von denen mir Hanns Dieter am nächsten blieb. »Ich sing für die Verrückten«, sang er mit Wecker am Klavier, an dessen Stelle ich da gerne gewesen wäre.

Es ging weiter nach Köln zu einem Radiogespräch mit dem Schlagertexter Ernst Bader, einem virilen, hellwachen Geist mit scharfgeschnittenen Pfeilen im Köcher, die er in das zunächst lahme Gespräch schoss. Von ihm stammten so unterschiedliche Eindeutschungen wie »Hundert Mann und ein Befehl« für Freddy Quinn oder »Du lässt dich gehen« für Charles Aznavour. Auch die Eindeutschung eines anderen französischsprachigen Hits stammte von ihm, und er erzählte, wie am Aufnahmetag Anfang 1959 alles bereit lag, die Strophen einer Liebesgeschichte und der Refrain »Am Tag, als die Sonne kam«, und er zufällig einen Langzeitwetterbericht hörte, in dem von einem erwarteten Jahrhundertsommer die Rede war. Gerade noch rechtzeitig änderte er die Hauptzeile und verschaffte dem Lied »Am Tag, als der Regen kam« damit die Durchschlagskraft, die es brauchte. Als wir uns »Flussabwärts« angehört hatten, sagte er sehr verständig: »Sie sind doch eigentlich auch ein Romantiker – nur, Sie machen es so kompliziert …«

Schon bald hatten Christiane und ich uns wiedergesehen, und komischerweise kamen aus Hamburg, wo sie wohnte, neuerdings viele Anfragen, sodass ich immer wieder dorthin fuhr. Noch war es ja einfach eine Urlaubsbekanntschaft, die ich in ihrer WG in einem zugigen, prächtig alten Haus in der Innenstadt besuchte, dort auch übernachtete, um Geld zu sparen. Sie machte leidenschaftlich gern kleine Super 8-Filme, und einmal wurde einer davon bei einem Kurzfilmfestival aufgeführt.

Zu anderer Gelegenheit kam ich mit Herwig in die Hansestadt zu einem Benefiz im Audimax über »Zukunft ohne Rassismus für Südafrikas Kinder«. Wir hatten ein paar Lieder für zwei Klaviere geprobt und uns eine längere Moderation ausgedacht, die etwas provokant war: »Irgendwann kommen die eh und holen sich, was wir haben«, steht als These auf meinem Spickzettel. Die Einlage war sicher gewagter als Franz Josef Degenhardts oder Hüschs Programmteile, ich weiß nicht mehr, ob wir das so vortrugen. An diesem Abend kam Christiane sehr spät und traurig dazu von der Beerdigung ihrer Oma, ich blieb drei Tage länger als geplant in Hamburg, und als ich am Tag vor Heiligabend im Bergischen Land bei Meg anrief, um zum Geburtstag zu gratulieren, musste ich gestehen, dass da ›was Ernsteres‹ am Laufen wäre, und musste Christiane darüber aufklären, ›dass es da eine Andere noch‹ für mich gäbe.

Jim hatte Ende des Jahres einen Rundbrief herumgeschickt, in dem die Umstrukturierung der »Fabrik Rakete« mitgeteilt wurde, Tendenz: allmähliche Abwicklung der Musik-promotion. Mein Kontrakt mit der CBS lief weiter und es war ausgemacht, dass die Firma »Primo Musik«, geführt vom Frankfurter Bernd Reisig, meine nächste Tournee orga-nisieren würde. Reisig war ein Freund von Thommie Bayer, damals noch sehr jung, ein Kulturmanager, der seinen Auf-stieg aus armen Verhältnissen und seine sozialdemokrati-sche Verwurzelung in Frankfurt gern betonte. Weingummis waren sein Hauptnahrungsmittel und Geschäftstüchtigkeit eine Stütze seines Selbstbewusstseins, das er oft von der eigenen Sensibilität bedroht glaubte.

Ich kam inzwischen gut mit meinem Vier-Spurrekorder klar, sang Strophenbruchstücke zu den Schlagzeuggrooves und Akkordfetzen, die ich vorher am Synthi zusammen-gestellt und aufgenommen hatte. Die Stücke wurden da-durch assoziativer. Ich zwang mich auch, die Routine des Geschichtenerzählens locker zu lassen, testete neue Zeilen je nach Laune, ließ sie auf mich wirken. Manchmal war es schwer, auf diese Art ein Lied zu Ende zu bringen. Manch-mal trank ich viel, um ans Ziel zu kommen.

Eines Nachts, in meiner Wohnung in der Krummen Straße, hatte ich beim Aufnehmen ein paarmal etwas kna-cken und reden gehört, vielleicht waren Zivilfunker über mein ungeerdetes Mikro zugeschaltet, irgendwann ver-schwanden die Stimmen wieder. Ich probierte verschiedene Schlussvarianten für das Lied »Reisende«, sang erschöpft einen letzten Einfall ins Mikro, ließ das Band weiterlaufen und hörte im Kopfhörer enttäuscht jemanden sagen: »Scha-de … so wird det nie wat …« Ich erstarrte und war so er-schrocken, dass ich sofort ins Bett ging.

In kurzer Zeit entstanden die Lieder »Gehts dir gut«, »Reisende«, »Manchmal«, »Blasmusik« und »Sibirien«. Ulli P. kam vorbei und schmetterte in die Aufnahme mit heller Stimme »Wenn du immer nach Osten gehst …«. Ich schickte diesmal die Demos gleich weiter an die Bandmusiker für Arrangement-Ideen. Herwig würde die nächste LP nicht betreuen, das war abgemacht, und mein Wunschpartner Udo Arndt hatte erstmal auch abgewinkt. Ich bekam das mutige Gefühl, ich könnte es mit dem Tontechniker Hubert Henle zusammen packen – wären wir ein gutes Team? Er willigte ein und in der »Fabrik« gab es keine Bedenken. Es war ihnen, so schien mir, allmählich auch ein bisschen egal.

George Kochbeck wechselte von meiner Band zu Herwig und Ulla als Nachfolgerin von Rosa Precht, die sich für ausgedehnte Tourneen schon zu krank fühlte. Er hatte vorgeschlagen, an den Aufnahmen noch bis zum Ende teilzunehmen, aber ich mochte keinem anderen Keyboarder zumuten, Georges geniale Klangcollagen live nachspielen zu müssen. Was die Musik betrifft, ist George der ideale geborene Spieler, oft ein Hasardeur, der in der Krise, wenn ein Stück irgendwie auseinanderzubrechen droht, erst zu voller Kraft aufläuft. Ich hatte das zuletzt bei einem Duo-Konzert an der Uni Marburg erlebt, wo er ein paar meiner Unkonzentriertheiten so bravourös auffing, dass in dem Moment etwas besonders Eindrucksvolles geschah, wo eigentlich ein Fehler hätte auffallen müssen. An Einfällen würde es ihm nie mangeln. Aber er war auch Solist. Kurz vor seinem Aussteigen hatten wir ein neues Lied aufgenommen, »Unsichtbare Wand«, eine Bluesnummer, von der er so begeistert war, dass er im Alleingang aus der kargen Nachtcaféstimmung, die ich angedeutet hatte, eine Art Bekenntnis-

Cover-Session für »Schneller leben«

Arie machte. Alle waren hingerissen, ich auch, aber beim dritten Hören fing ich an, mich nach dem spröden Original zurückzusehnen. »Unsichtbare Wand« ist ein offenes Liebeslied, dem ein Erlebnis in Hamburg mit meiner neuen Freundin zu Grunde lag. Mir kam das süffige Arrangement bald marktschreierisch vor.

Deshalb war ich über Georges Ausscheiden nicht ganz unglücklich. Er wurde ersetzt von Manne Opitz, einen Berliner mit viel Geschick, teamfähig, sparsam im Eigenausdruck, der seine Fertigkeit operativ einsetzte, ein echter Popmusiker.

Es drängte mich, mit der neuen Scheibe loszulegen. In dem Gefühlschaos, durch das ich durch musste, war das die einzig erträgliche Gangart. Wie sie heißen sollte, wusste ich

1985–1986

schon: Schneller leben. Obwohl alle Beteiligten bereit waren, Einsparungen hinzunehmen, errechnete Hubert Henle für die Produktion eine Summe weit über der Fünfzigtausender-Marke, aus Frankfurt wurde eine kleinere Zahl dagegen gehalten und uns hatte in der kommenden Zeit oft ein Sparfuchs-Gefühl am Wickel. Ich war zum ersten Mal mit großen Geldangelegenheiten beschäftigt, und auch wenn ich es gern vermieden hätte, es tat mir gut. Unglaublich, welche Summen seinerzeit für solche Produktionen ausgegeben und im Normalfall vervielfältigt zurückgeholt wurden.

Die Musiker von auswärts wohnten privat. Wir buchten ein kleines Studio in Neukölln und machten nur die Schlagzeugaufnahmen in Moabit. Eigentlich sah mein Plan vor, mit der Band auf eine kleine Tournee zu gehen und am Ende die neuen Stücke in kürzester Zeit aufzunehmen. Das Marktgesetz lautete aber: Neue Tournee nur mit neuem Produkt. Als Ersatz für die Bühnenerfahrung buchten wir jetzt mehr Studiozeit. Also auch Zeit zum Vertun. Ich lernte, wie schwer es ist, es zu produzieren.

Alles, was gespielt wurde, fand ich meist erstmal gar nicht so schlecht. Spur-nach-Spur-Aufnehmen war immer noch Mode. Wie es im Gesamtstück wirkte, hätte ich erst im Zusammenspiel gewusst, aber dazu kam es selten. Außerdem wurden dauernd neue Maschinchen an den Start gebracht, die man testen und über Midikanäle mit anderen Maschinchen in Verbindung bringen musste. Wir hatten ja Zeit, viel davon ging mit technischem Gefummel drauf. Hubert Henle war kompetent, was die Aufnahmemöglichkeiten betraf, aber nicht der Typ, die Basteleien zu unterbrechen, dazu bastelte er zu gern. Er war auch ein guter ›Führer‹ der Spieler durch ihre Parts, aber das Gespür für

ein Stück als Ganzes ging ihm verloren wie mir. Im Nach-
hinein fing ich an, Herwigs Produzentenkraft zu vermissen.

Dafür hatten wir eine friedliche Zeit miteinander. Es kamen erstaunlich schwungvolle, treibende Aufnahmen zustande, kompakte Liebeslieder im Rock-Gewand. »Schneller Leben« ist das erste Album von mir, das durchweg
groovt. Es gibt nur ein traditionelles Klavier-Lied darauf,
das früh entstandene »Nur in den Träumen« über die zerrissenen Familien der Dritten Welt. Bei »Blasmusik« gebe
ich mich als linker Konservativer und beschwöre gegen den
verflachenden Blödsinn der Medien die uralte Kraft der Blä-
serchöre. Sonst steckt das Album voll romantischer Episo-
den, verzauberter Reisen und Verliebtheit. »Manchmal« ist
ein Stück, das ich sieben Jahre vorher auf Kreta begonnen
hatte und damals Meg widmete, in »Reisende« ist Christianes Hamburger Zimmer und unsere wachsende Nähe ein-
gefangen, in »Engel« drückt sich der Wunsch danach etwas
abgedreht aus, und »Augen« spricht für sich. »Reisende«
ist durch Rosas zarten Refrain-Chorgesang besonders apart
geworden – später sagte sie, dass sie mit dem Lied gar nicht
viel anfangen konnte und deshalb so fragend gesungen hatte. Und meinem momentanen Gefühlschaos suchte ich im
letzten Stück der Platte, »Ins Blaue«, etwas entgegenzuset-
zen: »Da ist 'ne Partitur für alle Herzen dieser Welt …«

Ende April 1986 waren wir durch. Die Reaktionen in den
internen Zirkeln waren so durchwachsen, dass ich schnell
nicht mehr scharf auf sie war. Es gab laues Lob und Ratschläge. Wir hatten meine Stimme eher leise abgemischt,
wie es seinerzeit als zeitgemäß und schick galt, und ich
spürte bald, dass dadurch etwas wie eine sichernde Klam-

mer bei den Aufnahmen fehlte, sie schienen beim Hören zu zerfasern. Staunend erlebte ich, wie eine Garde von Top-Journalisten wortlos abrückte. Tom R. Schulz teilte mir mit, er sei mit anderem beschäftigt, Werner Burkhardt, der noch im Herbst geschrieben hatte: »Im Dickicht der Städte ist M.s Chaos noch nicht aufgebraucht. Die beste Zeit, so wollen wir hoffen, steht ihm und uns noch bevor«, zeigte gar keine Reaktion.

Den Titel fürs Ganze fanden alle gut, und ich schlug eine Coveridee vor: Statt überenergetisch in die Luft zu gehen wie viele andere damals, wollte ich mit einem Fallschirm der Erde zufliegen und auf der Rückseite gelandet ein wenig sauertöpfisch dreinblicken. Auf den Rieselfeldern in Kladow wurde die Idee von Jim umgesetzt, die Fotos gelangen knallbunt und expressiv. Ich hatte mir dafür einen neuen Anzug gekauft, Christiane war etwas erschrocken gewesen über meine Gleichgültigkeit den Kosten gegenüber. Roman

Stolz gestaltete die Platte innen modisch grau mit kleinen Zeichnungen. Ich gab dem Ganzen noch Günter Eichs trotziges Motto mit: »In Saloniki liest mich einer. Und in Bad Nauheim, das sind schon zwei.« CBS hielt eine Veröffentlichung im Herbst für machbar.

Eine Anfrage kam vom niedersächsischen Landesverband der Grünen: Ulla, Herwig und ich sollten bei ihrer Wahlkampftournee »Haste Töne?« dabei sein. Wir hatten Töne genug, um mit zwei Flügeln und drei Stimmen die politische Alternative zu unterstützen. Nach der Premiere in Hannover ging es durch die niedersächsische Provinz mit dem irrwitzigen Clown Eisi Gulp, Moderator Heinrich Pachl, dem Vorläufigen *Frankfurter Fronttheater* und wechselnden Mitmusikern wie Jasper van't Hoff oder Edo Zanki. Das *Fronttheater* hatte eine besondere Art, das grüne Szenevolk in der eigenen Anspruchswelt irrlaufen zu lassen, und Matthias Beltz eine unschlagbare Begabung für Sprüche: »Wie auf der Bühne Shirley Bassey tobt durch Berlin der wilde Wessi ...«

Auf der Tour hatte sich uns in Hameln Christiane angeschlossen, zufällig traten wir in dem Gymnasium auf, an dem sie Abitur gemacht hatte. Hinterher im Tross nach Hildesheim zeigte sie irgendwann in die Nacht raus und sagte: »Hier bin ich aufgewachsen«.

Nach dem Reaktor-Unfall von Tschernobyl waren jetzt im Kollegenkreis viele große Gesten zu erleben, Wolf Maahn und Ina Deter hatten Singles vorbereitet, die zur Abkehr von der Atomenergie mahnten und eine Endzeit beschworen. Gleichzeitig tauchte neuerdings das Wort ›Halbwertzeit‹ dauernd auf. Es lag nahe, daraus etwas zu machen.

Wen ich für das neue Lied brauchen könnte, wusste ich. Ein paarmal war ich inzwischen Diether Dehm begegnet und hatte das immer als angenehm empfunden, sogar dann, wenn er sich mal wieder in eine Lage brachte, die ihn bei anderen schlecht aussehen ließ.

So hatte er mich einmal zum Geburtstag eines Ortsbürgermeisters nahe Frankfurt eingeladen, von dem er behauptete, er sei ein Riesenfan von mir. Die Gage war akzeptabel, ich sagte zu. Diether holte mich am Flughafen ab, wir gerieten in ein spannendes Gespräch über die Notwendigkeit eines nicht regulierten, freien Mittelstands in einer sozialistischen Gesellschaft – nach einer Weile fiel mir auf, dass er den Motor seines schweren Audi immer mehr drosselte, irgendwann zeigte er nach vorn, sagte nachdenklich: »Da ist das Städtchen ja schon«, fuhr rechts ran, ließ den Kopf gegen das Lenkrad prallen, seufzte laut auf und rief: »Und jetzt muss ich dem Genossen nur noch erklären, dass nicht Klaus Lage kommt, sondern du!« Ich lachte schallend auf, kannte den Druck, wenn man es allen Recht machen will, genoss es auch, gar nicht in Diethers Schuld zu sein.

Jetzt lud er mich zum Texten für mein neues Lied auf seinen dörflichen Wohnsitz nach Großentaft ein. Viele aus der Branche waren hier aufgelaufen, erzählte er. Einem davon sei es in der ländlichen Stille abends so klamm geworden, dass er sich eine Taxe ins 120 Kilometer entfernte Frankfurt haben kommen lassen.

Wir nahmen uns zwei Stücke vor: das von mir angedachte Spottlied über Protestsongs in der medialen »Halbwertzeit« und ein von Diether gewünschtes »Mauri-Radio-Liebeslied«. Nebenbei machten wir uns den Spaß, am Stimmklang bekannter Sängerinnen die Art von Texten zu skizzieren, die zu ihnen passen könnten, liefen durch die Gegend, saunten und kochten. Ich hatte ein von Manne Opitz vorbereitetes Melodiestückchen mit, auf das wir die »Halbwertzeit«-Strophen anlegten, von denen es etliche mehr gab als die drei, die übriggeblieben sind. Eine nahm sich den US-Bombenangriff auf Tripolis vor und ging so: »Hey Musikproducer, mein nächstes Lied wird schärfer, da geht es um die Amis und um Lybien. Jeder spricht von Terroristen, ich weiß nicht, wo die sitzen, nur diese Bomber kamen auch ganz dicht an uns heran (…)«

Wir wussten, dass so eine Strophe das Lied als Radiosong killen würde. Kritik gegenüber der westlichen Schutzmacht wäre sofort ein Grund, es aus der Rotation zu nehmen. Ich traf mit Diether einen der wenigen, die sich im zunehmend kontrollierten Medienbetrieb auskannten, taktisch denken konnten, aber das Ziel, die radikale Aussage, trotzdem nicht aus den Augen verloren. Im Gegensatz zu einigen Sangeskollegen, die sich zu solchen Themen nur ›höchstpersönlich‹, also immer pathetisch äußern, ist Diether eher Schmuggler als Bekenner.

Seine Vorstellung vom ›Liebeslied‹ hatte allerdings wenig mit mir als echter Person zu tun. Aus Neugier und Gewinnstreben ließ ich mich auf »Ich fühl dich« ein, dessen Musik wir zusammen innerhalb von fünf Minuten erfanden – ›je schneller, je besser‹ ist beim Herstellen von Melodien immer wieder meine Erfahrung gewesen. Nur Worte wie »Lippentrick« und anderes Geklingel kamen aus einer Werbewelt, an der ich normalerweise vorbeischlendere, ohne sie zu vermissen. Umso erstaunter war ich, wenn sensible Fans gerade dieses Stück ein Lieblingslied nannten.

Ich hatte Meg ein paarmal besucht, und nach dem bösen Zusammenprall, als ich an ihrem Geburtstag aus Hamburg gratuliert hatte, waren wir auf unsere seltsame Art doch wieder versöhnt und empfanden uns noch als einander zugehörig. Egal, ob sie auf dem Kleinhof wohnte oder sich für eine Auszeit in eine Klinik einweisen ließ – dass wir kein lebendiges, normales Leben miteinander führen konnten, war uns klar. Sie sei einfach nicht gemacht fürs Zusammenleben, war ihr jetzt fast rituell wiederholter Spruch, und ich fragte mich, ob ich ihr diese Ausrede aufgedrängt hatte. Was ich andererseits mit Christiane erlebte, war mit dem Wort Eskapade schon lange nicht mehr umrissen: Ich durfte sie immer ein bisschen mehr kennenlernen, in ihren Kurzfilmen von einer spielerischen, übermütigen Seite, in ihren manchmal tief grüblerischen Gedanken, dem ziellosen Germanistik- und Philosophiestudium, dem Jobben als Buchhändlerin in einem mies geführten Laden, in ihrem großen Enthusiasmus, wenn es um neue Ideen ging, plötzlich auftauchende Interessen wie das Vorlesen und Rollenspielen, das wir miteinander trieben oder, ein Jahr später, die Welt der Computer. Sie war während der Plattenaufnahmen drei Wochen allein auf Kreta gereist, und ich froh und erleichtert, als sie eines Nachmittags im Studio auftauchte, gesund, braungebrannt und, wie ich am Abend erfuhr, ohne eine für mich gefährliche Begegnung unterwegs. »Wen hast du da denn aufgegabelt«, hatte Richard Wester mich im Aufnahmeraum angegrinst, als ich ihr den Wohnungsschlüssel gab.

Christiane und ich gehörten also auch zusammen und planten schon einen Sommerurlaub in Süditalien. Vorher mussten die beiden neuen Stücke in den Kasten. Der Einfachheit halber fragte ich Musiker aus Berlin, Bibi Schulz von *Interzone* für die Gitarre, George Kranz fürs Schlagzeug, Else Nabu für den Chor, angeleitet vom Mitkomponisten Manne Opitz. Die Playbacks herzustellen ging leicht, aber als mich Hubert Henle beim Einsingen in eine Pop-Entertainer-Ecke locken wollte, nuschelte ich die beiden potentiellen Singles extra luschig weg, was ein Nachspiel haben sollte.

Im Grips-Theater war im Frühjahr 1986 die »Linie 1« uraufgeführt worden, die Künstlerkneipen voll von Kulissentratsch und dem Triumph der Premiere, die den Riesenerfolg des Stücks schon vermuten ließ. Ich hatte mir eine der ersten Vorstellungen angeschaut, fühlte mich gut unterhalten, aber hatte den Hauch eines Welthits wieder nicht gespürt. Umso freundlicher war, dass der Theaterchef Volker Ludwig mich anschließend zu sich winkte und mir für »Viel zu schön« dankte. Es hätte ihm einen Zugang zu seinem »Du bist schön, auch wenn du weinst« verschafft. Dieses Lob siedelte mich bei den Gripslern eine Weile hoch an. Es gab sogar den Plan, dass ich mit und für Ilona Schulz ein Liedprogramm schreiben würde. Dafür blieb in den folgenden Monaten natürlich keine Zeit, es wurden, was »Linie 1« betraf, gleich Weichen für Jahre gestellt. George Kranz und Richard Wester waren bei der Entstehung des Stücks dabei gewesen, von ihnen wusste ich, wie vor der Premiere um Musikanteile bei den Kompositionen gerungen wurde, die offiziell alle Birger Heymann verantwortete. Damals mag man gedacht haben, dass es sich um Pfennigbeträge handelte, aber mit dem Welterfolg wurden hohe Summen an Lizenzen daraus. Seitdem ist das Grips für junge SchauspielerInnen auch jahrzehntelang eine Art Kaderschmiede gewesen, vergleichbar der »taz« für Journalisten. Dass sie mit dem neuen Stück um die ganze Welt kämen, wusste bei der Premiere aber noch niemand, auch Dietrich Lehmann nicht, Nachbar meiner Eltern in Wilmersdorf, bis heute spielt er in dem Stück den alten Mann.

Christiane und ich flogen nach Sizilien, wo der Alltagsdruck endlich abfiel. In Catania stand plötzlich der Kreuzberger Kneipenwirt Gino Merendino vor uns, rundlich geworden und glücklich, voll überrascht von dem Liebespaar, das er vor sich sah. Ein freundlicher Einheimischer bot an, ein Foto von uns zu machen. »Bitte«, sagte Christiane, reichte ihm ihren Apparat, und da fielen uns gleichzeitig die Warnungen vor den Sizilianern ein: alles Mafiosi und Diebe. Das Foto gibt es, wie zum Sprung bereit starren wir in die Kamera.

Die Reise wurde zum Abenteuer im Hafen von Agrigent, wo gerade ein Schiff nach Linosa auslief. Wir wussten nichts über das Inselchen kurz vor Tunesien, trieben durch die violette Abenddämmerung in eine windstille tiefe Nacht auf ruhigem Meer dahin, nachts in Schlafsäcken unter den Sternen, verließen das Schiff im Morgengrauen ohne Ahnung von irgendwas. Italienisch sprachen wir beide nicht, jetzt radebrechten wir uns zu einem Frühstück und dann zu einem alten Haus in Meeresnähe, das es zu mieten gab. Bewohnt war das Gemäuer von Echsen, Schlangen und Spinnen vielfältiger Art. Heute erstaunt mich meine Sorglosigkeit, aber die Tiere zogen sich dezent von uns zurück. Spinnenschützerin Christiane brachte mir Friedfertigkeit auch gegenüber den großwüchsigen Exemplaren bei. Wir lebten das Leben eines jungen Paars, sorgten für ausgiebige Frühstücksnahrung und schattige Sitzecken, ich marschierte jeden Mittag durch Gluthitze zu einem Strand und schwamm, wir wanderten im Abendwind über das Eiland. Es gab viel Wein und immer ausgedehntere Spiele, in denen wir uns Rollen füreinander suchten, die wir vorher im Traum nicht gekannt hatten. Hatte ich vor der Reise manchmal vermutet, sie könnte ein Ausflug sein, nach dessen Ende man sich einvernehmlich voneinander wieder trennt, ahnte ich jetzt, dass ich das weder wollte noch konnte. Ich wollte über die Ahnung aber auch nicht nachdenken, als wir durchs Eolische Meer zurück nach Norden fuhren, ich wollte am liebsten alles so in der Schwebe.

Zwischen Dehm und Kirnberger von CSB waren inzwischen Briefe gewechselt worden über mein luschiges Einsingen der zwei neuen Titel. Gut, dass es Handies noch nicht gab, sie hätten mich glatt zurückbeordert. Also gleich ins Studio. Die LP-Pressung lief an, sobald mein neuer Gesang im Kasten war. Ein Wermutstropfen: »Viel zu schön« war im Jahr davor auch als eine der ersten deutschen CDs erschienen, bei »Schneller Leben« sparte die Firma sich das. Dafür kam die Single »Halbwertzeit« als Promogabe schon früher heraus. Dass der Titel polarisieren würde, hatte ich im Studio gespürt, von Begeisterung bis zu Kopfschütteln war bei Musikern und Technikern alles drin gewesen.

In Berlin wurde im Sommer 1986 in beiden Sendern eine ›heavy Rotation‹ eingeführt, was bedeutete, dass ab jetzt nur eine knappe Auswahl an aktueller Popmusik in unentwegter Folge zwischen den Berichten rotierte. Man war der Meinung, die sture Wiederholung von Musik erfrische

Geist und Psyche. Noch wurde diese Auswahl von Menschen und nicht von Computern getroffen, noch vertraten keine Hörfunkpsychologen die Meinung, deutschsprachige Stücke steigerten automatisch Unfallquote und Selbstmordrate. Bettina Exner, CBS-Ansprechpartnerin in Berlin, schaffte das Unmögliche, mein Lied in beiden Sendern zu lancieren. Dabei hat sicher geholfen, dass »Halbwertzeit« so ungrün und gegen das Pathos der Atomgegner gerichtet wirkte. In Berlin bekam ich endlich meinen kleinen Hit, der jetzt viertelstündlich auf RIAS und SFB lief.

Verkaufsmäßig verschlief die Firma die Gelegenheit. Ich stand selbst dabei, als ein älterer Herr bei Karstadt in der Wilmersdorfer Straße sich nach dem Lied »mit der Halbzeit oder so« erkundigte, das er dauernd höre und als Platte mitnehmen wollte. »Müss'wa bestellen«, knurrte die Verkäuferin. Ich mischte mich ein, sagte: »Warten Sie fünf Minuten, ich bring's her«, lief schnell in meine Wohnung, griff eine Single aus dem Promostapel und kassierte fünf Mark.

In Berlin wurde ich bei vielen durch »Halbwertzeit« so bekannt wie im Westen durch »Bingerbrück«. Im Tagesprogramm des WDR allerdings kam mein Stück nicht vor, dort wurde der Spott auf die marktgerechten Warner als zynisch und nestbeschmutzend aufgefasst. Das tat weh. Ich machte es durch Liveaufführungen bei der »Unterhaltung am Wochenende« wett, wo das Lied auf die manchmal sogar etwas neidische Zustimmung traf, die den Kollegenkreis zu einem von Fachleuten macht. Hilmar Bachor ließ den Mitschnitt eines Bandkonzerts im Herbst an prominenter Stelle im Programm spielen. Auf ihn war, was mich betraf, Verlass.

Traurig, dass auch in Berlin und vielleicht durch die Rotation begünstigt bei alten Fans Ablehnung hochkochte und der Verdacht, jetzt hätte ich mich verkauft. Die Aktion, mit einem Stück, das das Verfertigen von Radiohits karikiert, einen solchen zu schaffen, ist ja auch gewagt. Dass dabei obendrein noch der Verfasser von Mitklatsch-Songs wie »Was wollen wir trinken« oder »Monopoly« mitgewirkt hatte, war ein rotes Tuch für die smarte »taz«-Schreiber-Generation.

Es gab eine weitere Riesenbenefizveranstaltung in der Waldbühne mit dem Titel »Alles Lüge«. Ulla Meinecke wünschte sich, dafür mit mir zusammen ›Halbwertzeit‹ zu singen. Sie fiel fast hintenüber, als ich erwähnte, dass Diether Dehm der Co-Autor war. Wir spielten es trotzdem zu zweit, ganz pur, und es fand erstaunlich guten Anklang, obwohl es noch kaum jemand kannte, die Rotation hatte erst begonnen.

Ende August war ein großes Deutschrockfestival in Schlitz, einem Örtchen bei Fulda angesetzt, die Auftretenden engagierte Diether Dehm federführend für den Hessischen Rundfunk, und natürlich sorgte er dafür, dass ich mit Band dort spielte. Allerdings für eine miserable Gage.

Wir probten wieder in Hamburg, ich kam von einem Besuch bei Meg dorthin und hatte mir fest vorgenommen, zu Christiane in eine Distanz zu treten, die ich mir zwar denken, aber gar nicht empfinden konnte. Unsere erste Begegnung nach der gemeinsamen Reise war niederdrückend. Um den knappen Proben gerecht zu werden, quartierte ich mich bei ihr aus, zog in ein Hotel auf der Reeperbahn und löste damit Diskussionen aus, die uns beiden weh taten. So belastet fuhr ich weiter nach Schlitz, hinein ins Gemisch aus Deutschrockern, Liedermachern, Kabarettisten und ihren

Managern jeder Coleur. Vivi Eickelberg war da mit ihrem Hauptact Kunze, der jetzt hoch in den Charts stand und wie ein von Erfolgsgas geschwemmter beweglicher Tank herumlief, niemanden sah oder kannte und jeden Moment abzuheben drohte. Was er mit Band auftrittsmäßig von sich gab, war durchweg aufs Mitklatschen getrimmt, auch bei solchen Zeilen wie »Die haben das doch gar nicht gewollt« über die Judenvernichtung der Nazis. Die dazu klatschende deutsche Meute, ein unheimlicher kalkulierter Moment. Es gab natürlich auch erfreuliche Begegnungen, doch ich war in keiner Stimmung dafür. Unser Auftritt war irgendwann nachmittags, es dunkelte, und die wenig erwartungsvolle Masse war unkonzentriert, aber noch nicht garstig. Wir gaben unser Bestes, es funktionierte anfangs so einigermaßen und riss irgendwann bei »Sibirien« ein, weil wohl niemand dieser Geschichte folgen wollte. »Halbwertzeit«, im Westen der Republik bisher unbekannt, wirkte aufs Publikum wie eine Art Verhöhnung der Aufrechten. Was will der zerrupfte kleine Typ auf der Bühne da mit seiner monströsen Brille, werden manche gedacht haben, andere werden auf den Text nicht geachtet und nur empfunden haben, dass es so richtig eben nicht abging bei dem. Ich machte wie ferngesteuert Mitklatschbewegungen und dachte gleichzeitig: Das bist du nicht! Warum bringst du dich hierher?

»Leben auf der Überholspur«, titelte der Musik-Express, als »Schneller leben« erschien, das gefiel mir natürlich. Auch die Feststellung: »Jemand, der einen äußerst zynischen Text mit einer absoluten Ohrwurmmelodie verbindet, ist gefährlich.« Dass es auf der neuen Platte viel schöne Musik gab, fiel auf, und auch, dass sie quer stand zur Moral: »Egal, wieviele Aids wir machen, wir sind die Feinde – das ist natürlich unbequemer als irgendein tränentriefendes ›Nackt im Wind‹«, schrieb Sibille Gerhards im »Bielefelder Stadtmagazin«. Laf Überland von »zitty« fand die LP »eingängiger denn je«, und: »Das Bestechendste an diesem Mann ist seine bodenlose Ehrlichkeit«. Das war ihm klar geworden, nachdem ich ihm erklärt hatte, ich fände Radio-Rotation eigentlich idiotisch, aber würde es natürlich genießen, das eigene Lied dauernd zu hören. So einfach ging Ehrlichsein in der Zwangscoolness des neuen Journalismus.

Schon zweimal hatte ich das Jahr über mit Richard Wester im Café seiner Schwester am Rhein gespielt. Jetzt kam von Thommie Bayer die Anfrage, ob wir uns nicht doch im Folgejahr zu einer Tournee zusammentun könnten. Auch Jim schickte mir ein Briefchen: »Wir sollten gelegentlich den Vorschlag Thommie Bayer/MM besprechen (...) Musik-Szene war übrigens sehr lässig und gut. Bald bist Du aus der Glotze nicht mehr wegzudenken ...« Ich schlug deshalb vor, diese Tournee zu dritt mit Richard zu unternehmen. Bernd Reisig war bereit zum Booking. So wurden im Frühherbst 1986 schon ein paar Gleise ins nächste Jahr verlegt und Jim Rakete konnte sich einigermaßen beruhigt von der Aufbauarbeit, die er für mich geleistet hatte, zurückziehen.

Vernetzt in viele Richtungen war für mich das Jahr randvoll von allem nur Möglichen.

In der Westberliner Akademie der Künste spielte ich mit Pannach und Kunert und dem späteren RBB-Kulturredakteur Salli Sallmann ein Konzert, in dem ich noch vor der Maueröffnung den West-Exoten gab zwischen drei exilierten, Biermann-geschädigten DDR-Bürgerrechtlern, vom Publikum ins Kostüm von Freiheitskämpfern gedrängt, das zwei von ihnen längst abgeworfen hatten. Sallmann, der dritte, nahm die Zweiliterflasche billigen Rotwein gleich mit auf die Bühne und gab sich als verzweifelter Freigeist mit schwerer Zunge. Pannach und Kunert brilliant wie immer, ich trat barfuß auf und mischte meine Worte mit wildem Flügelklang, endlich mal wieder Solist. »Der hat die Westcodes ganz schön gut drauf«, soll Dissidenten-Anführer Jürgen Fuchs anschließend zu Pannach gesagt haben.

Hannes Wader feierte seinen Fünfzigsten im *Café Giesing*, ich trug zusammen mit George Kranz, den ich dort erfreut wiedersah, eine brachiale Version von »Halbwertzeit« vor. Endlich mal wieder erwachsener Punk.

Von der spanischen CBS ging die Initiative aus, Garcia Lorcas Gedichtband »Poetas in Nueva York« von Künstlern aus ganz Europa vertonen zu lassen. Donovan war dabei, Luis Llach, Angelo Branduardi, Mikis Theodorakis und Georges Moustaki, allen voran und quasi als Europäer im Geiste Leonard Cohen, der sein später weltbekanntes »Take this Waltz« für die Gelegenheit komponierte. Ich hatte die Ehre, auch ein Stück beizusteuern, hatte mir Lorcas »Kleines unendliches Gedicht« herausgesucht, eine Bilder- und Gedankenfolge zum Verhältnis zwischen Hähnen und dem Weib, Männern und Frauen. Die Arbeit war mit der Hoffnung verbunden, es könnte noch zu einer Live-Premiere des Albums in Madrid kommen. Wahrscheinlich hat man sie gecancelt, weil an dem Projekt keine einzige Frau beteiligt war, auf der Bühne wäre das doch langweilig gewesen. Aber endlich mal eine Spur von internationalem Ruhm!

Zu »Lieder(n) zwischen Weichsel und Rhein« lud der WDR nach Köln. Redakteur Bachor spielte seine Affinität zum östlichen Nachbarland finanziell und dramaturgisch großzügig aus und hatte ein Programm zusammengestellt, in dem Sängerinnen auf der Grenze zum Schlager, die Warschauerin Ewa Demarczyk und die Thüringerin Veronika Fischer, auf profunde Jazzmusiker trafen und der polnische Superstar der religiösen Elektronik, Czesław Niemen, auf so unverhohlene Tastenphilosophen wie Hanns Dieter Hüsch und mich. Wir verbrachten einen wilden, die Sendezeit lange überschreitenden Abend vor sehr wenig Publikum, das uns aber in allen Nuancen zu folgen versuchte. Veronika und ich boten eine ungeprobte »Halbwertzeit« – nicht das Gewagteste an dem Abend.

Als wir Ende Oktober mit gleicher Band wie im Studio die »Schneller Leben«-Tour begannen, war mir nach Unterwegssein. Dass die LP kein Verkaufshit wurde, war mittlerweile entschieden – na und? Wir boten ein fröhliches, heftiges Rockkonzert, das mit einer Art Orchesterfanfare begann und das ich an zwei Stellen für Sketche unterbrach. Spielfreude war diesmal unser Markenzeichen. Es galt der kompakte Sound, geprägt von Udo Dahmens stahlhartem Schlagzeug und Benjamin Hüllenkremers verspielt treibendem Bass. Das Lied »Heimat« mit futuristischem Text zu hymnischer Musik von Richard war einer der Höhepunkte. Sehr viel härter und freier als auf der LP war »Ich fühl dich«, das ich an den zehn Konzertabenden mit Gedanken an die Zeit nah bei Afrika verband. Zu »Bingerbrück« sagte ich: »Jetzt kommt ein Lied, das ich wohl nicht mehr loswerde.« Insgeheim war die Zukunft ein Thema des Abends geworden. Noch einladender als schon im Vorjahr war unsere Musik für die Tanzwütigen. Mein Fan beim »Kölner Stadtanzeiger« schrieb: »M. gibt sich mehr und mehr als ein Rock-Desperado.« »Halbwertzeit« als letztes Stück vor den Zugaben hatte es manchmal schwer, aber an der trotzigen Art, die ein reserviertes Publikum in mir aktiviert, hatte ich meinen eigenen Spaß, denn auch dieses Lied blieb ja eingebettet in den Schwung unserer gut geölten Musik.

Mit dem Tourneebesuch konnten wir zufrieden sein, aber die Kosten überstiegen wieder die Einnahmen, und ich wusste intuitiv, dass mir niemand noch ein weiteres Mal solch eine Tournee zahlen würde. Mehr war nicht drin, ich genoss die Zeit, ohne k.o. zu gehen, dauernd schwindlig zu werden oder mich in Zweifeln zu wiegen. Wir beendeten die Tour mal wieder in München, bei einem TV-Auftritt für »Live aus dem Alabama« vor nicht allzu vielen und auch nicht allzu eingestimmten Zuhörern, von denen ein auffallendes Grüppchen, Schulklassen von außerhalb, den Saal vorzeitig verließ, weil ihr Bus fuhr. München halt.

Am Morgen nach dem Berliner Konzert sagte Ullas Stimme auf dem AB, ich solle jetzt bloß nicht in die »taz« schauen. Was ich natürlich doch tat. Ein Typ namens Wiglaf Droste hatte mich als authentisch autistisch bezeichnet, aber so hässlich, dass ich mich eigentlich auf keine Bühne wagen dürfe. Mit der aalglatten Popband im Rücken hätte ich außerdem Substanz verspielt, »aus dem Unikat M. ist der Clown und Kasper für linke Spießer geworden, (…) ein trauriger, weil erbärmlicher Anblick«. Ich kannte den Typ nicht, erschrak, fand aber, Journalisten könnten durchaus so gehässig sein, das war dann ihre Berufsauffassung. Manche nehmen sich selbst nur wahr, wenn sie pöbeln. Ich lernte den Typ bald kennen, da wollte er sich für seinen Artikel entschuldigen, was ich nicht annahm. Er schickte mir daraufhin alles, was er für die »taz« geschrieben hatte, worauf ich nicht einging. Er schickte noch eine Postkarte hinterher: »Herr Maurenbrecher, warum so still?« Dann nahm ich ihn erst wieder wahr, als er sich selbst als Künstler auf Bühnen schwang, sich selbst über ein Beifallspublikum wie Bolle freute und genau das tat, was er mir vorgeworfen hatte. Das, fand ich, ging zu weit, dieser Typ war für mich im Leben kein Kollege. Ich kenne viele, die ihn hoch schätzen und für bedeutend halten. Ich finde, dass jemand, der sich bekannt macht, indem er andere tritt, ganz für sich bleiben sollte.

Das Reisen, der Trubel, Nebenbeiaufträge, die ich erledigte, Sendungen moderieren, Liedtexte für Sängerinnen und Sketche schreiben für die zahlreicher werdenden Unterhaltungsformate in Berlin und Köln, es hielt mich alles vom Grübeln ab. »Geld? Geld ist 'ne Falle …« Ich verdiente jetzt richtig gut, die Schere zwischen dem geförderten, unter Vertrag stehenden Plattenkünstler und dem gefragten Autor und Bühnensolisten, der die lukrativen Aktivitäten auf eigene Faust unternahm, während die einkunftsarmen durch die Firma getragen wurden – es war eine ungewöhnliche Konstellation, bei der ich mir immer wieder klar machen musste, wie privilegiert ich war. Die GEMA-Einnahme für 1985 war fünfstellig geworden, ich hatte der Zahl auf dem Kontoauszug erst nicht getraut. Ich konnte jederzeit gut essen gehen, mir Hotelzimmer buchen, zu Geburtstagen von Freunden fliegen, einen Kurzurlaub zwischenschalten. Aber von der Hauptfrage kam ich nicht weg, tief drin, nie und nirgends:

1985–1986

Wie und mit wem ging es weiter? Konnte über diesen Komplex auch mit niemand mehr sprechen. Manchmal saß ich bei meinen Eltern, die spürten, was mich bedrückte, aber sie wagten es nicht, das anzutippen. Manchmal fing ich im Beisammensein mit Ulli D. davon an, aber wir hatten uns so oft ausgetauscht, es wiederholte sich nur.

»Ich war so matschig, erst der Ortswechsel und dieses sinnlose Fliegen hat mich heute geweckt«, schrieb ich Anfang November in mein Heft. Ich war in Ludwigshafen gelandet für eine Fernsehaufnahme, der Redakteur wünschte sich, dass ich »Halbwertzeit« in Frack und Zylinder an einem Flügel sitzend performe, der von einem Sattelschlepper durch den Containerhafen gezogen wird, Playback natürlich. Ich hatte den ganzen Kram im Hotel schon mal anprobiert und jetzt eine Stunde frei. »Ist es nur dies endlose Abschiedsgeheul, das mich noch hochbringt?«, kritzelte ich, »müssen die Drogen stärker werden?« Ich hatte Christiane einen Brief geschrieben, in dem ich von geheimnisvoller Liebe fantasierte, und ihre Antwort war, sie hätte nichts Geheimes für mich, es läge alles ganz offen. Finster aufgerüttelt sehe ich auf kurz darauf gemachten Passbildern aus.

Ich würde gleich abgeholt werden, hieß es, von einer Sonja, die von der Plattenfirma gegen meinen Willen zur Betreuung am Drehort eingesetzt wurde, mir wäre mehr nach einem stillen Abend allein gewesen. »Lass es los. Beides!«, kritzelte ich, da klopfte sie schon. Wir fanden ein lauschiges Eckchen zum Essen und Weintrinken. Und plötzlich konnte ich reden, eine Fremde hörte zu, und zwar richtig gut. »Gib dir keine Mühe«, sagte sie. Als wir uns drei Stunden später auf dem Hotelgang verabschiedeten, waren wir Freunde für einen Abend geworden.

Am Morgen ruckelte dann der Clown in Frack und Zylinder durch den Ludwigshafener Containerschrott mit seinem Möchtegern-Hit von der Halbwertzeit. Und die CBS-Abgesandte zahlte die Spesen.

Diesmal besuchte ich Meg zu ihrem Geburtstag vor Weihnachten, sie hatte sich wieder in eine Klinik begeben. Kurz vor Silvester kam Christiane zu mir, wir spielten vor winterlicher Kulisse mit ihrer Kamera und ich bereitete die nächste Tour vor. Ohne Produkt diesmal und ohne Band, nur Thommie Bayer, Richard Wester und ich – »Drei Männer im Schnee.«

1987–1988   Über'n Berg

Die »Bremer Nachrichten« hatten mir nach dem letzten Bandkonzert geraten: »Besser in kleinerem Rahmen!« Das las ich nicht gern, aber genau so kam es. Unsere Tournee zu dritt war eigentlich als spielerisches Nebenbei für einen Wintermonat geplant, weshalb wir uns nach Erich Kästners Roman »Drei Männer im Schnee« genannt hatten.

In Angeln, wo Richard Wester wohnte, probten wir Anfang Januar, und die Eisblumen an meinem Pensionszimmerfenster sind in einem Text festgehalten, den ich spontan zu einer Melodie von Richard über den Beginn einer Liebe in Frangokastello schrieb. Das kleine Stück ist für unsere Zusammenarbeit beispielhaft: Gitarre, Klavier, Saxophon und Stimme, mehr nicht. Manchmal kam ein anderes Blasinstrument in Aktion, manchmal sangen wir zu dritt, dann und wann wurde anfangs noch ein Rhythmuscomputer angeworfen. Effekte so wenig wie nötig, musikalischer Ausdruck und Bühnenpräsenz so heftig wie möglich. Wir gaben uns paritätisch Raum und standen gleichberechtigt vorn.

Insgesamt waren Richard Wester, Thommie Bayer und ich anderthalb Jahre unterwegs. Richard und ich spielten anschließend Duo-Programme und bekamen dafür 1991 den Deutschen Kleinkunstpreis. Über die Jahre verschwanden selbst kleine Zusatzgeräte. Nur noch pures Musikmachen ohne Tricks und Gimmicks. Wir hatten den Stecker aus der Stromversorgung für den Bombast der Achtziger gezogen und damit der technischen Überlastung unserer

Drei Männer im Schnee: mit Thommie Bayer (l.) und Richard Wester (m.)

Musik ein Ende bereitet. Fünf Jahre später wurde das Mode, wir waren diesmal einen kleinen Schritt voraus. Nicht nur ästhetisch, auch was die finanzielle Unabhängigkeit betraf. Diether Dehm meinte beeindruckt, wir hätten da eine Art bewegliche kleine Partisanentruppe geschaffen, problemlos fast überall einsetzbar, um subversives Gedankengut einzuschmuggeln und damit noch Geld zu verdienen.

Ich genoss es, für dieses Projekt von keiner Firma abhängig zu sein. Dem Kampf um Hits war im Kollegenkreis einer um die technische Aufrüstung gefolgt. Klaus Hoffmann erzählte Jahre später, er habe sich in jener Zeit beim Tourneeveranstalter beklagt, warum auf sein Konto trotz gutem Publikumsschnitt so wenig Geld käme, und der Booker habe auf die zwei Lastwagen gezeigt, die vor der Halle standen, und geknurrt: »Die sind voll Zeugs für dich, rechne einfach mal ...«

Ganz so unbedarft wie damals bei *Trotz & Träume* setzten wir uns dem Publikum aber nicht mehr aus, denn was wir aus den Band-Zeiten mitgenommen hatten, waren Erfahrungen mit der Akustik von Räumen. Unser Techniker Toby Kühnel sorgte dafür, dass wir auch in schäbiger Umgebung hervorragend klangen.

Wir drei Musiker waren so unterschiedlich, wir brauchten uns eigentlich immer nur abzuwechseln, um den Abend bunt zu gestalten. Thommies Lieder, ob melancholisch oder flott, hatten Kinderliedmelodien, gegen die eine intensive bildhafte Sprache stand, die zum Fallenlassen und Mitschwingen einlud. Meine Stücke waren erzählerisch, manchmal aggressiv und fordernd, manchmal tief romantisch, und Richards Instrumentals, seine ›Lieder ohne Worte‹ bildeten die Klammer, mal rhythmisch, mal hymnisch, und schufen Zwischenräume wie Bilder in einem Buch mit Kurzgeschichten.

Wenn der Abend gelang, wurden wir wie eine Art musikalischer Tagtraum erlebt, »Lieder der Stille statt Hitparaden-Einerlei« titelte eine Zeitung in Harburg. Wenn es schief ging, wirkten wir wie drei in die Jahre gekommene Gemütspinsel. Das zu verhindern hatte jeder seine eigene Methode: Thommie überzeugte am liebsten durch Perfektion und erwartete bei manchen Stücken, dass jeder Ton der Begleitung genau abgesprochen stimmte; Richard setzte dem Widerwillen des Publikums seine ganze körperliche Kraft und mentale Ausstrahlung entgegen, und ich geriet im Notfall eher in eine chaotisierende, für mich ganz natürliche Trotzhaltung. Sehr schnell gewöhnte ich mir das manierierte Sprechen bei den Ansagen ab, das ich mir als Bandleader aus Unsicherheit zugelegt hatte, und plauderte jetzt oft einfach drauf los. Zum Ärger von Thommie, dessen überlegte Ansagen sich maßvoll gleichblieben. Er entwickelte sich auf der langen Strecke der Zusammenarbeit immer mehr zum Außenseiter, und es zeigte sich, dass Richard und ich dramaturgisch eine ähnliche Richtung bevorzugten. Thommie tendierte zur ›Kunst‹ und zum Richtig-Machen, wir zwei hatten Freude am Ungewissen und an kindlicher Verrücktheit.

»Aufbruch im Morgengrauen«, hieß es im Flensburger Anzeigenblatt »A7«, als wir nach einer wilden Generalprobe im Steinberger Sportlerheim mit dem Wohnmobil quer durch die Republik rollten, um in Freiburg bei einer Großveranstaltung Premiere zu feiern. Noch einmal hatten die ›Grünen‹ geladen, die Stimmung war kämpferisch und wir drei, matt von der langen Fahrt, fanden mit unseren Liebesliedern wenig Anklang. In Offenburg am nächsten Abend nahm der Organisator Lukas Beckmann deshalb den vermeintlichen Publikumswillen vorweg und wollte uns nicht auftreten lassen. Erst als Rio, durch seinen Hit »König von Deutschland« für die Veranstalter jetzt ein Star, darauf bestand und anbot, bei »In der Nachbarschaft« mitzusingen, gab der Obergrüne nach. Beckmann trug damals noch den langen Vollbart eines Bürgerrechtlers und wirkte gemütlich. Erst als er sich im Zuge der Schröder-Fischer-Regierung rasierte und in teure Maßanzüge warf, erkannte man seine Funktionärsnatur. Unsere ›Grünen‹-Episode ging beim Düsseldorfer ›Winterzauber‹ ein paar Tage später zu Ende, hier hatte die Alternativ-Partei eine Wundertüte von Musikern zusammenkarren lassen, alle durften für ein, höchstens zwei Stücke auf die Bühne. Bei der Backstage-Probe für ein gemeinsames Schlusslied wurde der schwer angeknallte Udo Lindenberg mit einer debil lächelnden Dreizehnjährigen im Arm von Rio Reiser hart angegangen, weil er sich auf den Strophengesang nicht konzentrierte. Da lag etwas Hahnenkampfstimmung in der Luft. Schön zu merken, wie willkommen wir drei Schneemänner den meisten waren, unter anderem gab es ein herzliches Wiedersehen mit Claudia Roth, jetzt Grünen-Politikerin und sich mit Rio offenbar nicht mehr ganz so grün, und mit Antje Vollmer. Sie, Richard, Rio und ich hingen anschließend in den Kulissen, plauderten mit dem Journalisten Klaus Farin, der eine Reportage über uns ›Drei Männer‹ schrieb, während Ina Deter lauthals durch die Lobby tobte und rief, sie habe den Zimmerschlüssel verloren, wer könne sie mitnehmen.

Halb private Auftritte wie in Linz am Rhein wechselten mit gut beworbenen wie im *Quasimodo* in Berlin oder im *Café Giesing* in München, wohin Christiane angereist war, um ihren 27. Geburtstag zu feiern. Die Stimmung zwischen uns war angespannt schon deshalb, weil man sich auf Tournee vom fortlaufenden Trubel der Ereignisse nie richtig abkoppeln kann. In der Gästewohnung über dem Spielort gab es auch ein schwer atmendes altes Meerschweinchen. Christiane erzählte mir später, sie hatte gedacht, wenn es in den zwei Tagen dort sterben würde, wäre es auch mit uns beiden zu Ende. Das Tier keuchte zwar, aber lebte, als wir wieder aufbrachen.

An manchen Orten war mir, als wäre ich dort gerade gestern gewesen, zum Beispiel im *Sinkkasten*, wo mich vor dem Auftritt skeptische CBS-ler erwarteten, die mich lieber mit der »Schneller Leben«-Band LPs verkaufen gesehen hätten, aber nachher ganz hingerissen von uns waren. In Berlin kam Ulla Meinecke am Ende auf die Bühne, und mit den vielen befreundeten Musikern im Publikum stellte sich so etwas wie ein großes Familiengefühl ein. Wir hatten das Glück, dass auf keinen von uns ein fanatisches Fanpublikum lauerte, die Leute ließen alles mit offenen Ohren zu. Intolerante Fans habe ich nur bei zwei Künstlern, die mir nahestehen, erlebt: bei Rio nach seinem Tod und bei Gundermann schon vorher.

In Flensburg fand nach 19 Auftritten die Derniere statt. Landwirt Peter Heinrich Brix, später ein bekannter Schauspieler, fragte, wann es die erste Platte von uns zu kaufen gäbe. Die »Flensburger Nachrichten« verabschiedeten uns mit der Überschrift: »Ein Hauch von Einmaligkeit im Deutschen Haus. Drei Individualisten haben sich verschworen, Musik gegen den Trend der Zeit zu spielen.«

Zurück zu Hause dann Telefonate und Besprechungen. Mein Management hatte Vivi Eickelberg übernommen, mein Tourneeveranstalter war Bernd Reisig. Es gab keinen Grund, mit seiner Arbeit unzufrieden zu sein, aber auch keinen, sie als verpflichtend anzusehen. Was ich nicht wusste: Jim Rakete hatte Reisig einen Zugriff auf mein Booking versprochen wegen Schulden aus der »Schneller Leben«-Tour, Geld, das Reisig noch zustand. Aber jetzt ließ Eickelberg schnell und strahlend verlauten, der große Karsten Jahnke hätte Interesse an mir. Um diese Tür weiter zu öffnen, flog sie mit mir nach Frankfurt für einen CBS-Support, und ein paar Wochen später lernte ich Jahnke in Hamburg kennen. Ja, er würde eine Tournee für mich organisieren anlässlich der nächsten LP. Einen Tag später rief Richard an, er hätte von Jahnkes Angebot gehört und hoffe, zwischen uns bliebe alles wie bisher. Und Reisig rief an und drohte, im Fall eines Booker-Wechsels die aufgelaufenen Schulden von Vivi und mir zurückzufordern. Eine ungute Situation, aus der ich mich leider nicht eindeutig löste. Ich verkomplizierte sie noch, als ich wieder ein paar Wochen später in Frankfurt mit Matthias Beltz, Hendrieke von Sydow und Diether Thoma, den Dreien des *Vorläufigen Frankfurter Fronttheaters*, Pläne spann für eine gemeinsame Herbsttournee. Sie wünschten sich mich und meine Songs als Bereicherung ihres Programms, ein verlockendes Angebot. Ich spekulierte, dass Reisig, der das *Fronttheater* managte, auf diese Art von seiner Schuldenforderung abkäme und dass die Tour mit Jahnke viel später stattfinden würde, eine neue LP war ja nicht mal begonnen.

Meine Bindung an Vivi hatte den Vorteil, dass ihr Mann Wolfgang Eickelberg schon seit Jahren einen Deal mit dem WDR-Redakteur Hilmar Bachor unterhielt: Für jede »Unterhaltung am Wochenende« auf WDR 2 wurde in Berlin ein 15-minütiges Magazin mit Sketchen und Ulksongs produziert. Jetzt war ich mit dabei, und meine Zusammenarbeit mit Hille, wie der WDR-Mann von allen genannt wurde, intensivierte sich. Es gelang mir, einstündige Sendungen über meine musikalischen Idole unterzubringen, Joni Mitchell, Cohen und Randy Newman. Manchmal schlug auch Bachor ein Thema vor. Ich ging nicht mehr ganz so seelenvoll an diese Arbeiten wie seinerzeit für Van Morrison, aber mein erster Versuch, eine Toncollage zu Bob Dylan, bekam eine Menge Hörerpost – im Radiogeschäft etwas Seltenes. Ich schaffte es außerdem, Christiane für ein paar Sketche in

Mit Christiane auf Reisen

Dialogform als Sprecherin zu gewinnen und bei Wolfgang Eickelberg durchzusetzen. So oft hatten wir uns vorgelesen, natürlich gelang das auch im Studio wunderbar.

In Hannover im *Pavillon* spielte ich eine Dreiviertelstunde solo und wurde am Schluss bei »Halbwertzeit« und »In der Nachbarschaft« von der Band begleitet, die den zweiten Konzertteil bestritt und damals außerhalb eines kleinen Fankreises noch nicht bekannt war: *Fury in the Slaughterhouse*. Danach fuhren Christiane und ich nach Berlin, die letzten zwei Sketche schrieb ich im Zug. Spätnachts wurde geprobt, am nächsten Vormittag war Aufnahmesession im Audio-Studio. Gleich ging es weiter zum »Offenen Kanal«, wo Horst Steffen Sommer eine Sendung mit Christianes Super 8-Filmen vorbereitet hatte. Und umittelbar danach reisten wir zusammen mit Ulli D., seinem Bruder und Sohn Toni nach Kreta. Ein Urlaub, in dem romantische und wil-

1987–1988

Bei einem Konzert in Hannover

de Momente mit gereizten abwechselten und ich nebenbei die Aufgabe erfüllte, weitere zwanzig kurze Prosastücke zu entwerfen, die möglichst lustig sein sollten. Christiane fuhr eine Weile allein auf der Insel herum. Als wir dann mal durch eine Frühlingswiese an einem sonnenwarmen Morgen einem Bergdorf entgegen stiegen, sagte sie, sie könne sich gut vorstellen, einmal einen großen Garten zu haben, das würde ihr Freude machen.

Das Verhältnis zwischen Ulli D., Christiane und mir war inzwischen geradezu familiär, auch zu meiner Mutter war ein freundliches Band geknüpft, nur mein Vater, vor Kurzem von einem Schlaganfall geschüttelt, konnte die neue Partnerin nicht mehr recht einordnen in sein wachsendes Gedankenchaos. Jetzt lernte ich auch Christianes Eltern kennen in ihrem Haus am Ith. Der Liedermacher, den seine Tochter aufgegabelt hatte, war dem alten Mathelehrer zunächst suspekt, aber beide ließen sich freundlich auf mich ein. Beim Abwaschen fragte die Mutter zerstreut: »Und wie haben Sie den Krieg erlebt?« Sehr früh am nächsten Morgen musste ich das Mietauto aus der engen Einfahrt fahren. Völlig übermüdet fügte ich dem Wagen eine schlimme Blechwunde zu. Am Flughafen konnte ich auf Vollkasko mit null Selbstbeteiligung verweisen, trotzdem gab es eine unerfreuliche Diskussion mit der aufgetakelten Rezeptionistin, der ich meine Kreditkarte verweigerte. Als sie endlich aufgab, sagte Christiane trocken: »Es geht also.«

Mehrmals in diesen Monaten besuchte ich Meg, wenn sie mich sehen wollte. Sie war jetzt eine Vertraute geworden, die sich verborgen hielt. Dass sie nach Berlin nicht mehr kommen wollte und nicht mehr mit mir verreisen, darüber wurde gar nicht weiter gesprochen. Während der ›Drei Männer‹-Tour hatte ich um ein Gespräch mit ihrem Psychiater in Remscheid-Lüttringhausen gebeten. Selten habe ich jemand auf meine Fragen so sprachlich verarmt und mechanisch kalt antworten gehört.

In diesem Sommer schrieb ich zwei Lieder aus den Polen meines Gefühlslebens heraus. »Brennende Boote« ist ein antwortloses Gespräch mit einer Vermissten aus einem Wust von Erinnerungen und Alltagsmüll. Der Ort, wo die andere sich aufhält, bleibt ungenannt, doch die Fragen legen ein Jenseits nah: »Du wirst jetzt sagen, das klingt feige, und du hast recht von da, wo du jetzt wohnst, aber verrat mir, ich seh so schlecht: gibt es irgendetwas sonst (…)?« Ich dachte nicht darüber nach, aber es war ein Blick in die Zukunft. »Schau in die Nacht raus« dagegen ist ein genauso antwortloses Gespräch mit einer, zu der ein paar Anläufe schief gegangen sind, der gegenüber es Missverständnisse gegeben hat, aber die Sehnsucht ist so übergroß wie der Wunsch nach Versöhnung, und alles Mögliche aus dem Arsenal einer romantischen Natur wird quasi auf Knien vor dem Fenster der Geliebten dafür aufgeboten: »Der kleine Mond, die Sterne, die paar Wolken, ich schenk alles dir …«

Beide Stücke setzten Vivi Eickelberg und Ulla Meinecke in Erstaunen. Die Idee kam auf, sie unter fachkundiger Leitung von Udo Arndt mit Ulla zusammen zu produzieren. Als drittes Lied nahmen wir die sechs Jahre alte »Einstiegsdroge« dazu. Darin kommt die Zeile vor, die zwei Jahre später zum Titel der LP wurde: »Nichts wird sein wie vorher«.

Udo Arndt als Produzenten hatte ich mir gewünscht, weil er mir so ausgeglichen und auf eine leise Art intellektuell vorkam. Manchmal lappte seine Ausgeglichenheit ins Bequeme, das musste ich lernen. Udo hatte im Studio am liebsten einen Stamm immer gleicher versierter Musiker um sich. Der Gitarrist seiner Wahl war Peter Weihe, ein blendend ausgerüsteter, hochinformierter Spieler, der quasi auf Zuruf die Stilistik ganz unterschiedlicher Vorbilder reproduzieren konnte, weder gefühllos noch parodistisch, sondern ganz dem gerade gespielten Stück angemessen. Als wäre jetzt Al Di Meola im Raum oder J.J. Cale. Ähnlich kompetent war Curt Cress am Schlagzeug. Für unsere Aufnahmen wurde er manchmal durch Ullas Schlagzeuger Chris Evans ergänzt. An den Keyboards harmonisierte Thomas Glanz meine neuen Lieder, ein Klavier kam in Udo Arndts Klangbild nicht vor. Richard Wester kämpfte mit mir zusammen um seinen eigenen Einsatz und war später als eine Art Dolmetscher für die Gesamtausstrahlung hochwillkommen, denn die alte Band war fort, und ich konnte meine Musik diesmal nur durch die Stimme mitprägen, nicht am Tasteninstrument.

Die Produktion war ein Wagnis, das nachher als geglückt angesehen wurde. Das lag vor allem daran, dass sich Ulla und Udo um meine Stimmausstrahlung bemüht hatten. Unaufgeregt, tief, eher ein bisschen distanziert als zu leidenschaftlich, eher der Typ im Straßenanzug nachts mit Zigarette zwischen den Lippen als der hibbelige Lederjackenkrawallo. Es tat mir gut, beim Singen geführt zu werden wie ein Schauspieler. Ulla bewies sich in dieser Studiowoche als aufmerksamer sensibler Coach für das, was mit meiner Stimme zu erzählen war. Als mir Udo auch noch an dem schweren 24-Spur-Bandgerät beibrachte, wie ich mich selbst aufnehmen konnte, während er schon nach Hause fuhr, war für glückliche Nächte gesorgt, in denen ich mich als mein eigener Regisseur in den Soundkulissen herumtrieb.

Ich fand auch für Ullas neue LP eine Musik, ein schon fertiges Instrumentalstück von meinem 4-Spur-Rekorder, das zu den Gedichtzeilen, die sie mir gab, zu passen schien. So entstand »Ein großes Herz«. Für Veronika Fischer schrieb ich quasi als Gegenstimmung »Hey Du – mit dir ist alles da«, einen Radiohit, dessen Schall im Sommer darauf von den Ausflugsdampfern am Paul-Linke-Ufer ab und zu in die offenen Fenster von Christianes WG geflogen kam. Denn im Herbst 1988 war sie von Hamburg nach Berlin umgezogen. Hermann van Veen vertonte zwei Liedtexte von mir. Und Richard Wester machte den Vorschlag, für vorgegebene Themen des Jugendmagazins »Moskito«

im SFB-Fernsehen Liedtexte beizusteuern, die er vertonen und mit musikalischen Jugendlichen aus seiner Nachbarschaft aufnehmen wollte. Die Fernsehredaktion würde die entsprechenden Videos beisteuern. Wir probierten es mit einem Titel namens »Shirin« zum Thema Ausländerfeindlichkeit, und es funktionierte.

Die *Drei Männer* bekamen mehr Anschluss-Auftritte, als wir erwartet hatten, beim »UZ«-Pressefestival (die DKP-nahe Zeitung »Unsere Zeit« veranstaltet bis heute jährlich ein großes Musikfestival, vor '89 auch finanziell prächtig ausgestattet), bei den Heilbronner Kulturtagen, dem Open-Ohr in Mainz, beim Liederfest des Südwestfunks und auf dem Hambacher Schloss bei einem Gedenken an die 1848er-Revolution. Dorthin waren Christiane und ich gemütlich im Mietwagen von Hannover aus schwerem Regen in freundliches Spätsommerwetter gefahren, ein kleiner Zwischendurch-Urlaub in unserem immer bunteren gemeinsamen Wanderleben.

Von Hambach ging es nach Mainz, beim *unterhaus*-Auftritt machte der SWR einen Radio-Mitschnitt und ich lernte den jungen Redakteur Hans Jacobshagen kennen, geistreicher Fachmann für Lied und Kabarett, nebenbei ein Kreta-Kenner erster Güte. Nach dem Konzert wurde in den Katakomben des Kleinkunsttempels so ausgiebig gefeiert, dass ich schließlich hintüber vom Stuhl kippte. Der Grund: Wir hatten das *unterhaus* noch nie so voll erlebt, zweihundert Zuschauer immerhin. Ce-eff Krüger bot sofort einen Wiederholtermin an.

Bei diesen Festivals gab es manchmal auch Lesungen, zu denen ich zusammen mit Thommie Bayer gebeten wurde, der gerade seinen ersten Roman veröffentlicht hatte. Da war durchaus Wettstreit zwischen uns, die zugleich leichte und ernsthafte Fabulierkunst des Romanciers stand gegen meine dunkle, dann wieder grell witzige Schreibart. In dieser Zeit schätzten wir uns sehr, empfahlen uns Lektüren, gaben uns Tipps für Bewerbungen bei Sendern und Stipendien. Das Interesse an Thommie als Liedermacher hatte bei vielen Journalisten nachgelassen. Im Augenblick war ich interessanter für sie. Aber als wir uns im Mai 1988 bei einem Literaturfestival in Hamburg zu einer Lesematinee mit Klaus Modick, Bernhard Lassahn und Uwe Herms trafen, war Thommie für das Publikum schon der Interessanteste geworden, sein zweiter Roman ein Verkaufserfolg. Er konnte die ihn bedrückende Zeit als ›ewiger Geheimtipp‹ im Popbereich mit Grandezza hinter sich lassen.

Literaten, Musiker und Kleinkünstler, »Bonsai-Artisten« (Thomas C. Breuer): Unser wimmelndes berufliches Leben ist von Cliquen und Grüppchen geprägt. Die größeren Geister unter uns schaffen es, ein wenig über die Grenzen zu schauen, aber am liebsten bewegen die meisten sich dort, wo sie sicher sind, in einem Kokon der gegenseitigen Sympathie. Meine lebenslange Abneigung galt Wiglaf Droste, die von Hüsch ging gegen Eckhard Henscheid wegen eines gnadenlosen Verrisses, er übertrug sie sogar auf die gesamte Neue Frankfurter Schule. Andererseits versuchte er immer wieder, jemanden wie mich zu der legendären Sendung »Gesellschaftsabend« im Saarländischen Rundfunk einzuladen, aber der Redakteur Karl-Heinz Schmieding ließ es einfach nicht zu. Die Gründe, warum man irgendwo nicht dazugehört, von irgendwem abgeblockt wird, jemanden ausklammern will, sind so vielfältig wie undurchschaubar und eigentlich auch ganz egal. Wir *Drei Männer im Schnee* wurden einmal zur »Unterhaltung am Wochenende« eingeladen, unser Programm gefiel, aber deutlich zeigte Redakteur Bachor, dass Thommie Bayer hier verzichtbar wäre. Unergründliches Thema. Als ich später die Sendung selbst moderierte, kam Christoph Stählin zu Gast, er hatte einen aktuellen Sketch mit verteilten Rollen dabei, handschriftlich im Zug ausgearbeitet, wir mussten ihn abtippen, kürzen und einstudieren, er funktionierte prima, und ich sagte zu Bachor: »Lass uns Christoph doch bald wieder einladen.« Aber er schüttelte angewidert den Kopf: »Hast du nicht gemerkt, wie viel Arbeit der uns gemacht hat?« Damit war das Thema erledigt.

Im Sommer 1987 feierte die »Unterhaltung am Wochenende« ihre 750. Sendung. Man traf sich in Rheinhausen. Alle, die zu diesem Kokon dazugehörten, waren dabei, die Gesellschaft so vielfältig wie der Geschmack der Redakteure, von denen Bachor der Prägendste war. Von Comedy über Literatur, Folkmusic, Liedermacherei, Herz-Schmerz-Poesie bis zu scharfzüngigem Essayismus war alles vertreten. Gesendet wurde das Ganze samstags nachmittags und knapp 100.000 Leute konsumierten es. Sicher nicht immer gleich konzentriert, die Sketch-Serien von Elke Heidenreich (›Else Stratmann‹), Konrad Beikircher (›Bäckerei Rohleber‹) oder Wendelin Haverkamp (›Anton Hinlegen‹) werden mehr Menschen vom Autowaschen und Vorkochen abgebracht haben als die bösen Geschichten des Österreichers Manfred Tauchen oder meine Lieder. Aber all das war da, das Schrägste neben dem Gängigsten. Gaby

Köster, eigentlich eine Vorläuferin der »Cindy aus Marzahn«, köllnerte frech-prollig-ordinär, während Harald Schmidt seine Eloquenz im absichtslosen Plaudern übte, ehe er sich den großen Fernsehformaten zuwandte. Jürgen von der Lippe, Barbara Thalheim, der kunstvolle Songwriter Allan Taylor, sie alle konnten in der gleichen Sendung erscheinen wie Neue-Welle-Philosoph Piet Klocke, Franz-Josef Degenhardt oder Anka Zink. Joana schaute vorbei, Inga Humpe schrieb Sketche zusammen mit Claudia Matschulla, mit der zusammen wiederum ich meine Dialoge am liebsten sprach. Hilmar Bachor lud ein und aus, und weil er cholerisch war, verbreitete er auch Angst. Seine Umtriebigkeit war so Gerüchte gefüttert wie sein Geschäftsgebaren. Wenn er auf Recherchereise ging, erwartete er Begleitung, Gastfreiheit, Amüsement an jedem Ort, ob Berlin, Warschau oder Perpignan. Manche waren seiner Launenhaftigkeit voll erlegen. Weil die Sendungen, die er vergab, lukrativ waren, versuchten sich manche auch an ihn zu kletten, was ihn zum Abschütteln veranlasste. Ich hatte nach einer Weile verstanden, dass es nützlich war, ihm Vorschläge per Brief zu schicken und abzuwarten. Beim Rückruf tat ich möglichst zeitlich knapp: »Ja, wann kannst du denn?« – »In vier Wochen?« – »Ist doch viel zu spät! Übernächsten Freitag?« – »Ja, das ginge zur Not.« Manchmal hieß es auch: »Na, dann eben nicht«, und er knallte den Hörer auf – was bitter war, denn es ging jedesmal um mehrere hundert, oft tausende Mark. Es war nie von Summen die Rede. »Seit wann sprechen wir über Geld ...«, habe er zu hören gekriegt, als er sich ein einziges Mal zum Honorar einer Sendung erkundigte, erzählte Thomas C. Breuer, dem die Bachor-Abhängigkeit bisweilen auf den

Magen schlug. Meine Erfahrungen waren freundlicher, abgesehen von einer nervösen Grundanspannung wegen der Unberechenbarkeit dieses Menschen habe ich an ihm nicht gelitten, sondern in mehr als einer Hinsicht profitiert. Aber als Hilmar Bachor in Pension ging, soll schon am nächsten Tag seine Sekretärin, sicher nicht unbedingt immer fair behandelt, an hoher Stelle böse Unregelmäßigkeiten gemeldet haben. Die dazu führten, dass der verdiente Mann mit Schimpf und Schande vom öffentlich-rechtlichen Hof getrennt wurde. Viele triumphierten nachträglich, ich war eher traurig.

Der Barockmensch Bachor war konservativer eingestellt als viele von uns linksliberalen Chronisten. Aber auch anarchistischer. So richtig wach wurde er im Chaos, wenn etwas erst in letzter Minute zustande kam oder, besser noch, ganz aus dem Ruder lief. Das Unterhaltungsprogramm, das er bot, mag Teile des Radiopublikums manchmal überfordert haben, aber so reichhaltig, wie es war, bot es trotzdem allen etwas. Bachor achtete das Publikum und belohnte es mit Niveau. Oft genug werden Radiowellen heutzutage genau andersherum gestaltet.

Elke Heidenreich erzählte mir mal, Hille Bachor habe ihr mit kleinen Aufträgen das künstlerische Leben gerettet in einer Phase, wo sie mit sich nichts anzufangen wusste. »Schreib doch mal Briefe an historische Persönlichkeiten«, riet er ihr und gab einen pro Sendung in Auftrag. Sie fand, meine Sketche wären »von all dem Zeug, was da jetzt so läuft«, noch das Erträglichste. Mit den Liedern kam sie weniger klar.

Eine Exkursion auf Bachors Initiative fand im Frühjahr '88 statt, eine Gruppe deutscher Künstler bereiste Süd-

Ankunft in Montpellier

frankreich für zwei Auftritte in Montpellier und Perpignan. Der WDR finanzierte das, die Gruppe war mit Technikern und Begleitern zwanzig Personen stark. Vivi Eickelberg organisierte, Reinhard Mey moderierte zweisprachig, er kam mit seiner Frau Hella, Klaus Hoffmann mit dem Gitarristen Micha Brandt, Ulla mit dem Fotografen Thomas Räse, Richard und ich waren auch dabei. Christiane und eine Freundin, die von Hamburg nach Montpellier getrampt waren, konnten vor dem Hotel zusehen, wie der Fahrer unseres Reisebusses sich in eine Sackgasse manövrierte, aus der er nur mit Blechschaden wieder rauskam.

Leider war Ullas Gepäck beim Umsteigen in Paris hängen geblieben, was sie zur Dauerschlechtgelaunten verdammte, aber sonst herrschte beste Stimmung. Bei den Proben zum ersten Konzert bekam Hille seinen Wutanfall, das musste sein. Das französische Publikum interessierte sich kaum für unsere Darbietungen, dabei waren die Texte liebevoll übersetzt, und Reinhard Mey stellte uns unterschiedliche Bühnenmenschen lebendig und launig vor. Eine freundschaftliche Herzlichkeit füreinander ist damals zwischen uns entstanden und seitdem geblieben. Thomas Räse machte spätnachts in Perpignan von Richard und mir die Cover-Fotos für meine neue LP. Dort im Theater saß auch der Hamburger Filmemacher Klaus Babel, für den ich eine Filmmusik komponiert hatte. Spontan beschlossen wir, ihn noch zu besuchen, gaben zu zweit ein improvisiertes Konzertchen bei Familie Babel zu Haus und mieteten uns auf einem halbverfallenen Schloss am Rand der Pyrenäen ein. Die Gräfin, schon morgens mit Sekt schwungvoll im Garten telefonierend, bewirtete uns persönlich und fürstlich, war allerdings zunehmend schockiert über die barbarische deutsche Gewohnheit, eine spätnachts zum Wein gereichte Käseplatte nicht als symbolischen Hinweis auf die nötige Bettschwere zu verstehen, sondern mit gutem Appetit zu verspeisen.

Quer durch Frankreich nach Osten fuhren Christiane und ich im Mietwagen bis nach Staufen, besuchten Thommie Bayer und seine Frau Jone, bummelten durch Straßburg und flogen von Frankfurt zurück nach Berlin. Wieder ein Ausflug im Vagabundenleben.

Der Plan gemeinsamer Auftritte mit dem *Vorläufigen Frankfurter Fronttheater* verlief sich im Sand. Mit Matthias Beltz verblieb ich im gegenseitigen Versprechen: ›Wir machen mal was zusammen‹. Wenn wir uns über die Jahre hinweg, selten genug, über den Weg liefen, riefen wir uns das ironisch zu. Bis es leider 2002 abrupt abbrach.

Mit Richard Wester in Perpignan

Bei der CBS stiftete das von Eickelberg eingebrach-
te Stichwort ›Jahnke‹ andere Begehrlichkeiten: Wie wäre
es, anstatt einer neuen fünften LP gleich einen Sampler
herauszugeben, das Beste meiner ersten Platten plus die
drei neuen Stücke, die alle so mochten? Als braver Sohn
meiner Manager-Mutti redete ich mir zunächst noch ein,
diese Idee gefiele mir, bastelte sogar eine Reihenfolge und
schrieb fürs Cover die Einführung. Beim Schreiben wurde
mir aber klar, dass ich eher gar nichts veröffentlichen wollte als diesen faulen Kompromiss, der so wirken musste,
als fiele mir nichts mehr ein, mit siebenunddreißig nach
vier LPs! Ich dachte außerdem: Jim Rakete hätte das nie
zugelassen.

Vivi versprach mir sofort eine vollständige Produktion und bis dahin Aufträge genug, um mich finanziell
sicherzustellen. Übersehen in dieser Planung wurde

Bernd Reisig, und vage wusste ich, dass sich das rächen würde.

Ich hing im Spannungsfeld der zwei Gefühls-Pole meiner neuen Lieder. Im Spätherbst tourte ich allein im Süden herum, spielte im *Lab* in Stuttgart vor 80 Leuten im halb zerrissenen Hemd einen Abend, der mich in seiner Kühle anstiftete, aus meinem Texthefter die emotionalen Hämmer zu ziehen, nach denen mir in diesem Konzert war, ohne Rücksicht auf Dramaturgie. Am Telefon hatte mir Meg mitgeteilt, sie wolle mich auf absehbare Zeit weder sehen noch hören. Ich konnte das hinnehmen, aber setzte hier Lieder dagegen, die mir jetzt guttaten. »Das Dunkel von mir« war dabei, ein neues Stück, das erst 33 Jahre später auf CD kam. Der Schreiber der »Stuttgarter Zeitung« bekam Sachen zu hören, die »fast umgangssprachlich klingen, von einer nuschelnden, verschleifenden Stimme transportiert, manchmal assoziativ und oft seltsam traurig ...« Im Tagebuch steht: »6 Zugaben«. Seit diesem Abend war mir der Chef des *Lab*, Randy Schmidt, zugetan. Erst, als ich einmal windschnittig im Anzug zum Auftritt erschien, schüttelte er entrüstet den Kopf.

In Hamburg mit Christiane kam ich auf andere Ideen, es wehte ein anderer energetischer Wind. Für die Sketch-folgen beim WDR ließ ich mir die Figur eines Hausmanns einfallen, Stubi, mit einer alternativen Lehrerin im Beziehungsclinch, der die Abenteuer und Missgeschicke seines Lebens erzählt, unterhalb des Radars eines berufstätigen Erwachsenen. Ein Tunichtgut. Dieser Typ bekam einige von Christianes verspielten Eigenschaften mit, ich konnte im Schutz der Verkleidung mit meiner Verliebtheit spielen

Auftritt mit Sketchen im Laboratorium (Lab) in Stuttgart

und bekam immer übermütigere Einfälle. Kurz vor Ostern 1988 gab mir Wolfgang Eickelberg den Auftrag, 20 neue Folgen dieser Serie zu schreiben, die Zeit drängte, etwas anderes war ausgefallen, am Osterdienstag musste aufgenommen werden. Mein Kopf rauchte – natürlich rauchte auch meine Lunge mit, ich arbeitete 18 Stunden am Tag, drehte im Dunkeln eilige Runden durch die feiernde Stadt, war und fühlte mich allein, sprach mit den Figuren, las laut, was fertig war. Und war am Ende selber so fertig wie die verlorenste Gestalt in dem Textwust. Aber die Arbeit war getan, ordentlich Geld war verdient, und lustig geworden war es auch.

Am 9. April 1988 gastierte Leonard Cohen im Berliner ICC. Ich rief den örtlichen Veranstalter Peter Schwenkow an, erklärte ihm, dass ich mit Cohen gemeinsam auf einem

Album sei, »Poetas in Nueva York«, außerdem hätte ich vor, ein Interview mit ihm zu führen, kurz: ob ich mit meiner Freundin nach Backstage dürfe. Wir durften und klopften aufgeregt an die offenstehende Garderobentür. Cohen war allein und sichtlich erfreut über die Abwechslung. Dass er mich nicht kannte, war egal, er goss gleich drei Glas Rotwein ein und sagte: »that's the right spirit«, als wir zugriffen. Dass ich auf der Suche nach Motiven für neue Songs sei, erzählte ich – das sei für ihn immer die glücklichste Zeit, lachte er. Ich fragte, wo das Coverbild seiner neuen LP »I'm Your Man« entstanden sei – in Paris, da lebe seine Exfrau, »and I'm trying to win her back«. Er hatte eine Art, sich zu unterhalten, dass man glauben konnte, man setze ein Gespräch von letzter Woche fort. Ich gestand ihm, dass »Ballad of the Absent Mare« von seiner vorletzten Platte für mich ein Meisterwerk sei. Ja, die Stücke, die eine Platte beschließen, die seien ihm besonders wichtig. Mein Urteil freute ihn. Zwischendurch verließ Christiane kurz den Raum und signalisierte uns das mit einem halb lachenden, halb verlegenen Blick. »You got a beautiful girlfriend«, sagte er leise zu mir. Natürlich sollten wir ihn besuchen, er schrieb sogar seine Montrealer Adresse auf, aber eigentlich wussten wir, dass es dazu nicht kommen würde. Den Kassettenrekorder hatte ich nicht eingeschaltet, soll die Erinnerung im Kopf ruhig Kleinigkeiten verfälschen, das Echte behält sie für lange Zeit.

Wend Kässens, NDR-Hörfunkredakteur für Literatur, hatte sich für meine Arbeit interessiert, seit wir uns auf der Jahnn-Tagung begegnet waren, und lud mich Ende 1987 zu einer Lesung meiner Kurzgeschichten im Radio ein. Features für ihn hatte ich einige verfasst, jetzt stellte ich eine Stunde Prosa unter dem Titel »Auf und davon und nie mehr gesehen« zusammen. Ich hatte ein bisschen Skrupel, ob die Texte für die Erwartungen der Literaturfachwelt geistreich genug waren. Ich kam mit diesen Leuten nur schwer klar. Irgendwann hatte ich den damals noch ganz jungen Denis Scheck beim Radio getroffen, ein aus allen Poren vor Ehrgeiz Schwitzender, mit dem ich kein Wort zu wechseln wusste. Und gerade neulich war ich in einer literarischen Talkshow des SFB-Fernsehens aufgetreten, hatte »Viel zu schön« am Klavier gespielt, der politisch klar und eindeutig argumentierende Johannes Mario Simmel war der Stargast des Abends gewesen. Er hatte bei meinem Spiel abwesend gewirkt, was deutlich eingeblendet wurde.

Aber Wend hatte tags darauf angerufen und mir diese Lesung angeboten. Es gab eine Vorankündigung in der »taz« über viele Hüte, und aus einem davon »wird der Schreiber M. gezaubert und liest aus seinen unveröffentlichten Erzählungen. Garantiert ohne Begleitband«. Trotz dieser »Werbung« und meiner langen Vorbereitung gab es auf diese Sendung überhaupt keine Reaktion. Null.

Ich schrieb Lieder für die in Aussicht gestellte LP und kehrte dafür vom Vierspurgerät ans Klavier zurück. Ganz so emotional wie im Vorjahr klangen die Stücke nicht mehr, ein eher lässiges war dabei über einen Typen, den die Welt für ein Idol hält – »Was für ein Tag«; Kaltschnäuziges über das Hin und Her zwischen zwei Frauen, »Da die da du«; Zukunftsweisendes über das Verschwinden der Dinge im Digitalen, »Kleine Geschenke«; ein Stück über die arbeitslose »Kleine Schwester«, die auf den Mond geschossen

Mit Liedern in Duisburg

wird, und die schwer romantische Ballade »Rotes Tuch«:
»Komm, lies du mich wie dein aufgeschlagenes Buch, lies
mich, lies mich auf, wir sind hier auf Besuch. Das Leben ist
kein Zauber und kein Fluch, das Leben ist ein rotes Tuch.«
Dann hatte ich noch ein Demo mit dem alten Stück »Der
Bote« angelegt, der Ballade vom Überbringer des einen ge-
heimen Worts, mein Kafka-Lied. Und es gab einen Blues
aus der Jugendsendung »Moskito« über die Nikotinsucht,
»Du küsst mein Blut«, zu dem die Musik von Richard Wester stammt. Eigentlich war schon die Sammlung von Demos ein Strauß schöner Melodien und abseitig-verrückter

Worte mit hohem Unterhaltungswert geworden. Wenn ich also meinen Gesangsstil weiter auf lässig und cool zähmen könnte, ich wars zufrieden … Deshalb erschreckte mich im September eines Mittags ein Anruf von Ulla Meinecke umso mehr, ob ich bitte sofort ins Audio-Studio kommen könne, sie säße dort mit Udo Arndt und sie fänden, meine Demos seien nicht gut – vielleicht wäre es sinnvoll, die Produktion zu verschieben.

Das Gespräch, das wir an dem Nachmittag führten, brachte keine Klärung, ich hatte ein vages Gefühl von Verrat, aber musste gleich weiter zum RIAS, wo ein Interview stattfand über ein Konzert im *Quasimodo* von Gerulf Pannach mit Band am gleichen Abend, bei dem ich Gast war. Pannach hatte die Veranstaltung »Männerabend« genannt, und genau das machte mir jetzt die flotte Moderatorin zum Vorwurf, ich sei wohl so ein alternder Pascha. Ich wehrte mich, sie hatte Spaß dran, weiter anzugreifen, und ich war froh, dass unser Gespräch nur fünf Minuten dauerte. So lernte ich Beate Möller kennen, die sich hier die ersten Sporen als Journalistin verdiente, später haben wir uns im Berliner Kleinkunstgehege sehr geschätzt. Als Gast bei Gerulfs düsterer Rockshow mit dem geisterhaften Gitarristen Joey Albrecht muss ich eine überzeugende Figur gemacht haben, einer jener abgehetzten Männer, die dann irgendwann spät in der Nacht die Sau rauslassen. Selbst Herr Droste gab mir eine lobende Erwähnung.

Ich fuhr zu Richard Wester, um »Blut« in seinem Studio aufzunehmen und an weiteren Liedern für die »Moskito«-Serie zu arbeiten. Die junge Sängerin, die er engagiert hatte, sang ihre Fassung fürs Video, ich sang auf das gleiche Playback meine für die LP. Wir arrangierten auch eine weitere

Hymne an den Mond, ganz neu entstanden und »Feder-leicht« genannt, und verabredeten einen Plan B, falls es zu den Plattenaufnahmen mit Udo Arndt nicht mehr kommen sollte.

Dann musste ich nach Köln. Ich hatte Renan Demirkan, Schauspielerin und Sängerin, bei »Künstler für den Frie-den« kennengelernt und war ihr bei der Großveranstaltung der deutsch-kurdischen Community vor zwei Jahren wie-derbegegnet. Sie hatte mich zu Hause besucht, wir hatten einen Abend lang über Ästhetik geredet, über Politik und Themen von Liedern, die zu ihr passen könnten, und jetzt bekam sie eine Hauptrolle in der TV-Serie »Reporter«. Sie brauchte einen ›Personality Song‹, die Musik war aufge-nommen, komponiert von Irmin Schmidt, dem Keyboarder von *Can*. Der drang darauf, den von Renan vorgeschlage-nen Texter zu treffen, und obwohl ich die Worte zu seinem Elektrogroove lieber am eigenen Schreibtisch gefunden hät-te, setzte ich mich ins Flugzeug. Irmin, dreizehn Jahre älter als ich, holte mich ab und fuhr uns in sein Haus auf dem Land. Ich hatte im Flug ein paar Ideen und Zeilen für das Lied hingekritzelt, aber das interessierte ihn nicht, Renan würde erst morgen dazustoßen.

Jetzt lernte ich auch Irmins Frau Hildegard kennen, die Managerin von *Can*. Zu dritt gerieten wir umstandslos in ein Dickicht von Gesprächen über Kunst und Leben. Irmin behauptete, wir hätten uns ähnlich schon einmal unterhal-ten, 15 Jahre früher im *Zwiebelfisch* in Berlin, spätnachts und ohne uns einander vorzustellen. Ich wusste davon nichts, aber fand die Vorstellung märchenhaft. Es ging viel um das Verhältnis des Einzelnen zur Gruppe, ein Thema, das ihn schwer beschäftigte, denn *Can* mit den drei bis fünf

Individualisten, aus denen die Band bestand, war wohl immer von Auflösung bedroht. Er arbeitete aktuell als Solist, komponierte zu Haus, aber sehnte die Auftritte zurück und versuchte, die alten Mitspieler zu reaktivieren. Er erzählte von der Phase, als sie sich weigerten, vor den Konzerten eine Struktur zu verabreden und ohne Plan vor 500, manchmal 1.000 Menschen spielten – sie gingen an ihre Instrumente auf der Bühne, einer begann, ein anderer klinkte sich ein, manchmal schwieg einer zwanzig Minuten, manchmal entwickelte sich ein tiefes musikalisches Gespräch, manchmal geriet alles strittig-chaotisch oder sie mussten voreinander und vor dem Publikum fliehen. Ich hätte ihm stundenlang zuhören können. Am nächsten Morgen beschäftigten wir uns zusammen mit Renan Demirkan mit »Zu nah dran«. Zu Hause textete ich das Lied aus meinen Notizen und im Geist der Zusammenkunft fertig.

Hildegard und Irmin luden mich in ihr Refugium in Südfrankreich ein, aber im Strudel der Ereignisse blieb die Begegnung ohne Fortsetzung. Was ich bedaure. Und staunend lese ich, wie aktiv er immer noch ist, 83 und Komponist unzähliger Instrumentalstücke und Filmmusiken – so soll es sein!

Mit Renan blieb der leichte Kontakt und enge politische Draht bestehen, auch über die Zeit weg, als sie kurz mal eine höchst erfolgreiche Schriftstellerin war.

Es kam zur Aussprache mit Udo Arndt. Er habe sich allein gelassen gefühlt mit der Verpflichtung zu meiner LP, weil Ullas Interesse für das Projekt so nachgelassen hätte, er selbst habe kein Problem mit den Demos. Wir verabredeten einen Termin und ich begann, mit dem Keyboarder Thomas

Glanz die Stücke in allen Einzelheiten vorzubereiten. Das tat ich nicht gern, aber Udo Arndt hatte es sich ausbedungen. Das Arbeiten mit Thomas wurde mühsam. Er besaß ein unglaublich gutes Gehör und konnte aus meinen groben Akkordfolgen filigrane Wanderbewegungen zwischen den Instrumenten schaffen, eine elegante Leichtigkeit, wo ich stufig und grobflächig komponiert hatte, die Lieder wuchsen dadurch. Nur dauerte es quälend lange. Eine Kognacflasche war immer dabei, und die Minuten, in denen Noten notiert, ausradiert und neu geschrieben wurden, wuchsen zu Stunden. Ich kam manchmal wie geplättet aus seiner Kellerwohnung. Er war umgänglich, aber wortkarg. Ich konnte ihm ein paar Andeutungen entlocken, irgendwie fühlte er sich gebrochen durch eine fünfjährige Zeit als Bandmitglied bei Peter Maffay. Ich fragte nicht weiter und nutzte die Arbeitstreffen zu Besuchen bei den Eltern, denn Thomas hauste ganz in der Nähe. Ein Jahrzehnt später zog er manchmal mit einem Bollerwagen voll leerer Flaschen durch die Straßen, erkannte mich zwar, aber wollte sich auf kein Gespräch mehr einlassen.

Als wir uns Ende November 1988 zum Aufnehmen trafen, war Ulla doch mit dabei. Wir hatten uns ausgesprochen, aber ein Grundmisstrauen blieb mir, ich empfand ihre Ratschläge jetzt manchmal als übergriffig. Musikalisch kamen alle Stücke komplikationslos, schwebend-heiter oder im Grunge-Groove aufs Band, und tatsächlich ließ sich das Ganze in jeder Lautstärke ohne Nervengezerre angenehm durchhören. Im Studio nebenan tüftelte Gareth Jones, Produzent von *Depeche Mode* und angesagter Fachmann für Sounds, die mit alten Röhrengeräten hergestellt werden. Er griff beim »Boten« mit ein und schuf eine tolle schrille Umgebung für die Geschichte. Von Cohen angestiftet stellte ich das Stück ans Ende.

Mein kühles Seitensprung-Couplet »Da die da du« war zu einem verhaltenen Abgesang auf einen unguten Zustand geworden, den man anstimmt, um ihn zu beenden. Diese Nummer entsprach meinem Leben. Vivi Eickelberg, die sich einen krachenden Mitklatschsong vorgestellt hatte, den Radio-Hit!, geriet in Panik. Sie wollte sogar Kunzes Produzenten Heiner Lürig mit einer Hauruck-Fassung beauftragen, was dann aber nicht geschah.

Ab 1989 würde nichts mehr sein wie vorher. Christiane war schwanger. Wir hatten es schon länger gehofft.

1987–1988

1989 *Neuland*

Beim Bardentreffen in Nürnberg im August 1988 fand das letzte *Drei Männer*-Konzert statt, danach mieden sich Richard Wester und Thommie Bayer. Richard und ich begannen unser Duo-Programm, wir spielten bei der Kölner Kabarettwoche im renommierten *Senftöpfchen* und als Gäste von Romy Haag bei ihren Konzertabenden im Tempodrom in Berlin und hatten zusammen noch viel vor.

Eine neue Technik schlug Christiane und mich in ihren Bann: Computer. Ende 1987 hatte ich mir einen Atari Mega 2 zugelegt. Der Umgang damit wurde eine Leidenschaft, von der sich Christiane noch viel stärker als ich mitreißen ließ. Mein Gerät wurde zusammen mit einem monströsen Laserdrucker an einem Novembernachmittag geliefert, und schon zwei Stunden später stand meine Freundin, von Hamburg her angereist, vor der Tür. Es gibt ein Foto, aufgenommen am nächsten Tag, da sitzt sie im Morgenmantel am Tisch, Zigarette zwischen den Lippen, Tasse dampfender Kaffee neben sich und vor sich das neue Gerät. Die Augen blitzen vor Entdeckerfreude beim Eintauchen in eine neue Welt. Ich hätte vor den vielen neuen Möglichkeiten wahrscheinlich früh kapituliert, sie war viel faszinierter und geschickter im Umgang mit der Technologie und schaffte sich bald einen eigenen Atari 1040 an. Diese erste Zeit, als jedes Gerät noch isoliert für sich dastand und man in rudimentärer Form auf ihm schreiben, speichern und drucken konnte, auch zeichnen, aufnehmen und natürlich spielen, war aufregend, dauernd geriet man in unwegsames Gelände. Wir dachten uns gemeinsam kleine Stories aus, zu denen Christiane mit »Atari Basic" koordinatenbasierte Zeichnungen und Wahlmöglichkeiten für den Fortgang der Geschichte programmierte, ich speicherte erste Töne vom Keyboard in dem Programm »Creator«. Natürlich unternahmen wir auch noch echte Reisen, fuhren einmal quer durch Portugal, ein anderes Mal nach Stockholm, aber die neue digitale Wirklichkeit hielt uns am Wickel. Wir fühlten uns als Atari-User wie Zukunftspioniere. Mit Eingeweihten wie Thommie Bayer oder Bernhard Lassahn tauschte ich mich über das neue Medium aus. Im alten Freundeskreis riss man unverständige Witze über das Wort ›Festplatte‹, mancher vermutete sogar, bei diesen Computern ginge es eigentlich nur um Sex. Es gab auch eine Art von Klassenbewusstsein: die Inhaber der billigen DOS-Geräte waren prollig, Apple-Besitzer dagegen snobistisch wie Mercedesfahrer.

Mein Textverarbeitungsprogramm hieß »First Word Plus« später »Signum« das hatte eine große Auswahl an Schriftfonts, und mit der Auswahl der Schrift konnte man Zeit vertrödeln, mit dem Drucker gab es ständig Stress. Eines Nachts hatte ich ein Radiomanuskript auf den letzten Drücker fertig, der Drucker meldete Papierstau, ich riss panisch die Fetzen aus dem Einzug, beim zweiten Versuch wieder Stau – ich rüttelte am Gerät, schwenkte es verzweifelt aus dem Fenster im vierten Stock in die Morgendämmerung und schaltete neu ein. Es klappte! Gut lesbar fiel unter ohrenbetäubendem Rauschen Seite für Seite auf die Schreibtischplatte.

Seit Ende '88 lebte ich mit Christiane zusammen in Berlin-Kreuzberg. Mehr und mehr hielt ich mich in der kleinen WG

1989

am Paul-Lincke-Ufer auf, in der sie ein Zimmer bezogen hatte. Mein Charlottenburger Domizil wurde Arbeitswohnung. Wir diskutierten zwar heftig über die Lebensform, die wir mit Kind wählen wollten, aber freuten uns beide uneingeschränkt darauf. Vor der Geburt unternahmen wir noch viel zusammen. Christiane besuchte mich bei einer Kabarettwoche im Stuttgarter *Lab*, wo in der Tradition der großen Satirehäuser der Weltpolitik die Zähne gezogen wurden, Parodist Rainer Kröhnert und eine noch ganz unbekannte Pe Werner waren im Team dabei. Eine Weile nahmen wir auch ein Zimmer nah bei Westers in Angeln, wo ziemlich schräge Videofilme entstanden und nebenbei das Programm, mit dem Richard und ich unterwegs sein wollten.

Ich schrieb mein erstes Buch. Grundlage dazu waren die »Stubi«-Sketche, Rowohlt hatte mir den Vorschlag gemacht, sie für eine Taschenbuch-Reihe aufzuarbeiten. Die Lektorin Alice Franck fand, ich sollte um die Kurztexte eine Rahmenhandlung basteln, denn als Roman bekäme das Ganze mehr Aufmerksamkeit. Die Arbeit gefiel mir. Das Schwerste an dem leichten Büchlein, nämlich die versponnen witzigen Teile, waren ja schon fertig, nach Herzenslust durfte ich jetzt düster, schrill oder kitschig sein, ich wusste, die nächste Pointe kam bestimmt. Ich konnte dem hellwach verdaddelten und verspielten Stubi auch immer noch ein paar schräge Züge und heiteren Unsinn mehr in den Mund legen und das schöne Chaos genießen, das entstand. Es war eine Liebeserklärung an meine Lebensbegleiterin. Selten hat mir etwas so viel Spaß gebracht, selten war ich beim Schreiben so verliebt. Ich wollte das Ganze trotzdem »Zeittakt und Melancholie« nennen, aber bei Rowohlt verpassten sie ihm den Titel »Fast sowas wie Liebe«.

Im Frühjahr 1989 erschien »Nichts wird sein wie vorher«, eine leise Platte, und leise waren auch die ersten Reaktionen. Eine Sendertour mit dem Fotografen Thomas Räse änderte das. Vivi hatte noch einmal Geld bei der CBS locker gemacht, das kosteten wir voll aus, waren im geliehenen BMW unterwegs und stiegen in den ersten Häusern ab. Zum Spaß erstellte ich eine Rangliste der prächtigsten Frühstücksbuffets. Einmal muss ich im Interview sehr gesprächig gewesen sein, denn im »Weserkurier« hieß es anschließend: »›Nichts wird sein wie vorher‹ bezieht sich, wie könnte es anders sein, auf eine beendete Beziehung und einen Neuanfang.« Die Dame, mit der ich mich da unterhielt, kontrastierte auch das stylige Foto von Räse, auf dem ich nächtlich cool in Perpignan festgehalten bin, mit meiner echten Erscheinung, »dem schüchternen und leicht fahrigen Eindruck, als M. im Pressehaus gesenkten Blickes mit dem Zeigefinger Kreise auf die Tischplatte malt«.

Ein ganz anderer Vergleich wurde in »Hifi-Vision« gezogen: »Mit seiner Fähigkeit, Beziehungsprobleme in hintersinnige und ehrliche Texte zu kleiden, ist M. für mich Leonard Cohen zumindest ebenbürtig.« – »Alternative Schlager«, titelte leicht irritiert Harald Kepler in »Stereo«, während die Überschrift in den »Nürnberger Nachrichten« lautete: »Stille Sensationen«. Sie stammte von Thommie Bayer, und ein Brief, den er mir zur Platte schrieb, war des Lobes noch voller: »Ich ertappe mich dauernd dabei, wie ich ›fantastisch‹ oder sowas schreie.«

Thommie mochte das Werk wirklich. Die sorgfältige Instrumentierung von Udo Arndt, der durchlässige, unaufdringliche Sound, das kam seinem Klangideal nah. Mir selbst war so viel guter Geschmack bald suspekt und ich verstand den Hörer gut, der mir schrieb: »Fürs nächste Mal wünsche ich mir allerdings wieder mehr kratzbürstigen Natur- und Kammermusikklang. Das Klavier lebt! Aber wem sage ich das …«

In vielen Sendern wurde die LP vorgestellt, aber kein Titel kam in eine Rotation. Nichts Fetziges oder Superkritisches dabei. Ausgerechnet im Bayerischen Rundfunk aber entschied das Team um Thomas Gottschalk, der bis '89 dort die »BR3-Radioshow« moderierte, meine neuen Lieder großzügig einzusetzen. Gottschalk hatte der CBS mitgeteilt, den Maurenbrecher diesmal bitte nicht bei ihnen vorbeizuschicken, die neue Platte liefe sowieso und sei prima. Tatsächlich übermittelten mir Ulf und Angelika Miehe, sie würden meine Songs im Radio hören, und ein Jahr später kam ein erstaunlicher Betrag von der GEMA. Der übrigens auch deshalb so hoch war, weil ich die neuen Lieder nicht dem Musikverleger George Glück überschrieben hatte. Ich wollte wissen, welchen Vorteil sein Verlag mir brächte, und er versprach mir einen Vorschuss in Höhe eines teuren Keyboards, das ich brauchte. Ich las seinen Vertragsentwurf gründlich, auch das Kleingedruckte, in dem mein Vorschuss als rückzahlbar definiert worden war und widerrief spontan bei der GEMA die Verlagszusage. Zum ersten Mal trudelte für die Verwertung der neuen Lieder die volle Summe ein, zur Familiengründung hochwillkommen!

Vivi, die den Deal vorgeschlagen hatte, ärgerte meine Entscheidung. Die geschäftliche Methode, ihren Künstlern Verbindungen zu anderen Unternehmen zu schaffen und daran beteiligt zu sein, war mir inzwischen klarer geworden.

Talkshow bei Lea Rosh. Das Thema der Sendung war Drogenabhängigkeit, Eickelberg hatte mich mit dem Lied »Einstiegsdroge« beworben und die Redaktion hatte zugesagt. Als ich dort mit Richard Wester erschien, war die Szenerie in garstiges Dunkel getaucht. Frau Rosh, umgeben von jungen Bewunderinnen, teilte knapp mit, das Lied würde nicht gespielt, es verniedliche das Thema. Wäre ich allein gekommen, ich wäre gleich umgedreht. Jetzt bremsten mich eine CBS-Frau und Richard. Sie schlugen vor, stattdessen doch »Bingerbrück« zu singen mit den Zeilen, »ich hab'n ganz schön übles Zeug genommen« als lächerlichen Themenbezug und Rosh als Entschädigung die neue LP bewerben zu lassen. Mir schoss durch den Kopf, darauf einzugehen und bei der Live-Aufnahme trotzdem die »Einstiegsdroge« zu spielen, dann könnten sie Bild und Ton wegschalten und der Skandal wäre perfekt. Leider sagte ich es auch und erntete ein bisschen freundliches Gelächter. Ich gab also nach und wurde zur Belohnung in den Talk-Kreis geholt, wo die Gastgeberin allen über den Mund fuhr, die nicht ihrer Meinung waren. Ich schwieg aus einer Mischung von Wut und Aggressionshemmung, die ich so zum Glück nicht mehr erlebt habe.

Nach dem Mauerfall profilierte sich ausgerechnet diese Frau damit, dass sie Ex-DDR-Staatskünstler dafür fertig machte, sich der Zensur unterworfen zu haben. Es dauerte, bis die Öffentlichkeit das moralische Anliegen und die selbstherrliche Willkür dieser ›Aktivistin‹ zu unterscheiden lernte. Jahrzehnte später hörte ich wie jemand berichtete, dass in der jüdischen Gemeinde Berlins der Spruch kursiere, Lea Rosh wäre so gern meschugge, doch leider sei sie nur verrückt.

Christiane wollte eigentlich nicht heiraten und für sie war eine Wohngemeinschaft die ideale Lebensform, bis heute. Vielleicht wären wir ohne offiziellen Schein genauso glücklich, vielleicht glücklicher geworden, vielleicht aber auch in schwierigen Zeiten ins Beliebige entflutscht. Ich wollte sie zwar auf keinen Fall einschränken, aber doch die Gewissheit, das Kind auch bei schlimmem Verlauf nicht zu verlieren, damals war die Rechtslage für unverheiratete Väter harsch. Entschlossen, einander gut zu sein und es gut miteinander zu treiben waren wir beide. Wir wollten uns den Zauber bewahren, verhindern, dass es anders kommen könnte. Im richtigen Moment umschalten können, vom Traum ins Leben, vom Alltag ins gemeinsame Lachen – manchmal ist nichts schwerer, manchmal ist das Schwere leicht.

Wir mieteten den Gemeindesaal der Kreuzberger Ölbergkirche und verschickten Einladungen für ein großes Fest. In die letzten Vorbereitungen platzte eine so unzeitig wie brutal gezündete Bombe: Frau Eickelberg legte das Management nieder. CBS hatte meinen Vertrag nicht verlängert und war nicht bereit, einen Tourneesupport zu zahlen. Die Summe, die Jahnke und Eickelberg gefordert hatten, war einfach zu hoch. Was hatte ich erwartet – meine ›Agenten‹ hatten sich verpokert, sie wollten beide nichts weiter als an mir verdienen. Als ich das Thema am Telefon ansprach, kamen so krötig-giftige Entgegnungen, dass ich schnell wieder auflegte.

So war die Hochzeit gleich der berufliche Neubeginn. Meine Mutter und Christianes Vater hielten zu Herzen gehende Reden, Christiane trug ein untypisch repräsentatives Kleid, das ihr unerwartet toll stand, ihr Super 8-Film »Hauruck, ich liebe dich« auf einen Song von *Sternhagel* wurde gezeigt, Richard und seine Freunde Peter Brix und Helmut Scharnowski führten den Schwank »Herr und Diener« auf, es wurde getanzt, musiziert, erzählt, gesungen, Ulla Meinecke ließ sich blicken und Klaus Hoffmann, sie sahen sich ein wenig suchend nach ihrer Manager-Mutti um, der ich an diesem Abend die Tür nicht geöffnet hätte. Ich war verheiratet und frei! Wir feierten bis in den Morgen und bewiesen am nächsten Tag Steherqualitäten, weil wir mit der Kirchengemeinde abgemacht hatten, den Abwasch von 80 Leuten selbst zu bewältigen. Mit all den Kater-Sternen im Kopf war das eine Riesenleistung.

Wir besuchten Christianes Eltern, die uns durch ihr frisch renoviertes Balkonzimmer mit großem Bett überraschten, nebenan im kleinen Zimmer stand das Kinderbett, alles für uns. Ich war sehr gerührt.

Anschließend ging es ins Elsass. Dort lenkte ich das Auto in einem unkonzentrierten Moment mitten im Wald die Böschung hinab, ein Baum brachte es zum Stehen und ein Förster mit Traktor zog es wieder heraus – wir nahmen keinen Schaden, aber es hätte leicht schiefgehen können.

In Berlin bei brütender Hitze kauften wir Möbel und Utensilien und philosophierten mit der Mitbewohnerin, einer bayerischen Altlinken, über Freiheit, Konsumterror, Rollenstereotype und den großen Ausbruch aus allem.

Was die Auftritte mit Richard betraf, sie machten Riesenspaß. Das Booking übernahmen vorläufig seine Schwester und Schwager. Das sah für Außenstehende nach einem Niedergang aus, doch ich empfand es als passend und mir zustehend, war erleichtert, dass die überdimensionierte

Phase zu Ende war. Wir konnten spielen, es kam Publikum, wir verdienten ganz gut und fanden Erfüllung. Erst als auch diese familiäre ›Agentur‹ anfing, sich für unersetzlich und ›Maurenbrecher und Wester‹ für ein Markenzeichen zu halten, war die Vorläufigkeit zu Ende.

Sommer 1989, vor mir lagen fünf Tage Ost-Berlin. Zwischen der BRD und der DDR war ein Abkommen zum Kulturaustausch unterzeichnet worden, und die erste Tat sollte eine Konzertreihe westdeutscher ›Rockpoeten‹ durch ostdeutsche Städte sein. Vom Büro Eickelberg waren Ulla Meinecke, Heinz Rudolf Kunze und ich am Start. Als es zum Zerwürfnis kam, war das Setting der Tour längst in trockenen Tüchern, Richard und ich standen fest im ›Besuchskader‹. Noch mit dabei waren unter anderem Purple Schulz, Julia Neigel und Stefan Stoppok.

Ich glaube, die wenigsten von uns hatten sich vorher Gedanken über diesen Ausflug gemacht. Wir wussten, dass gerade tausende DDR-Bürger über Ungarn in den Westen verschwanden. Wir tauchten direkt in einen Hexenkessel ein. Nach der Grenzkontrolle stieg ich in den Trabbi der Journalistin Petra Schwarz, die für DT 64 arbeitete, und erfuhr, dass all unsere Konzerte wegen der enormen Nachfrage von mittleren Hallen in Stadien verlegt worden waren. Der Enthusiasmus, den Petra wie viele andere aus dem Medienbereich ausstrahlte, kontrastierte extrem mit der mental wie verzögert wirkenden Art der Offiziellen, die uns am ersten Vormittag begrüßten. Ein Herr Zahlmann von der »Künstleragentur der DDR« hoffte auf ›Verlebendigung des Vertrages‹, wobei seine Körpersprache eher die Hoffnung auf Bändigung der vertraglichen Kräfte ausdrückte.

Auf eine provokante Bemerkung von Ulla antwortete er: »Gestatten Sie mir, dazu keine Meinung zu haben, Frau Meinecke.«

Dresden war die erste Station. »Hast du Statements«, überfiel mich Heinz Rudolf Kunze beim Hotelfrühstück. Ich hob abwehrend die Hände und er rief eifrig: »Ich habe zwei. Eins zu China, eins zu hier!« Wir waren von Begleitern umgeben, die sich gegenseitig beiseitedrängten. Richard und mich betreute ein Michael von der FDJ, Sozialist und ›Gorbi-Fan‹, der dringend auf den Abgang der alten Garde hoffte um darauf, mit fortschrittlichen Genossen einen ›echten Sozialismus, aber auch Glasnost und Perestroika‹ durchzusetzen – vielleicht etwas viel auf einmal. Gleichzeitig war uns Gerd Leiser zugeteilt, Kulturfachmann mit langem Bart, Manager der Bluesband *Engerling*, ein Fahrensmann, der auf Reise- und Wirtschaftsfreiheit setzte und sich, je weiter weg vom Offiziellen man geriet, desto deutlicher für die Rebellen aussprach.

Noch beim Frühstück in Dresden sah ich in der Hotellobby junge Männer mit Buttons, auf denen stand: »Bundeswehr ja bitte«. Wer hatte die hier eingeschmuggelt? Andere junge Männer drängten die Provozierer stumm und ohne Handgreiflichkeit ab. Rätselhafte Szene, die mir Jahre später klarer wurde, als jemand in seinen Memoiren schrieb, Kanzleramt und BND hätten sich im Endstadium manchmal unkonventionell in die inneren Angelegenheiten der DDR eingemischt.

Die Auftritte in Dresden, Leipzig und Karl-Marx-Stadt waren eindrucksvoll. Jedenfalls für uns Kleinkünstler, die auf Festivals sonst die ewige Unruhe des Riesenwesens Publikum gewohnt waren. Hier war das Wesen mucksmäuschenstill, dem Geschehen auf der Bühne wie geduckt hingegeben, fast wie in Erwartung einer Heilsbotschaft. Es wirkte, als hätte jedes Wort, jeder Ton, den wir sangen, eine Signalwirkung, die die vielen Menschen irgendwohin fortbringen sollte. Ich ertappte mich dabei zu denken: Vorzüge einer Erziehungsdiktatur. Natürlich schämte ich mich gleich und war überhaupt sehr zögerlich, der Sehnsucht dieser Menge zu entsprechen. Denn wir hatten plötzlich Macht. Wir hatten zwar die Lieder einreichen müssen, die wir spielten, aber hätte ich nicht auch Sympathie für die empfunden, die hier auf Staatsseite standen, ich hätte vielleicht die Regeln gebrochen und die Menge aufgepeitscht. So blieb es beim Andeuten: »In Leipzig beginnt der Abend verhalten. Der West-Berliner Sänger Maurenbrecher – kein Künstlername – macht hintergründige, genau beobachtende Texte. Als er sein Lied »Heimat« ankündigt, sagt er: »Jeder sollte eigentlich selbst entscheiden können, wo seine Heimat ist«. Es ist eine der wenigen direkten politischen Aussagen. Die Menge antwortet mit minutenlangem Klatschen.« So der Bericht in einer Broschüre namens »Wir in Ost und West« vom Oktober 1989.

Die Arbeit der enthusiastischen einheimischen Medienleute galt der schnellstmöglichen Umgestaltung des eingefahrenen Staates DDR, die mitreisenden Kollegen aus dem Westen empfanden anders. Manche von ihnen sahen in der Revolte gegen das verkalkte Staatswesen eher reaktionäre westliche Kräfte am Werk und eine Masse Verblendeter, andere fanden, jetzt wäre es genug mit diesem Rumpfstaat und einer ›Rockpoetentournee‹, die im Westen nie stattfinden würde und es nebensächlichen Figuren gestatte, sich feiern zu lassen wie in einer Operette.

In Karl-Marx-Stadt büxte ich aus und ging auf eigene Faust spazieren. Ich geriet in ein Arbeiterviertel. Halbnackte Männer und Frauen waren hingelagert auf ihren Trabbis und Wartburgs bei Heavy-Metal-Beschallung, den Spätsommertagen angemessen Bier kippend, picknickend, sexy, latent aggressiv, den Fremden in einer Art lauernder Neugier abschätzig anstierend. Sehr anders als die Atmosphäre in den Stadien. Anders auch als jenes ›sozialistische Menschenbild‹, das die Texterin und – wie ich von Gerulf Pannach wusste – auch Zensorin Gisela Steineckert bei einer nächtlichen Diskussion im Leipziger *Felsenkeller* ausmalte. Sie freue sich besonders, rief sie launig zu Beginn, ein gestandenes Weibsbild aus dem Westen wie Ulla Meinecke einmal aus der Nähe zu erleben. Gerd Leiser, der neben mir stand, verdrehte die Augen. Die Wortbeiträge bei dieser Diskussion waren vorgefertigt, man musste eine rauchen gehen nach draußen, wenn man wirklich ins Gespräch kommen wollte. Kurze Wortwechsel, bei denen keiner ahnte, wie unkompliziert wir sie bald würden fortsetzen können und welche Überraschungen es dabei noch geben würde – mit Henry Martin Klemt, Kurt Demmler, Micha Sellin, Scarlett'O, flüchtige Fremde für mich damals noch.

Der Abschluss-Gig auf der Trabrennbahn Weißensee in Berlin kam heftig. Wir Rockpoeten waren in drei Abteilungen durch das kleine Land gehievt worden, hier trafen wir uns jetzt, die Stimmung wilder, gesalzener als in der Provinz. Purple Schulz hatte die gleiche Eingebung wie ich und rief, da kriege man ja Lust, die Botschaft der DDR in Bonn zu besetzen für solch ein tolles Publikum. Politprominenz ließ sich blicken, Hartmut König, stellvertretender Minister für Kultur und selbst Liedtextschreiber, tigerte übers Ge-

Rockpoeten-Finale in Berlin-Weißensee im August 1989

lände, eleganter markanter Macho, kaum dem Jogginghosen-Schrebergärtnergreis von heute ähnlich. Eberhart Aurich, FDJ-Chef, tauchte in Begleitung von Diether Dehm auf, der sich hier bestens auskannte. Man konnte beobachten, wer wem auswich, wer verbündet war. Die FDJ war Gastgeberin, aber die Stimmung vor und hinter der Bühne bürgerrechtlich, eine Gesellschaft im Aufbruch. Ich war sehr verführt, das Lied »Sibirien« zu spielen mit der Refrainzeile: »Wenn du immer nach Osten gehst, kommst du von selber nach Westen« – diese Parole hätte Jubelstürme gebracht. Es nicht getan zu haben, macht mich ein bisschen stolz, aber es war auch feige. Je nach Position.

Eine fragwürdige Position nahm Diether Dehm an dem Abend ein, denn er hatte den Comedian Ingolf Lück mitgebracht, der auf der Bühne eine Art Hanswurstiade abzog, die an die Schenkelklopferei bei RTL erinnerte, ausgerechnet das geduckte Niveau, von dem das Publikum hier sonst noch frei war. Lück, selbst viel smarter als die Figur, die er spielte, gab sein Bestes, die Masse für dumm zu verkaufen. Stellte Diether sich so die Modernisierung des Sozialismus vor? Mein Eindruck war, dass das Publikum damals jedenfalls etwas anderes wollte, die Anerkennung als freie, selbstverantwortliche Bürger. Was der Bevölkerung der DDR nach dem Mauerfall vielleicht gründlicher ausgetrieben wurde als vorher.

Im Hotel Stadt Berlin wurde anschließend gefeiert. Am nächsten Tag würde ich zurück zu Hause sein, fünf Kilometer fort, so nah und doch so fern. »Was, du wirst Vater, so spät, mit 39«, fragten einige, zwei davon waren gleichalt und schon Großmütter.

Mitte September brachte Christiane einen Jungen zur Welt. Ich fand es ein Wunder, dass in dieser zierlichen Frau ein so kräftiges, gesundes Lebewesen herangewachsen war. Wir nannten das Baby Max, Christiane blieb noch auf der Station, und als ich am nächsten Tag wiederkam, lag er an ihrer Brust und sie sagte: »Ich hab mich an den kleinen Kerl schon gewöhnt.« Ein Bild, das ich nicht vergesse. Auch ich gewöhnte mich schnell an ihn. Ab jetzt war der häusliche Alltag durchgetaktet, Schlaf war eine Weile Mangelware. Mit dem Baby im Kinderwagen unternahm ich stundenlange Spaziergänge und führte Gespräche mit ihm, die sich in der herbstlichen Luft verloren. Die Freude, ihm ein Begleiter zu sein und ihn als Begleiter zu haben, war von Anfang an da.

Als es nebenan in Ost-Berlin immer unruhiger wurde, hockten wir stundenlang vor dem Fernseher mit Max zwischen uns, verfolgten die große Demo am Alexanderplatz, ich konnte manchmal Leute erkennen, die ich kurz vorher flüchtig getroffen hatte, wir fieberten mit und spürten, dass rundherum etwas Neues am Start war, nicht nur in unserer kleinen Kreuzberger WG.

Zwischendurch erschienen die »Stubi«-Geschichten, und die schönste Rezension kam diesmal in der »zitty«: »Dieses gewiss kleine Buch hat etwas, was der jungen deutschen Literatur im allgemeinen fehlt. Es zeugt von tief empfundener Selbstironie.« Gemessen an dem, was in zunehmender Fahrt mit uns gerade passierte, war das Buch aber schon bei Erscheinen nicht mehr jung, sondern nostalgisch, die Erinnerung an ein verschwindendes West-Berlin und sein Lebensgefühl.

Für den Spätherbst waren von Richard und mir zwei Konzerte im *Grips-Theater* geplant. Anfang November gab ich deshalb ein Interview im Springer-Hochhaus für die »BZ« und stand danach mit dem alten Kulturredakteur am Fenster im 13. Stock, wir schauten nach drüben und er sagte: »Es fehlt nicht mehr viel, dann fällt sie, die Mauer.« Ich konnte mir das nicht vorstellen. In dem Moment und ausgerechnet im Springer-Hochhaus wollte ich auch gar nicht, dass die Mauer fiel. Ich fand, sie sollte stehenbleiben, bis die DDR sich von innen her geändert hatte.

Am 9. November besuchten Christiane und ich unsere Literaturfreunde, als einer am Radiogerät rief: »Die Mauer ist auf!« Wir konnten natürlich nicht hinfahren, um Mitternacht wollte die Babysitterin los. Aber die Euphorie packte uns, wir fuhren am nächsten Tag und jetzt fand ich es großartig, dass die Grenze verschwand. Unsere Konzerte im *Grips* waren wie antizyklisch, die geplante Radiowerbung fiel aus wegen der plötzlichen Grenzenlosigkeit der zwei Stadthälften. Renate und Klaus Pepper, unsere ›Agentur‹, verteilten im Strom der trudelnden Feiernden am Kudamm Werbezettel für die Konzerte, ein skuriles Unterfangen. Wir spielten spätnachts, und der harte Kern unserer Fans kam trotz allem.

»Nichts wird sein wie vorher«, sagte Willy Brandt.

Das schönste Erlebnis auf der kleinen Tournee, die sich anschloss, passierte im *Café Giesing*. In der Pause rappelte es plötzlich an der Garderobentür. Zwei überdreht lachende junge Frauen standen davor, es drängte sie, Richard und mir ihre Geschichte zu erzählen: Sie stammten aus Dresden und waren dort gemeinsam zum Rockpoeten-Festival vor zwei Monaten gegangen. Die eine war am nächsten Tag über Ungarn in die BRD abgehauen und in München hängen geblieben, die andere an jenem Wochenende von Dresden nach München gekommen, um sich die Stadt einmal anzuschauen. Beide hatten geguckt, was abends so lief, hatten von unserem Konzert gelesen und an den Festival-Tag gedacht, nun war jede für sich ins *Giesing* gekommen. *Das* Wiedersehen!

Mein Band zu Thommie Bayer zerfranste schnell. Er ließ sich von seinem Freund Reisig dazu anstiften, so mein Eindruck, von mir geliehenes Geld mit dessen Forderungen zu verrechnen. Wir sind uns seit 1990 noch zweimal begegnet, haben einige Briefe gewechselt und versucht, den Missklang zu überspielen. Ich nahm es nicht leicht, dass eine Freundschaft aus solchen Gründen zu Grunde geht. Nehme ich die weitere Entwicklung des Erfolgsschriftstellers mit dazu, war die grundsätzliche Fremdheit aber wohl immer schon angelegt. Auch das zu erleben, war etwas Neues.

Am 23. Dezember moderierte ich eine »Unterhaltung am Wochenende«, bei der auch Hanns Dieter Hüsch mein Gast war, wir lasen kurze Texte vor, die im Chaos des Wiedervereinigungstaumels spielten. Wir beide waren von dem Taumel nicht mitgerissen, aber ergriffen. Rheinische Kabarettisten, Berliner Szeneliteraten, entsetzte Altlinke überboten sich damals mit brüskem Spott über ›die Ossis‹, ein Otto Schily schlang im Fernsehen grinsend eine Banane in sich rein, »roh«, wie Hanns Diether und ich es empfanden.

Ich erzählte ihm von meinen Umbrüchen und dass ich jetzt mehr als je vorher auf eigene Einfälle angewiesen sein würde. Er grinste und meinte, ihm sei in letzter Minute immer noch einer gekommen, und nichts anderes stünde mir jetzt wohl auch bevor. Ich übernachtete im Kölner Flughafenhotel und sah im Fernsehen die Erschießung von Ceauşescu in Bukarest. Ich dachte an den eisigen Flughafen dort und an die Menschen, die gestorben waren, Ulf Miehe im Frühherbst, wenig später Horst Steffen Sommer. Ich dachte an die, mit denen ich lebte. Bekam eine leise Ahnung von der anderen Zeit, die jetzt auf uns wartete. In meine Kladde schrieb ich: »Wenn es kommt, wie es kommt, werd ich wissen, wie es gekommen ist. Lebenslang.«

Heiligabend besuchten wir meine Eltern, meine Mutter war überglücklich über die junge Familie, mein Vater hatte für den dritten Gast am Tisch mit Teller und Besteck gedeckt. Am ersten Feiertag machten wir einen langen Spaziergang in den offenen Grenzanlagen zwischen Kreuzberg und

Treptow. Dann flogen wir nach Hannover, wo Christianes Eltern uns abholten. Arm in Arm, mit Max in der Reisetasche traten wir auf sie zu. Wir waren uns gut. Ich hatte im Rucksack den Anfang zu einem neuen Lied mit der Refrainzeile:

»Freiheit ist ein Augenblick, seltsam und schön.«

Der Rest ist Mut

Bauchklatscher ins kalte Nass
kann dich frisch massieren,
»komm mit auf den Sprungturm rauf,
was soll schon passieren?«
Fünf Meter zum Beckenrand,
mir wurde ganz bange,
doppelt so alt war ich grad,
»jetzt zöger nicht so lange –
alles gut,
der Rest ist Mut!«
Wenn es anfängt weh zu tun,
will ich nicht dran denken,
will den Weg woanders hin
und den Schmerz mir schenken.
Schmerz kann etwas Gutes sein,
ihn nicht zu vertreiben,
musst du dem, was wehtut, trau'n,
auf dem Spannseil bleiben –
und alles gut.
Der Rest ist Mut.
Bin in einem Alter, wo
es naheliegt, zu klagen,
Freunde, die viel jünger sind,
tun sich gut im Zagen.
Fragt man mich: »Was siehst du noch?«,
sag ich gerne: »Alles.«
Weiß, dass mein Gesichtsfeld schrumpft

so wie die Zinsen heut – was soll es:
alles gut.
Der Rest ist Mut.
Dreißig Jahre offiziell,
geheim noch etwas länger,
ohne deine Frage damals
kälter wär's und bänger.
Ohne unsre Liebe wär'n
wir beide völlig andere.
Spür dich, hör dich, hab dich, lieb dich,
wo ich auch grad wandere.
Tiefes Herz,
kleiner Schmerz.
Greifen Zahnräder die Haut,
kann das frisch massieren,
kann auch tief und hart und laut
Endpunkte markieren.
So die eigene Zeit durchkraucht
sieben Leben lang,
sechs sind demnächst aufgebraucht,
eins hängt noch im Schrank –
alles gut.
Der Rest ist Mut.
Alles gut,
der Rest ist Mut.
Alles gut,
der Rest ist Mut.

Dank

Ein Jahrzehnt eigenes Leben beschreiben kann hart sein, man verrennt und verliert sich schon mal. Ich wusste oft nicht, was erzählenswert ist, und eigentlich öfter noch, was nicht.

Ohne die Hilfe von jemand, der damals begann, mich zu begleiten, wäre dieses Buch an kein Ende gekommen: Raoulina, der ich für all die Ratschläge, Korrekturen, Gespräche zwischendurch und die Ermutigung von Herzen danke!

Danke auch für Anregungen vieler anderer und die Schlussredaktion durch Ingrid Kirschey-Feix.

Für Max, der da anfing, wo dieser Text aufhört.

Personenregister
(mit zeitbezogenen Angaben)

Kässens, Wend (Hörfunkredakteur) 20, 225,f.

Kästner, Erich (Schriftsteller) 203

Kepler, Harald (Journalist) 236

Kessler, Jürgen (Künstlermanager) 53, 91

Kießling, Anja (Schlagzeugerin) 64f., 117, 120, 135, 140

Kießling, Günter (Bundeswehrgeneral) 115

Kinsler, Detlef (Musikkritiker) 164

Kirnberger, Andi (CBS-Mitarbeiter) 192

Klemt, Henry Martin (Lyriker) 244

Klocke, Piet (Musiker) 218

Kochbeck, Jürgen ›George‹ (Rockmusiker) 143, 145ff.,
   151, 164, 166, 181f.

Konzack, Reinhard ›Conny‹ (Kinobetreiber, Künstlermanager) 32

König, Gregor (TV-Musikredakteur) 132, 168

König, Hartmut (Politiker) 244

Köster, Gaby (Kabarettistin) 217

Köster, Gerd (Sänger) 112

Krahforst, Rudi (Pfarrer) 52, 127

Krämer, Adolf ›Buddha‹ (Musikredakteur) 101f.

Kranz, George (Musiker) 156, 190, 197

Kreisler, Georg (Sänger, Dichter) 36

Kröhnert, Rainer (Parodist) 235

Krüger, ›Ce-eff‹ Carl-Friedrich, (Fernsehredakteur, Club-
   mitbetreiber) 53f., 89ff., 215

Kühnel, Tobias ›Toby‹ (Tontechniker) 205

Kunert, Christian (Rockmusiker) 141, 171, 196f.

Künneke, Evelyn (Schauspielerin) 168

Kunze, Heinz Rudolf (Rocksänger, Liedermacher) 48, 71,
   94f., 106, 137, 148, 170f., 195, 232, 241f.

Trittin, Jürgen (Politiker) 31
Tufts, Gayle (Entertainerin) 145
Thulke, Mike (Veranstalter) 85f.

Überland, Laf (Journalist) 156, 196
Urban, Peter (Rundfunkredakteur, Moderator) 81, 151

Valente, Catharina (Sängerin) 99
Veen, Hermann van (Liedermacher, Violinist) 47, 157, 214
Vetter, Heinz Oskar (Gewerkschafter) 174
Vollmer, Antje (Politikerin) 31, 207

Wader, Hannes (Liedermacher) 32, 34f., 72, 161, 197
Waggershausen, Stefan (Rockmusiker, Liedermacher)
Wagner, Christian (TV-Regisseur) 163
Wagner, Ebo (Gitarrist) 150
Waits, Tom (Sänger, Liedermacher) 117f., 124, 126, 140,
    160, 171
Wandjo, Hubert (Produktmanager bei CBS) 127
Wecker, Konstantin (Liedermacher) 40, 47, 57, 75, 82f.,
    165, 178
Wedekind, Frank (Schriftsteller) 36
Wegner, Bettina (Liedermacherin) 124, 129
Weihe, Peter (Gitarrist) 213
Weisbrod, Bernd (Fotograf) 53
Weiz, Angelika (Sängerin) 161
Wellershaus, Klaus (Hörfunkredakteur) 116, 152
Werner, Petra Maolu ›Pe‹ (Sängerin, Liedermacherin) 235
Wester, Richard (Saxophonist, Musikproduzent) 97, 140,
    145, 150, 163, 189f., 196, 198, 202f., 205–208, 213f.,
    220f., 227f., 233, 235, 238, 240ff., 247f.

Personenregister

Der Autor

Manfred Maurenrecher, 1950 in Berlin geboren, studierte Germanistik und promovierte zu Hanns Henny Jahnn, schlug aber Anfang der 1980er Jahre den Weg in die Musikszene ein und wurde Liedermacher und Schriftsteller. Zunächst gefördert vom Fotografen und Manager Jim Rakete kreuzten viele Musikerinnen und Musiker, Liedermacherinnen und Liedermacher sowie Sängerinnen und Sänger wie Ulla Meinecke, Heinz Rudolf Kunze, Herwig Mitteregger, Thommie Bayer, Horst Steffen Sommer, Richard Wester, Rio Reiser, Reinhard Mey u.v.a. seinen Weg. Er schrieb auch Texte für andere Künstler wie Katja Ebstein, Klaus Lage oder Hermann van Veen, moderierte Rundfunksendungen und verfasste Radiofeatures u.a. für RIAS Berlin, NDR, WDR und Deutschlandfunk. Er erhielt den Deutschen Kleinkunstpreis und den Deutschen Kabarettpreis, für mehrere seiner Alben wurde er mit dem Preis der Deutschen Schallplattenkritiker ausgezeichnet.

Maurenbrechers Liedtexte finden sich fast vollständig gesammelt und frei zugänglich auf der Netzseite www.maurenbrecher.com.

Parallel zum Buch erscheinen DVD und CD mit dem Mitschnitt von Maurenbrechers Rockpalast-Auftritt 1985 bei MIG – Music in Germany, LC 23370.

Manfred Maurenbrecher

Grünmantel

Roman

224 Seiten, gebunden mit Schutz-
umschlag
ISBN 978-3-86124-725-8

Im brandenburgischen Dorf Grünmantel brodelt es unter
der Oberfläche. Ein zugezogener Rheinländer macht sich
mit seiner Vorliebe für Naturschutz und junge Mädchen
unbeliebt, ein stotternder Handwerker versucht die Schatten seiner Vergangenheit loszuwerden, ein bis über beide
Ohren verliebter Nazi bringt sich in Lebensgefahr, eine
Sekretärin gerät auf kriminelle Abwege, eine Aussteigerin
versucht ihr heillos heruntergekommenes Haus vor dem
Verfall zu retten …
Große und kleine Schicksale münden zuletzt in einen Strom
sich zuspitzender Ereignisse, in dem zerschnittene Zäune
und abgetrennte Hände nur Kollateralschäden einer tief lie-
genden Verunsicherung sind.

*»Ich kenne niemanden, der die Abgründe des Unscheinba-
ren so liebevoll, unverstellt und zärtlich zu erzählen vermag
wie Manfred Maurenbrecher.« Horst Evers*

Manfred Maurenbrecher

Künstlerkolonie Wilmersdorf

Berliner Orte

144 Seiten, 24 Abb., Paperback
ISBN 978-3-89809-128-2

Die Künstlerkolonie Wilmersdorf ist seit den 1920er Jahren Heimstatt für viele Künstler, Schriftsteller und Intellektuelle. Der Liedermacher Manfred Maurenbrecher begibt sich in diesem Buch auf eine historische Spurensuche, die viel über das Zusammenleben der Bewohner und den Zusammenhang zwischen Architektur und Lebensform verrät. Der Spaziergang durch die Geschichte der Künstlerkolonie ist dabei zugleich ein Streifzug durch das bürgerliche West-Berlin.

»Ein informatives, überraschendes und anregendes Buch, das weit mehr erzählt als ein Stück Berliner Stadtteilwirklichkeit.« Deutschlandradio